04

出版行思录

刘伯根 著

国际视野

数字时代

人民出版社

◇ 本卷说明 ◇

　　包括《国际视野》和《数字时代》两辑。上辑《国际视野》主要收录作者2004年至2015年间的论文、报告、讲话等，计26篇。内容涉及对建设国际化企业，对中国出版、中国文化走向世界的实践与思考。下辑《数字时代》主要收录作者2004年至2016年间的论文、报告等，计14篇。探讨了出版信息化、数字出版、数字阅读的新趋势等方面的问题。

目 录

国际视野

数字时代

国际视野

实施"走出去"战略，开启海外连锁经营★

2004年7月15日，中国出版集团正式启动了我国出版业第一个海外连锁经营网络——新华发行集团总公司海外连锁经营网络。这个海外连锁经营网络，是在整合中图公司、版图公司等集团所属单位现有海外网点的基础上建立起来的。它包括7家海外分支机构和16家海外书店（有全资、控股、合资和加盟几种形式），共23家单位，分布于美国、英国、德国、日本、俄罗斯、加拿大、澳大利亚、新加坡、马来西亚以及中国香港等十几个国家和地区。

7月15日，我们召开专题新闻发布会并举行授牌仪式，宣布中国出版集团新华发行集团总公司海外连锁经营网络正式启动。中宣部、新闻出版总署的代表，中国出版集团、新华发行集团总公司的有关负责人，国家邮政局的代表，中央电视台、中国国际广播电台以及《人民日报》《新闻出版报》《中国图书商报》《中华读书报》等16家媒体的记者，共60余人参加了发布会和授牌

★ 2004年7月25日，关于启动中国出版集团海外连锁经营网络的情况汇报。

仪式。消息经中央电视台 CCTV—1《新闻频道》、CCTV—4《中国新闻》栏目、《光明日报》等各大媒体发布后，迅速在海内外引起很大反响。

新华发行集团总公司成立以来，上级多次指示"中国出版集团的改革要以发行改革为突破口"。对此，中国出版集团立足于发挥现有的规模优势，提出了新华发行集团总公司要"两翼齐飞，中间开花，四通八达"的发展思路。"两翼齐飞"，就是要建立国内和国外两个连锁经营网络，使国内发行业务和进出口业务同步、快速增长；"中间开花"，就是要以新华书店总店的物流配送系统为基础，提高各类出版物的吸纳、储运、批发、配送能力，打造全集团的出版发行基地；"四通八达"，就是要以在建的发行信息平台和可供书目数据库为依托，大力发展零售网络系统，提高集团出版物在全国图书市场的发行量、覆盖率、信息交换水平和市场竞争能力。

海外连锁经营网络是在对集团所属单位现有的海外机构进行资源整合和优化配置，统一冠名、统一标识的基础上建立起来的，目的是贯彻中央"大力开拓文化产品国际市场，积极实施'走出去'战略"的思想，提高集团进出口业务的关联度和经营协调能力，提高集团的国际知名度、市场覆盖率和整体竞争力，打好国际市场这张牌。

具体地说，一方面，以现有的海外书店为基础，统一冠名为"中国出版集团××（国名）现代书店"。以此为统一标识，加速在海外建立新的直营店、加盟店，大规模地扬帆出海，实现集团在海外图书、音像制品的连锁经营，形成国际区域性连锁经营网络，使我国的出版物尽快进入海外主流社会。

另一方面，以现有的海外经营、办事机构为基础，统一冠名为"中国出版集团驻××（国名）办事处"。以此为统一标识，加强集团在海外经营、办事的力度，并适时进行改革，使这些"办事处"除继续完成好海外书刊订购、信息传递、货物运转等任务外，还逐步拓展版权交易、合作出版、海外出版、海外办展等业务，从原来的以传递信息为主转变成经营实体。

集团下一步还要在现有的海外书店的基础上，建立海外出版机构，开展面向国际市场的出版工作，为弘扬民族文化搭建更大的平台。

为加强海外连锁经营网络的建设，我们成立了新华发行集团总公司进出口业务协调办公室，在统一标识、统一品牌、统一管理的基础上，进一步协调海外书店和其他经营机构的进口、销售、购权、合作、加盟、增建和信息沟通工作，形成信息统一通畅的海外连锁经营网络。通过海外连锁经营网络，积极实施"走出去"战略，进一步提升我们在出版物进出口方面的经营实力和竞争能力。

"卫星信报系统"传递中国声音★

　　中国出版对外贸易总公司致力于使中国出版更好地走向世界，以及把世界各地的资讯和文化及时传播到国内这个大目标、大课题，努力做好"卫星售报系统"这篇实实在在的文章，与荷兰卫星报纸公司的亚太地区总代理"卫星报纸香港公司"合作，取得了阶段性成果。这个成果，对于推动中国出版集团乃至我国出版业，运用现代技术手段，加快实施出版"走出去"战略，有现实意义和启迪作用。这个成果的取得，与新闻出版总署特别是报刊司、外事司等有关部门的支持分不开，与报业单位的支持分不开，也与项目组全体同志的努力探索和辛勤工作分不开。这里，我谨向有关部门、单位和同志们表示感谢！

　　在今天，利用卫星传播新闻资讯，并不是新鲜的事情，广播电视早已捷足先登。但是在出版界，利用卫星通信跨越报纸发行的物流阶段，实时传播、打印、销售世界各地的报纸，使得身处

★　2005 年 10 月 27 日，在中国出版对外贸易总公司中文报刊世界网络发行项目验收会上的讲话。

异国他乡的人们能够在第一时间刷卡买报，这样的出版传播模式还是首例，让人感到耳目一新。借此机会，我想就卫星售报模式对出版业的影响谈几点感受。

第一点，技术手段和传播方式的创新，不仅会提高报纸发行的时效性和覆盖面，而且会提高中外信息和文化交流的频度和效果。

多年来，我国报纸以印刷纸本的形式出口到世界各地，为宣传介绍中国、帮助世界人民了解中国作出了很大贡献。然而，纸本印刷物的交易和传输过程是一个物流过程，而物流的组织运作受到运输规律的制约，需要一定的时间才能完成。例如，向欧美地区发行报纸，从包装发运到上架阅读或零售，大约需要 3～7 天的时间。对于日报、周报、周刊这类刊期较短的报刊来说，到达读者手中时，阅读的时效性已大打折扣，"新闻"成了"旧闻"。因此，长期以来，在人们的观念中，阅读进口报刊，是不能苛求时效的，是不必"与时俱进"的。所以，进、出口的报刊往往是图书馆、研究所的收藏品，而不能成为普通大众的消费品。

卫星售报系统通过卫星和互联网传播信息，可以瞬时将电子版报纸发布到全球的各个角落。通过安装在世界各地的售报装置，普通读者只花几分钟时间、花上与进口报纸售价差不多的钱，就可以下载、打印自己需要的报纸，就可以第一时间读到万里之遥的家乡报纸或读到异国他乡的进口报纸。这样一来，就会拓展阅读方式，及时满足异地读者的需要，刺激报刊市场的扩张，促进信息传播和使用的效能，提高中外文化交流的频度和效果。

第二点，新的技术手段和传播方式，有助于中国出版"走出去"，有助于中国的声音和形象"走出去"。

改革开放以来，我国的报刊从内容到形式都发生了巨大的变化，但由于各种条件的制约，中国报纸走出国门的不多，进入国际主流媒体市场的更是寥寥无几。不少外国人和旅居国外的华人，对中国报纸还持有单一宣传、视角不宽、节奏迟缓、发行滞后的印象，对中国还持有落后、封闭、愚昧、保守等错误印象。

如果我国有更多的报纸走出国门，与国外主流媒体报纸同步发行、同步上市，中国报纸的形象就会大大改观，通过我们的报纸呈现给世界的当代中国的形象就会大大改观。通过新的技术手段和传播方式，我们可以及时地向世界人民和华人华侨介绍中国日新月异的发展变化，介绍中国多姿多彩的民族文化，传递中国人民追求和平、不断进步的声音和风采，在"中国制造"的物质产品不断走出国门的同时，不断扩大中华文化的影响力、亲和力、感召力。

第三点，新的技术手段和传播方式，在促进国内报刊出口的同时，也对报刊进口和零售业务提出了新的政策需求。

出版外贸公司引进卫星售报系统，给出版物发行工作利用新技术开了一个好头，与此同时，也给现行的出版政策和管理机制提出了新的问题。卫星售报系统能否用于在国内的特定场所，开展境外报刊的实时零售业务，在国内市场发挥作用、为我所用，这对现行的报刊进口制度提出了新的政策需求，是需要主管部门进一步研究和解决的新情况、新问题，也是出版业深化改革加快发展过程中必然要遇到的问题。

我们相信，只要我们在工作实践中始终坚持正确的政治方向和舆论导向，认真贯彻"三个代表"重要思想，认真落实科学发展观，我们就能够解放思想、开拓思路，找到解决问题的办法；就能够打开局面，把出版事业不断向前推进。在此过程中，我们深信，新闻出版总署等有关部门，会一如既往地关心、支持和帮助我们！我们也期盼，《中国日报》《京华时报》《北京晚报》等兄弟单位，与出版外贸公司合作顺利、共同进步！

希望出版外贸公司认真总结前一阶段的工作，本着科学严谨的态度，积极推进卫星售报系统的应用研究工作，为中国报纸更多更快地走向世界作出应有的贡献。

加强华文图书交流　促进华文文化发展★

　　随着世界经济的全球化发展，各种文化之间的交流也愈加深入和频繁。而语言，既是文化的重要组成部分，又是文化交流的基本符号系统，是文化交流的"软件"；图书，则是记录和传播文化的重要载体，是文化交流的"硬件"。华文，或者叫中文，作为诸多国家和地区的共通语言，体现了同一种文化源流和背景，也体现了不同的文化流布和现象。同一种语言文字、同一种文化符号系统内部，容易交流，也更应当加强交流。

　　从现实情况看，新加坡是一个极具需求潜力的华文图书市场，现有华人人口 300 万人，政府又大力倡导华文教育，民众阅读华文的水平不断提高。其他东南亚国家，原本就有相当比例的华人人口，在当今全球兴起的"学习华文"的热潮中，有关国家的政府也开始鼓励民众学习使用汉语，使得民众对于华文书籍的需求明显提高。在这样的背景下，本届华文书市应运而生。在中、新

★　2006 年 3 月 9 日，作为新加坡首届华文书市中国出版代表团团长在新闻发布会上的讲话。

　　两国政府的支持下，我们中国出版集团所属的中国图书进出口（集团）总公司，与新加坡大众控股有限公司合作，联合主办本届华文书市，其目的就是要为华文地区的文化交流搭建一个宽广通畅的平台，促进华文出版的交流与合作、华文文化的交流与传播。

　　中国大陆出版界对此次书市极为重视，在很短的招展时间里，就组织了 36 家出版发行单位、购买了 52 个展位，展示和销售各自最新的优秀图书约 7 万余种，内容涉及各个方面；我们组成了 86 人的代表团，很多出版社都是社长和总编辑亲自参加。新加坡大众控股有限公司，作为新加坡最大的图书零售商，为书市的展览和销售提供了很多的支持和保障。我们有理由相信，本届书市一定能取得成功！

　　众所周知，自从 20 多年前的改革开放以来，中国大陆的经济一直持续快速地发展，近年来的 GDP 年均速度增长达到 9.4%，社会和谐稳定。第一，随着经济社会的发展，民众的物质生活水平日益提高，精神文化需求也日益增长，这就为出版业创造了不断发展的巨大市场和需求空间，极大地促进了出版业的发展。第二，中华民族有着五千年的悠久历史，传统文化博大精深，人文资源十分丰富，源远流长的文化传统也为出版业的发展提供了取之不尽的内容资源。第三，世界各地对中国及东南亚地区的经济发展越来越关注，对华文出版物的需求也持续增长。

　　20 多年来，中国大陆的出版业有了长足的发展，在法制建设、体制改革、品种规模、质量效益、人才素质、技术手段等方面，都取得了令人瞩目的成就。

就图书品种而言，中国大陆年出版图书总量，从 20 世纪 80 年代初的 1 万多种，发展到 90 年代初的 10 万种上下，再发展到现在的 20 万种上下。比如 2004 年就出版图书 20.8 万种，此外还出版期刊近 1 万种，报纸近 2000 种，录音录像制品和电子出版物 4 万多种。出版发展速度惊人。

就出版规模而言，2004 年与 1978 年相比，中国大陆年图书印数从 37 亿册增长到 64.4 亿册；图书发行业的净销售额，从 12 亿元人民币增长到 461 亿元人民币。2004 年，大陆共有出版社 573 家（包括副牌社 35 家），其中中央级出版社 220 家（包括副牌社 14 家），地方出版社 353 家（包括副牌社 21 家），另外还有音像制品出版单位 320 家、电子出版物出版单位 162 家。20 世纪末世界出版业出现的出版集团化、销售连锁化、数字出版与网上售书等趋势，在大陆出版业也受到高度的重视和积极地推进，形成了一批十分有影响的出版、发行集团，例如中国出版集团的成立和发展，就是一个很好的例子；数字化技术及其他高新技术，也在出版业得到了广泛应用和普及。

近年来，大陆出版业与外界合作交流也日益紧密，直接地表现为版权交易数量明显增加。2004 年大陆共引进出版物版权 11746 种，输出版权 1362 种；出版物进出口贸易也达到较高的水平。以上是大陆出版产业的概况。

中国出版集团在中国出版行业占有重要的地位，它是经中华人民共和国国务院批准，于 2002 年 4 月成立的国家级出版机构。

2004 年 3 月，国务院又授权成立中国出版集团公司，将全集团转制成为国家级大型企业集团，在国家计划中实行单列。

中国出版集团拥有各类出版社 29 家，包括：一级出版社 10 家，副牌社 6 家，下属社 4 家，音像电子出版社 9 家；出版期刊 44 种，出版报纸 3 种，包括《中国图书商报》《文学故事报》《新华书目报》；还拥有国内连锁书店和卖场 220 家，海外连锁书店和办事机构 23 家。现有员工 9800 人。

集团的目标是要成为中国大陆出版物生产、发行和进出口的核心基地，成为对外文化交流的重要窗口，成为有国际竞争力的大型文化企业集团。

中国大陆地区出版业的繁荣与发展，将为华文地区的文化交流提供强有力的资源和市场。大陆出版界愿与大家一起，共同开展华文出版各个层面的交流与合作，比如在引进其他语种的版权时，可以考虑通过高效率低成本的资源共享，在华文阅读区不限地区的统筹印刷发行，等等。由于每个国家和地区的经济文化体系不尽相同，因此，各个国家和地区的同行们只有密切联系、互相沟通，才能最大限度地开发华文出版这个共同的市场，才能共同为华文地区的文化发展作出更大的贡献。从这个意义上讲，本届华文书市确实为我们提供了很好的交流机会和平台。借此机会，我代表中国大陆出版代表团和大陆出版界，预祝本届华文书市圆满成功，今后也将越办越好！

组织好两个国际书展　加速中国图书对外推广★

　　当前，全集团在出版"走出去"方面有三大任务，就是：组织承办和整体参加第 13 届北京国际图书博览会（BIBF），整体参加第 58 届法兰克福国际图书博览会（FBF），落实和推进中国图书对外推广计划（CBI）。这三大任务总的来说进展顺利。其中，BIBF 的组织承办工作，是在 BIBF 组委会的领导下、在集团党组的支持下，主要由中图公司来实施操作的。

　　最近几个月，集团对外合作部与出版业务部紧密配合，依靠各单位的支持，在精选参展书目和推广书目、落实版权贸易和签约计划、组织参展团队、设计宣传推介材料和广告、布置展场、安排相关的各项活动等等方面，做了大量工作，进展顺利。现在到了最后冲刺阶段，仍然还有不少工作要做。

★　2006 年 8 月 22 日，在中国出版集团 BIBF、FBF 和 CBI 工作会议上的讲话。

一、两大国际书展是集团引进来、"走出去"的重要手段和平台

1. "走出去"是中央的要求，也是集团自身发展的需要

从政治上讲，党的十六大以来，中央号召牢牢把握先进文化的前进方向，积极发展文化事业和文化产业，继续深化文化体制改革，坚持弘扬和培育民族精神，推进中华民族的伟大复兴。中华民族的复兴，包括文化的复兴；中国综合国力和国际竞争力的增强，包括文化渗透力、文化影响力、国家软实力的增强；中国的国家安全，包括文化的强势和安全；中国的和平崛起，包括文化的崛起、民族精神的崛起。目前，我国包括出版物在内的文化产品对整个人类文化的辐射与影响程度还比较薄弱，在"中国制造"的物质产品遍及全球之时，我国的文化产品特别是出版产品还没有阔步走出国门。作为先进文化的传播者、民族精神的铸造者之一的我国出版业，在积极开拓国际市场、努力弘扬民族精神方面，还有大量工作要做。出版是文化事业和文化产业的重要组成部分，中国出版集团又是我国出版业的特殊重要的组成部分，我们理应积极响应中央的号召，认真实践"三个代表"重要思想，认真贯彻科学发展观，带头建设、传播、弘扬先进文化和中华民族的伟大精神，带头使中国出版"走出去"。

从经济上讲，这些年，我国的出版业，在法制建设、体制改革、品种规模、质量效益、人才素质、技术手段等方面，都取得

了令人瞩目的成就，已然成为世界出版大国。但是与发达国家相比，我们在经济总量、行业竞争力和国际影响力等方面，还有很大差距。加入 WTO 之后，我国出版物销售市场逐渐放开，国际出版巨头虎视眈眈，原有的以国内市场为绝对主体的出版市场必然要被国际同一的出版市场逐渐取代。在国际出版市场的平等竞争当中，我们尚未具备足够的弄潮能力。出版业要做大做强，死守国内市场、被动应战不行，必须主动出击，积极参与国际竞争，积极争夺国际市场，把我们的产品、我们的品牌打出去。只有真正"走出去"，在国际上有了自己的一席之地，我们才能成为真正的出版巨人。

从提高出版质量和效益水平上讲，我国出版业正处在转制改制、合纵连横、重新洗牌、加速发展的关键时期，当此市场压力、竞争压力、经济压力十分巨大的时期，如何保持和提高我们的出版质量，提升我们的出版效益水平，弘扬我们的优良品牌，是我们出版人面临的重要课题。通过"走出去"，积极参与国际交流、国际合作、国际竞争，积极借鉴国际同行先进的经营管理理念和方式，借鉴他们生产和营销产品的技能和手段，借鉴他们在质量管理、成本控制、资本运作等方面的经验，对于提高我们的出版质量和效益水平，也会大有助益。

2. "走出去"，得有好东西，得使出好手段

在当今全球经济大融合、文化大交流的情况下，在当今全球兴起的关注中国的热潮中，有关国家和地区，对于源远流长、博

大精深、异彩纷呈的中华传统文化，对于当代中国的文学艺术、社会生活、科技成果、经济成就等，越来越需要了解。在这些方面，我们中国出版集团有好东西，可以拿出来、送出去。我们在国内拥有最大的市场份额（占 7.85％）——在文学、学术、古籍、美术、音乐、辞书、百科全书、英语、教辅、法律、时政、翻译类等方面，出版了大量的优秀图书，拥有广泛而稳定的读者群，长期居于领先地位。我们囊括了国内最悠久最著名的出版机构，拥有最庞大的作者资源和读者群体，拥有最丰厚的出版和文化积累，拥有最大最好的进出口和版权贸易窗口和通道。这些，都是我们"走出去"的优势。

有了好东西，还要有好手段，使出了好手段，才能真正"走出去"。国际出版业务交流，国际版权贸易，国际出版合作，进出口贸易，"中国图书对外推广计划"，国际书展，等等，都是我们实施"走出去"战略的重要手段。

对我们集团而言，BIBF 和 FBF 是最重要的两大国际书展，是集团引进来、"走出去"的重要手段和平台。

二、全力以赴，做好两个书展的参展工作

中宣部和总署领导十分重视两大书展，多次召集专门会议，部署 2006 年的组团参展工作。集团党组根据中宣部和总署的指示精神，对组团参展工作提出了明确要求，并做了周密安排。为

做好包括参加国际书展在内的各项对外合作工作，集团 2006 年 3 月专门组建了对外合作部。对外合作部和出版业务部一起，与各成员单位紧密配合，克服困难，积极开展工作，认真组织协调，使筹备工作取得了明显进展。

结合两个书展安排上的特点，我讲 6 点意见。

1. 展品方面——精挑细选，精心布展

参展书刊，要注意精挑细选，强调版权贸易的现实可能性。

BIBF 参展图书 2000 余种，展位与 2005 年一样仍是 48 个，其中有 4 个展位专门用于展示《中国文库》和重点版权输出图书。这样的安排，有利于宽松摆放、合理布局、凸显展示效果。2006 年专设的期刊展区，集团要了 4 个展位，由集团公司出钱特装，统一展示集团的 3 报 42 刊，以及随团参展的人民社的 3 种期刊。

FBF 参展图书 300 余种，展位面积由 20m² 增加到 40m²，增加了 1 倍，展区安排也比往年宽松了。这个面积是在部、署的帮助下争取来的。FBF 总展区面积为 16 万 m²。2005 年，中国展团在 6.0 展馆，面积 300 m²，约占总展区的 1.9‰；我集团面积 20 m²，占中国团的 1/15。2006 年，中国展团在 6.1 展馆，面积扩大到 546 m²，约占总展区的 3.4‰；我集团面积 40 m²，占中国团的 1/13 ~ 1/14。相对面积增加不多，是因为大家都重视，参展单位增加了。总的格局是"13+2+1"——一般参展团队 13 个：山东、江苏、辽宁、湖南、河南、云南、上海世纪、上海出版、少儿、卫生、科学、汉语角、少儿角；重点参展团队 2 个：中国出版集团和中国国际出版集团（90 m^2）；公共区 1 个（60 m^2）：包括公共活动区和公共版权区，公共版权区容纳一些小出版社。对我们集团来讲，面积增加了 1 倍，便于展示、洽谈和组织小型活动；我们是两个重点参展团队之一，因此要像个重点的样子，真正把工作做好。

在布展方面，仍然采用过去行之有效的方法，采用竞标方式。大家看到的展位图片，在整体风格与各单位特色的协调、整体布局、色调、标识与招贴处理，以及突出集团特色、突出主要展品、突出主题社等方面，都做了认真设计。

展品和展位安排的总体思路，是抓住观众、便于展示、便于洽谈、便于开展活动，有利于取得版权贸易的实效。

2. 组团方面——领导带队，专业分工

组团过程中，强调各单位由领导挂帅，强调以懂版权懂外语的专业人员为主体，各个工作小组分头组织、协调、落实各方面工作，各家出版社分头落实重点售权产品和签约事宜，代表团整体安排、组织、参加各项重要活动。

BIBF 代表团 6 月份组建完成——团长刘伯根，副团长由宋焕起、霍庆文、李岩、管士光、龚莉、江远 6 位同志担任，有关单位的参展同志都是代表团成员。

2006 年的 FBF，我们集团有 3 个代表团到展：FBF 参展代表团 7 月份组建完成——团长刘伯根，秘书长霍庆文，团员包括 16

家单位（集团公司、9 个出版社、中图、世图、商务国际、现代、商报）的 41 位同志；与此同时，以震宁同志为团长的期刊考察团，在展会期间，将与参展团一起，参加重要活动；此外，中图公司还有一个招展团，专门从事明年 BIBF 的招展工作。

2006 年的 FBF 参展代表团第一次由集团自己组团（以前是参加环球、国图等的团队），由中图公司以及集团的中版信版权贸易公司（筹）承办，好处是可以自己做主，也稍微节约了经费；但毕竟是第一次自己组团，还请大家多担待，多提建议，以便今后组织安排得更好。

为了使 FBF 的各项工作，包括乘机、乘车、住宿、参加展览、参加签约仪式、参加业务活动、参观访问、现场翻译等有序进行，参展代表团将分成 3 个小组开展工作：第 1 组为工作小组，由集团公司、中图公司和文学、商务、百科、中译、世图的 15 位同志组成，霍庆文、张纪臣两位同志为组长。工作小组主要负责值班、接待、业务洽谈、信息汇总、签约活动导引等工作，准备在出发前先进行 1～2 天的定向培训。第 2 组由文学、商务、中华、百科、美术、音乐、三联、中译、东方、现代、商报的 16 位同志组成，张高里同志为组长。第 3 组由中图、世图的 10 位同志组成，戴林同志为组长。

根据参加不同活动的需要，参展团的 3 个组和期刊考察团整体或分别参加有关活动；重要的活动，集团领导以及各单位负责人和各组组长，都需要参加。

FBF 参展团中，集团公司和中图公司的几位同志，主要是参加工作小组，做好组织协调工作，为大家服务；商报的渠竞帆同志，除考察任务外，主要负责宣传工作，为整个中国团宣传，侧重要为我们集团宣传。

两个图书博览会的代表团领导和工作小组，要切实负起责任；两个工作小组内部，要明确分工、责任到人，认真落实各项工作。代表团成员和集团所有参展人员，都要认真对待和配合工作小组的调度和安排。遇到问题，要及时向组长和代表团负责人报告。

3. 签约计划方面——早作准备，有备而往

BIBF 的签约、洽谈计划，包括文学社与俄罗斯有关出版单位的版权签约，文学社与英国哈珀·柯林斯出版集团的合作出版签约，大百科与香港皇冠出版社的版权签约，中华书局与台湾联经出版公司的战略合作等，有关单位已作了精心安排。

FBF 的签约计划更丰富一些，已落实的大型签约活动有 5 场，输出版权 59 种——文学社 1 场 30 种，商务 1 场 5 种，中华 1 场 1 种，音乐 1 场 8 种，三联 1 场 15 种。各社还有一些版权贸易计划正在会前洽谈之中。

在正式参展之前，早作计划，提前洽谈，现场签约，是个行之有效的办法。但是，参展本身提供的接触、交流、碰撞的环境毕竟难得，是现场开展版权贸易和出版合作的良机。因此，各单位要对参展书刊进行分析归类，对参展书商进行分析比较，使参

展人员知己知彼、心中有数，抓住参展契机有的放矢地开展洽谈工作，争取取得最好的成果。

BIBF，全集团要争取输出版权 30 种以上；FBF，全集团要争取输出版权 70 种以上。两大书展，要争取达成版权贸易意向 300 种以上，其中输出意向 150 种以上，输出签约 100 种以上。

4. 活动安排方面——统筹兼顾，紧凑高效

BIBF，代表团需要参加的重要活动有：开幕式酒会、开幕式、中央领导专场、与俄罗斯主宾国举行的酒会，以及有关单位的重要签约仪式等。其他活动，如国际出版高层论坛、有关专题研讨活动、有关出版单位邀请的业务活动，需要集团领导和有关出版单位参加的，专项通知。

参加 BIBF 的工作人员，要统一着装参展。

FBF，代表团需要参加的重要活动有：宴请酒会 1 场，重大签约活动 5 场，新闻发布会 3 场（集团公司 1 场、商务 1 场、大百科 1 场）。将根据具体情况，现场通知代表团、考察团全体成员参加，或按照分组参加，不得无故缺席。

参加 BIBF 的工作小组成员在整个参展期间，代表团、考察团成员在参加上述重要活动时，都要着正装，并佩戴集团发给的领带和丝巾。

两个书展的代表团和工作小组，要充分利用书展平台，做好出版业务调研。要按小组划分，分别向代表团提交参展报告，侧重对国际图书市场及版权贸易的现状和趋势、集团参展图书的优

势和劣势、参展工作的完善和改进等方面，进行分析。

5. 宣传广告方面——系列设计，密集投放

两个书展的宣传工作，包括全集团的宣传册、宣传片、中英文版权书目及简介、网上售权书目、媒体报道等，都在设计制作过程中，工作小组需要抓紧进行，同时也需要有关单位继续支持和配合。

广告投放方面，要注意集团整体形象、各出版单位形象、重点推介的产品形象互相烘托，相得益彰。

6. 总体要求方面——加快外向发展，支持向外发展

集团公司有关部门和各出版单位，都要结合"中国图书对外推广计划"和集团"走出去"战略的要求，以两个国际书展为契机、为平台，做好各项工作。

一是要请过来。要通过我们的展品和服务，尽可能把外商请到中国出版集团展区，积极举行国际会谈，探讨合作的可能性，尤其是版权输出或合作的可能性。

二是要签下去。要认真组织落实好每一场会谈、签约活动、新闻发布会或新书发布会，在时间、地点、主题、参加人员等方面，工作要想全做细。

三是要喊出去（扩大影响）。要充分利用两大书展的影响力，通过各种方式，加强集团及各单位的企业形象宣传、品牌宣传和重点产品宣传，努力扩大国际影响，为更好地"走出去"创造有利条件。不能"酒香不怕巷子深"。

　　四是要积极地、有针对性地策划外向型出版物。要认真开展国际出版物市场的调研，积极策划"外向型"选题，不断推出外向型出版物，不断开拓海外出版物市场。"外向"发展要以"内在"能力为基础，我们集团的内在资源是丰厚的。我们要把自己的优势资源利用起来，发挥出来，转化为"走出去"的优势和成果。

　　五是要有紧迫感。最近两年，国内不少单位都十分重视"走出去"并取得了明显成效。2005 年，辽宁集团的《中国读本》，北京语言大学出版社的汉语学习大系列等等，就是好的例子。2006 年，外研社也要推出重点外向型图书《汉语 900 句》，准备多语种系列授权。再说 2006 年的 FBF，虽然中国团的展位面积增加了将近 1 倍，但仍然不够分配，原因是参展单位多了，要求的胃口大了，我们的 40 m² 就是好不容易争取来的。2005 年全国列入第 1 批"中国图书对外推广计划"的有 900 多种，集团 6 家出版社有 300 多种，约占全国的 1/3；2006 年全国列入第 2 批"中国图书对外推广计划"的有 419 种，集团有 57 种（重点推荐 13 种，一般推荐 44 种），约占全国的 1/7 弱。当然，比例和绝对数下降不一定说明我们没有好书，但至少说明人家出版社也有好书，而且重视外向发展的出版社多了起来。

　　因此，我们在"走出去"方面，不能没有紧迫感。

　　六是要充分利用国家现行的对版权输出项目的扶持政策。"中国图书对外推广计划"是实施"走出去"战略的重要行动计划，各单位要高度重视，把落实"中国图书为外推广计划"作为日常出版工作的一部分，充分利用国家现行政策，积极争取翻译资助，以此来推动版权输出工作。

七是要在集团层面给予适当支持。集团对外合作部和出版业务部，要创造条件，及时向各单位提供国际出版及版权贸易方面的信息支持，配合各单位与国际出版机构的沟通、联系，协调解决出版对外合作方面的困难和问题，切实做好服务工作。

为鼓励售权书刊，支持向外发展，集团决定对版权输出项目实施奖励：①自 2006 年起，凡正式与外方签约的版权输出项目，凭协议、合同，每种由集团公司给予一定的奖励，比如给3000～5000 元的"走出去补贴"；②计划在中国出版集团图书奖中，增设"外向型图书奖"单项，每届评出 5～6 种优秀外向型图书。凡 2006 年以后与外方签约的，图书在境外出版后，凭外版书参加评奖。

希望集团公司与各单位一起，把两个国际书展的工作做好，把需要推广的书尽快推广出去，使全集团的出版物更多、更快、更好地走向世界。

顺应形势　发挥优势　保持强势
积极实施"走出去"战略★

中国出版集团是 2002 年 4 月成立的。2004 年 3 月，国务院正式下文，授权中国出版集团整体转制为企业，成立中国出版集团公司，对所属成员单位的国有资产行使出资人权利。无论转制前后，是成立之初的事业单位、企业化管理时期，还是转制为企业集团之后，中央确立的中国出版集团的战略目标始终不变，就是要做到"4 个成为"："成为我国出版物生产、发行和进出口的主要基地，成为社会主义精神文明建设的重要阵地，成为对外文化交流的重要窗口，成为充满内在活力和国际竞争力的大型文化企业。"中国出版集团成立以来，在努力成为重要窗口方面，依靠中宣部、新闻出版总署等中央有关部门的领导和支持，不断深化改革、创新体制机制，积极扩大对外开放和"走出去"步伐，在版权贸易、产品输出、海外网点建设等方面做了积极的努力，取

★　2006 年 11 月 3 日，在全国新闻出版业"走出去"工作座谈会（南京）上的发言。

得了一定成效，受到了中央领导、中宣部和总署领导的肯定和鼓励。刘云山同志一直勉励我们要加快"走出去"步伐，龙新民同志一直关心、支持我们"走出去"的工作。2006年9月8日，龙新民署长在审阅集团关于召开对外合作专项工作会议的简报后，专门致函集团总裁杨牧之同志，他说："集团提出的有关出版物'走出去'的工作思路和做法都很好，我完全赞同。中国出版集团是实施出版物'走出去'战略的骨干力量，希望认真落实会议的部署，扎实抓好相关工作，不断取得新的成效。"龙署长的指示，为我们今后的"走出去"工作乃至整个出版工作指明了努力方向。

下面，我从三个方面，汇报一下我们中国出版集团实施"走出去"战略的基本情况、主要做法和体会，以及我们的一点思考和建议。

一、基本情况

中国出版集团成立以来，牢记出版宗旨，明确出版任务，紧锁战略目标，按照中央要求，努力贯彻中宣部和总署的战略部署，积极参与构建统一开放、竞争有序的国内国际同一的出版大市场，积极实施"走出去"战略，在版权贸易、产品输出、出版合作、举办和参加国际书展、海外网点建设等方面，取得了一定成效，主要表现在以下6个方面。

（一）版权贸易总量逐年递增，逆差逐年缩减

集团成立之初的 2002 年，图书版权贸易总量 604 种，输出引进比为 1:5。2005 年，版权贸易总量为 979 种，占全国的 9.1%；其中引进 801 种，占全国的 8.5%；输出 188 种，占全国的 14%；输出引进比为 1:4.3，约为全国平均水平的 1.5 倍。

2006 年以来，按照集团党组的要求，中国出版集团在政策支持和机构保障等方面采取了新的举措，"走出去"工作有了新的进展。

①在 9 月初的第 13 届北京国际图书博览会上，中国出版集团签约和达成意向的版权贸易总量为 503 项，总的进展是输出数量和引进数量基本持平。

每届北京国际图书博览会，集团的展场占地面积都是全场最大的，参展阵容也十分强大。博览会期间，集团精心安排和精心备展，充分利用这一大好时机，与各国出版机构展开版权贸易，进行广泛深入的交流。

博览会期间，集团各出版单位版权工作取得了实质性进展。人民文学出版社与瓦格里乌斯出版社在俄罗斯展台共同举办了《当代俄罗斯诗选》《当代俄罗斯中短篇小说选》新书发布会，并与英国哈珀·柯林斯出版集团就合作出版事宜举行新闻发布会。中华书局与台湾联经出版公司进行了战略合作洽谈，并举行合作意向和具体版权贸易项目签约仪式。

②在 10 月初的第 58 届德国法兰克福国际书展上，中国出版

集团"走出去"取得了突破性进展。书展期间，中国出版集团达成输出版权合同和意向 263 项（全国 1936 项）；达成引进版权合同和意向 136 项（全国 1254 项）。输出与引进数量之比是 1.93:1。输出方向上，改变了过去以中国港台、东南亚为主要输出地区和国家的局面，这次输出包括美国、英国、德国、澳大利亚、巴西、新加坡、日本、韩国、泰国，以及我国的台湾地区。从输出数量和输出地区上看，标志着中国出版集团积极实施"走出去"战略取得了重要成果，在走向国际市场方面迈出了重要一步。

集团层面上，中国出版集团与英国牛津大学出版社签署战略合作协议书，正式建立战略合作伙伴关系。双方将针对国际市场，共同策划海外读者关注的、反映当代中国各领域发展状况的出版物；依托英国牛津大学出版社在学术研究、高等教育领域的盛誉和优势，借助海外学习汉语的热潮，共同策划出版系列汉语学习教材和读物。

③除图书版权贸易外，中国出版集团在期刊、音像制品和电子出版物的版权贸易方面，也有收获。集团所属的中图公司的世界图书出版公司，每年即购进期刊版权 100 多项。

（二）积极策划重点外向型图书

集团通过中长期出版计划，积极策划重点外向型图书出版工程，比较成功的有《大中华文库》。《大中华文库》出版工程进行了中英双语出版的有益尝试，探索了将中华传统文化直接用英文出版、成功输出到海外的路子。

《大中华文库》共 105 种，由中国出版集团总裁杨牧之同志主持。这个文库主要是把中华民族古代到近代最优秀的图书，从文言文翻译成白话文，再从白话文翻译成英文。到 2006 年 8 月，《大中华文库》已经累计出版了 50 种 5000 万字。集团所属有关出版单位中华书局、商务印书馆、人民文学出版社等发挥各自优势，积极参与这项工作。

目前外商对《大中华文库》表示出浓厚兴趣，称"该书出到一定规模时，一定将产生巨大的影响"。国务院总理温家宝为此书专门给任继愈同志和杨牧之同志分别写信，信中说，"这部巨著的出版，是弘扬中华民族优秀文化的有益实践和具体体现，对传播中国文化，促进世界文化交流与合作，有重大而深远的意义"。

（三）积极参与"中国图书对外推广计划"

集团把参加"中国图书对外推广计划"当作自己的战略任务，积极参加，认真组织落实。

2005 年全国列入第 1 批"中国图书对外推广计划"的有 900 多种，集团 6 家出版社有 300 多种，约占全国的 1/3；2006 年全国列入第 2 批"中国图书对外推广计划"的有 419 种，集团有 57 种，约占全国的 1/7 弱。第 3 批推荐书目正在积极遴选之中。集团入选的这些图书，内容涵盖比较宽阔，涉及哲学、宗教、经济、军事、政治、文化、艺术、文学等领域和门类；出版形式上，除了有文字作品之外，还有相当数量的图文书和英文书。

（四）认真举办和组织国际版权贸易活动

集团成立以来，除统一组团参加重要的国际国内书展、书市外，还积极支持下属单位认真举办和组织国际版权贸易活动。

① 20 年前的 1986 年，中国图书进出口总公司举办了第一届北京国际图书博览会，敲响了我国出版界与国际出版商大规模的、面对面的出版交流与合作的开场锣鼓。北京国际图书博览会（BIBF）现由总署、教育部、科技部、文化部、北京市、中国版协等部门主办，我集团中图公司承办，已成功举办了 13 届。集团成立以来，十分重视 BIBF 这个优势服务品牌，积极支持中图公司做好招商、参展书目审查、大项活动组织等各项承办工作，为中外出版交流提供了越来越宽阔、越来越丰富多彩的舞台。

②集团还积极支持所属中图、版图两大进出口公司举办好传统的版权贸易活动，开辟新的版权贸易平台。版图公司负责韩国国际图书博览会、印度德里国际书展，以及加拿大中文书刊音像展、印尼国际书刊音像展、巴黎中文出版物展览、中国书刊音像巡回展（美国、澳新）、祖国大陆图书音像展（台湾）等华文书展的组织参展工作。在集团的支持下，版图公司在组织参展工作方面继续发挥着重要作用。

③ 2006 年 3 月，集团领导并支持中图公司上海图书进出口公司与新加坡大众控股有限公司合作，成功举办了"首届新加坡

华文书市"。在总署领导和支持下，集团组织了国内的 36 家出版发行单位，组成了 86 人的中国出版代表团，展示和销售优秀的大陆版图书 7 万余种，销售码洋 200 万元，对中华文化在新加坡及整个东南亚地区的广泛传播起到了积极的推动作用。

（五）大力开展出版物产品贸易，用优秀出版物占领海外市场

中国出版集团每年进出口各类出版物 20 多万种，其中出口书报刊 7 万多种，销售到 101 个国家和地区。

利用国外既有的销售渠道和网点，推介、销售集团图书及大陆版图书，是出版"走出去"的一条重要途径。近年来，版图公司与新加坡大众控股公司合作成立合资公司，销售我方图书，并在此基础上建立合作企业，有力推动了图书出口，使大陆图书在新、马市场的份额明显增长，超过中国港台地区，大陆出版物的影响力不断扩大。版图公司还开展了卫星即时售报业务，将中国报刊即时推向全球。

2005 年，集团进口书报刊占全国的 62%，出口书报刊占全国的 30%，出口音像电子产品占全国的 58%——出口产品销售收入 3.197 亿万元（3904 万美元）；进口产品销售收入 13.248 亿元（1.6033 亿美元）。

（六）积极推进海外网点建设，为出版"走出去"搭好海外平台

中国出版集团现有海外连锁书店和办事机构 23 家。包括：

海外分支机构 7 家——中国出版集团驻美国、俄罗斯、英国、德国、日本、新加坡、中国香港办事处；海外连锁书店 11 家——中国现代书店洛杉矶〔2 家〕、纽约、华盛顿、多伦多、温哥华、新加坡〔2 家〕、马来西亚〔2 家〕、澳大利亚悉尼连锁店；海外连锁音像店 5 家——中国现代音像纽约〔2 家〕、新泽西〔2 家〕、波士顿连锁店。

集团在 2003 年 9 月成立了新华发行集团公司，并逐步确定了"中间开花 两翼齐飞 四通八达"的发展战略。这其中，"两翼齐飞"中的一翼就是加快海外发行网点的建设。

2004 年 7 月，集团成立海外连锁经营网络，整合和统一规划海外网点布局和业务，目前仍在进行股份改造、兼并、投资参股等整合，确定海外网点除了要继续完成原有的书刊订购、信息传递、货物转运等任务外，逐步拓展版权交易、合作出版、海外出版、海外办展、海外销售等海外业务，增强对外宣传手段和能力，增强对中国出版集团、新华发行集团总公司以及国内出版界的服务，为出版"走出去"搭好海外平台。

二、主要做法和体会

中国出版集团在实施"走出去"战略方面，有以下做法和体会。

（一）提高认识，顺应形势，树立"走出去"的"好观念"

我们认为，出版"走出去"是中央的要求，是政府的战略部署，也是集团自身的发展需要。

①从政治上讲，是落实科学发展观，实现中华民族和平崛起的需要。党的十六大以来，中央号召要牢牢把握先进文化的前进方向，积极发展文化事业和文化产业，继续深化文化体制改革，坚持弘扬和培育民族精神，推进中华民族的伟大复兴。目前，我国包括出版物在内的文化产品对整个人类文化的辐射与影响程度还比较薄弱，我国的文化产品特别是出版产品还没有阔步走出国门。作为先进文化的传播者、民族精神的铸造者之一的我国出版业，在积极开拓国际市场、努力弘扬民族精神方面，还有大量工作要做。出版是文化事业和文化产业的重要组成部分，中国出版集团又是我国出版业的特殊重要组成部分，我们理应积极响应中央的号召，认真实践"三个代表"重要思想，认真贯彻科学发展观，带头建设、传播、弘扬先进文化和中华民族的伟大精神，带头使中国出版"走出去"。

②从经济上讲，是参与国际竞争、赢得国际竞争的需要。这些年，我国的出版业在各方面都取得了令人瞩目的成就，已然成为世界出版大国。但是与发达国家相比，我们在经济总量、行业竞争力和国际影响力等方面，还有很大差距。我国出版物500亿元的年度纯销售收入，只相当于一个大国际集团。加入WTO之后，我国出版物销售市场逐渐放开，国际出版巨头虎视眈眈，原有的

以国内市场为绝对主体的出版市场必然要被国际同一的出版市场逐渐取代。在国际出版市场的平等竞争当中，我们尚未具备足够的弄潮能力。出版业要做大做强，死守国内市场、被动应战不行，必须主动出击，积极参与国际竞争，积极争夺国际市场，把我们的产品、我们的品牌打出去。只有真正"走出去"，在国际上有了自己的一席之地，我们才能成为真正的出版巨人。

③从提高内在活力和经营管理能力上讲，是提高出版质量和效益水平的需要。我国出版业正处在转制改制、合纵连横、重新洗牌、加速发展的关键时期，当此市场压力、竞争压力、经济压力十分巨大的时期，如何保持和提高我们的出版质量，提升我们的出版效益水平，弘扬我们的优良品牌，是我们出版人面临的重要课题。通过"走出去"，积极参与国际交流、国际合作、国际竞争，积极借鉴国际同行先进的经营管理理念和方式，借鉴他们生产和营销产品的技能和手段，借鉴他们在质量管理、成本控制、资本运作等方面的经验，对于提高我们的出版质量和效益水平，也会大有助益。

（二）明确地位、发挥优势，为"走出去"推出"好产品"

中国出版集团作为国家级出版发行单位，肩负着"成为对外文化交流的重要窗口"的使命，在出版"走出去"方面理应作出重要的贡献。

我们中国出版集团囊括了中国最悠久最著名的出版机构，在市场份额、进出口总量、版权贸易总量、作者资源、出版文化积累、社会影响力等方面，有着明显的优势。

为"走出去"准备"好产品"有两层含义：

一是指集团所属各资深、知名出版单位出版特色鲜明，出版了大量优秀图书。现有的优秀企业、优秀品牌、优秀项目，是我们推出"好产品"、加快"走出去"的基础优势。

优秀图书有利于开展版权输出，树立集团及所属出版单位良好形象，促进版权贸易的良性循环。对于这些优秀图书，集团在版权推介中给予了充分重视。集团的图书，整体市场占有率最高，汉语工具书、音乐、文学、学术文化、艺术、少儿、传记、美术等领域的图书，也是拥有领先的市场份额。这些经过国内读者检验的图书，应该经过改造和推介，相当部分能为海外读者所认知。

集团成立以来，通过体制改革和创新，激发集团作战、规模经营的优势，挖掘优秀图书出版资源、作者资源、品牌资源，在集团层面上、在各出版单位层面上，积极展开版权合作、版权推介工作。

二是指推介输出的图书要有针对性，专门研究制作，有的放矢。针对国外读者的需求，针对各出版商的特点，中国出版集团多次召开专题会议，邀请版权贸易方面和图书进出口领域的专家进行分析；集团的对外合作部也对国外读者的需求和出版商的出版特色持续进行动态的跟踪和调研；每年年初，集团都要召开出版单位年度选题论证会，论证会上，集团都会认真组织各出版单位、有关专家还有编辑，对外向型选题进行专题的论证和策划。

集团认为，对外推介的图书，不仅要有介绍中华民族传统文化方面的图书，还要有展示当代中国文学艺术、社会生活、科技成果、经济成就等方面的图书；不仅要有文字书，还要重视图文书；不仅要推介经典作品，还要格外重视原创。在 2006 年的 FBF 上，集团重点推介并成功输出的项目，像文学作品"中国当代文学精品丛书"，音乐作品"中国旋律"丛书，百科全书"《中国大百科全书》网络版"，工具书《商务馆学汉语词典》，反映的都是当今中国的发展风貌，其中，大部分都属于原创作品。

（三）制订计划，立足长远，为"走出去"准备出"好材料"

除了专门的外向型选题策划和年度选题论证会外，集团立足长远，为"走出去"准备"好材料"，是为形成"好产品"做好准备，积蓄后发力量，是立足长远。

在集团"十一五"规划中，我们将实施"走出去"工程。该工程包括六大系列，其作品均以中英双语形式出版，目前包括：

"年度中国"丛书——旨在让世界第一时间全方位了解当代中国一日千里的年度发展变化，为中国与世界的"亲密接触"搭建熟悉了解的文化桥梁。包括中国经济、文化、教育、科技、农业、社会、环境、市场、文学、艺术 10 类，从 10 个方面介绍"年度中国"方方面面的发展现状、趋势与"机遇"。

"感动中国"丛书——向世界展示中华民族自强不息的民族

精神，让世界了解新时代中国人的文化观念、人生理想、内心世界和生活信条。旨在通过"感动公众、感动中国"的典型人物的成长历程、内心世界、生活逻辑，来展示 21 世纪世界文明、文化范畴内的"当代中国精神"。

世界汉语教学丛书——丛书分为四个子系列：面向外国人的汉语图书系列、面向海外华人的华语图书系列、面向国内少数民族的汉语图书系列，以及面向国内汉语教学师资的汉语图书系列。

"艺术中国"大型丛书——为弘扬博大精深的民族文化，向包括普通读者在内的更多读者展现民族文化精髓，"艺术中国"出版工程将从独特的角度，即艺术角度，尤其是从美术、书法、戏剧、民俗文化等视觉艺术的角度，来介绍中国文化。丛书将美术部分作为重点，充分展示中国的原始美术、民间美术、传统美术（包括文人艺术和宫廷艺术）建筑、工艺美术及各种与美术相关的文化现象。

华人纵横天下丛书——丛书主要从海外华人中精选出杰出的代表，通过描述他们在世界舞台上的智慧、创造力和非凡品格，向世界展示当代华人的成就和文化魅力。

汉英一百译丛——丛书将突出知识性、趣味性、普及性，强调时代特色，充分介绍中华文化精品。

（四）政策扶持，机制保障，为"走出去"使出"好手段"

"好手段"有三个方面，一是工作到位，二是政策支持，三是机制和组织保障。

①工作到位。就是指充分用好北京国际图书博览会、法兰克福国际书展、"中国图书对外推广计划"等现有平台，千方百计把国外出版商"请过来"，把合同"签下去"，"叫（得）响"集团和所属出版单位产品和品牌。

"请过来"——通过集团的展品和服务，尽可能把外商请到集团展区，积极举行会谈，探讨合作的可能性。

"签下去"——认真组织落实好每一场会谈、签约活动、新闻发布会或新书发布会，在时间、地点、主题、参加人员等方面，工作要想全做细。

"叫得响"——充分利用书展的影响力，通过各种方式，加强集团及各单位的企业形象宣传、品牌宣传和重点产品宣传，努力扩大国际影响。

②政策支持。就是用足国家政策，给出自己的政策。中国出版集团把落实"中国图书对外推广计划"作为日常工作的一部分，用足国家对版权输出的扶持，积极争取翻译资助，推动版权输出。配合"中国图书对外推广计划"资助翻译费用的举措，中国出版集团还出台资金支持等一系列务实的制度，支持推动所属出版单位加大版权输出力度。

集团自己的政策，比如已经决定：在两年一度的"中国出版集团图书奖"中增设"外向型图书奖"，评奖年度内将评出5～6种外向型优秀图书，每种给予2000元奖励；自2006年起，正式与境外出版商签约版权输出项目的，凭合同每种给予3000～5000元的奖励。

在资金支持方面，集团还为参加北京国际图书博览会、法兰克福国际书展，专门拨付资金承担集团所属出版单位的部分参展费用，编辑、制作、翻译全集团的书目介绍、在媒体上发布广告等。

与此同时，集团还从政策和资金等方面，加大对海外发行网点建设的投入。中国出版集团将在原有海外发行网点基础上，加快对新加坡上海书局、纽约书店和多伦多书店的改造，通过增加投资，改造成控股公司；在加拿大温哥华和澳大利亚设立4个参股公司；在美国洛杉矶、英国伦敦和法国巴黎，投资参股有关中文书店，把中文书店改造成参股公司；在英国、法国等重点国家和地区开设中文书店。

③机制和组织保障。就是结合文化体制改革的要求，努力探索建立适合集团自身发展需要的运作模式、出版模式、合作模式、发行和进出口模式，合理设计内销产品、外向型产品和内外同源产品，合理布局国内网点和海外经营机构，积极构建综合性、外向型出版企业集团。

除海外网络建设外，集团还于2006年新正式组建了对外合作部。对外合作部专门管理和服务于集团的组团参展、版权贸易和对外交流宣传。集团还责成集团所属出版单位专门成立相关的对外合作机构，上下配合，从组织架构和人员配备上保障"走出去"活动的顺利、高效开展。

从这次集团参展北京国际图书博览会、法兰克福国际书展的情况来看，成立了专门的工作机构和由专人负责之后，集团"走出去"工作的力度明显加大了，签约更有成效，参展更加有序，宣传也更有力度。

三、思考和建议

经过前一段时期的实践和思考，我们认为应该在以下 5 个方面加强"走出去"工作的力度，改进我们的"走出去"工作。

（一）策划外向型出版物方面

中国出版能否"走出去"，关键在于能否打造出适合国外读者需要的"外向型"图书。加强"外向型"图书选题规划具有重要意义。目前看来，有三块选题值得重视：

①配合国家对外汉语推广计划，加强对外汉语选题规划，以满足国外汉语学习者的需要为首要目标，加强对外汉语教材、词典、语法、大众读物、学术著作等相关选题的开发，成系列上规模，针对不同国家，实行不同语种的双语配套。

据统计，目前世界上有 3000 万汉语学习者。从我国目前推广的力度和国外兴起的"汉语热"来看，对外汉语已经成为一个潜在的、具有广阔市场前景的重要出版领域。当前版权输出的一项重要任务是满足汉语学习者的需要，培养更多的汉语学习者，有了更多的汉语学习者，就会有更大的汉语文化的市场需求。

因此，把握对外汉语出版商机，加大对外汉语版权输出力度，将是实现"走出去"的一条便捷有效途径。

商务印书馆 2005 年年初成立了对外汉语教学研究中心，这是一项很有远见的决策，商务印书馆拥有全国一流的汉语出版资源，在保持国内市场优势的前提下，加强对外汉语的出版，对商务未来的发展具有战略意义。目前,商务印书馆出版的《汉语世界》杂志、《商务馆学汉语词典》等，已经引起国外多家出版社的兴趣和关注。

②加强传统文化、当代文学、音乐、美术等选题的开发，尤其是加强反映当代中国政治、经济、文化等方面的选题的开发。

中国的形象不应该是只会中医保健、武术和烹饪，中国出版业要向外界介绍一个生机勃勃、多姿多彩的当代中国。这不光是我们对外宣传的需要，也是有头脑的国外读者的真实需要。法兰克福书展期间，我们输出的"乡土中国"系列项目，听起来是传统文化方面的作品，其实是一部经典文化与现代文化紧密结合的旅游文化读物，面向的是中高端读者；《中国大百科全书》面向的也是中高端读者。所以，不要低估国外读者对中国出版的鉴赏力，要通过各种途径了解他们的真实需要。

③突破语言壁垒，加强英文作品出版。

这次法兰克福书展，中国国际出版集团的展台比较引人关注。主要原因有两个，一是展台面积较大（80m²），个性较突出；另外一个主要原因，是英文图书较多，外国人一般能看懂，愿意留下来翻阅。所以语言壁垒这一关一定要突破，我们要加强英文作品的出版，光是汉语书，贴个英文简介，已无法适应需要。

此外，要全方位实施"走出去"战略。基础比较好的出版单位，不仅要关注图书版权的输出，还要关注期刊、音像等出版物的输出，以及出版产业文化链上的其他产品输出。

（二）专业人才建设方面

版权输出人才匮乏已经成为制约版权"走出去"的一个重要瓶颈。我们以前培养的版权人员，绝大多数是版权引进方面的人才，他们对版权引进有经验，但对版权输出却缺乏经验，这直接影响了"走出去"工作的成效。因此，培养一批专门的版权输出人才，是当前亟待解决的一个重要问题。

（三）机构建设方面

各种海外实体，包括办出版社，既要负责图书销售，还要加强版权输出和版权引进方面的工作。

办事机构人员，包括首席代表或总经理，均可由懂汉语、懂出版的本地人担任。表面上看，在海外设机构、办实体，当前会有一定投入，但它带来的却是集团国际品牌地位的提升、版权输出量和图书销售额的增长。从长远来看，是"走出去"，进而参与到国际竞争所必须的，是建立国际化出版集团所必须的。

（四）"走出去"的手段方面

"走出去"其实是一件非常细致的工作。目前我们与国外交流洽谈的最主要途径就是参加国际性的大型书展。参加法兰克福书展，给我们留下深刻感触的是，广告投放的针对性、书目的选择和设计、洽谈人员的选择等等，都要精心策划。版权书目是进行版权销售的重要工具，精致的、有特点的，类别清晰的、制作专业的书目会引起外方的浓厚兴趣。比如说，充分利用中国出版集团所属出版单位的出版资源，书目可以按照成员单位优势出版领域和版权输出热门领域编辑，如当代文学、对外汉语、人物传记、传统文化、社科、医学等。或者是对每种再进行更加细致的分类，如对外汉语还可以继续细分为教材、语法、词典、读物、测试等。

许多国际一流的出版社，每年都编辑大量的版权书目，像牛津大学出版社，其版权书目有很多种，分门别类，如词典书目、ELT（英语语言教育）书目、读物书目、儿童书目、小学书目、中学书目、数学书目、物理书目、化学书目、语言学书目、人文社科书目、科学医学书目等等。相比之下，我们的书目编辑工作要加强。

（五）政策支持方面

中国的出版业，近两年来在"走出去"方面取得了很大的成绩。2006 年北京国际图书博览会和法兰克福书展，国内出版界两次实现版权贸易顺差,实现了"走出去"的重大突破。这些成绩的取得,首先得益于政府明确提出了"走出去"的文化发展战略,并制定了一系列相应的措施来积极推动的大环境。我国的政府和新闻出版总署等相关部门,为出版业"走出去"创造的良好环境非常重要。

下一步,我们建议,能否在"中国图书对外推广计划"提供翻译资助、为"走出去"创造"拉力"的同时,也适当在资金上支持一下国内的出版单位,增强一下向外的"推力"。这样,内外结合,可能会取得更好的效果。

还有一点想法,和上面说的支持国内出版单位有关,就是有关部门能否帮助呼吁,把版权输出的收入界定为"文化劳务"(文化劳务出口在境外的收入是免征营业税的),这样,从经济收入上来考虑,出版单位也能自觉地进行积极的版权输出。

依托 CBI 政策　加快出版"走出去"★

　　国务院新闻办和新闻出版总署对中国出版集团的"走出去"工作非常关心，将我们列入"中国图书对外推广计划"（CBI）工作小组，使我们的图书在"中国图书对外推广计划"中占较大比重，这既是对我们的支持，更是对我们的信任与期待。

　　中国出版集团是经党中央、国务院批准，于 2002 年 4 月成立的国家级出版机构。2004 年 3 月，国务院下文授权，集团整体转制为企业。目前，中国出版集团以中国出版集团公司为母公司，由 14 家子公司，以及 70 多家控股公司、参股公司、关联公司共同组成。其中包括：人民文学出版社、商务印书馆、中华书局、中国大百科全书出版社、中国美术出版总社、人民音乐出版社、生活·读书·新知三联书店、中国对外翻译出版公司等 29 家图书和音像电子出版社，新华书店总店、中国出版对外贸易总公司、中国图书进出口总公司等 3 家发行和进出口机构；拥有期刊 44

★　2007 年 3 月 22 日，在中国图书对外推广计划会议（扬州）上的发言。

种，报纸 3 种，国内连锁书店和卖场 220 家，海外连锁书店和办事机构 23 家。每年出版图书 8000 种，出版音像制品和电子出版物 1000 种；每年从事书刊版权贸易 1000 多种；每年进出口各类出版物 20 多万种。出版资源比较丰厚。

利用现有资源"走出去"，是我们的既定目标。中央为我们确立的战略目标——成为我国出版物生产、发行和进出口的主要基地，成为社会主义精神文明建设的重要阵地，成为对外文化交流的重要窗口，成为出版品种全、精品多、队伍强、品牌响、效益好的，充满内在活力和国际竞争力的国家级文化企业。其中一条，就是要成为"对外文化交流的重要窗口"，大力实施国家文化"走出去"战略、积极输出中华优秀文化。围绕这个战略目标，近年来，我们在中宣部、新闻出版总署、国务院新闻办等中央有关部门的领导和支持下，不断深化改革、创新体制机制，积极依托包括"中国图书对外推广计划"在内的有关加快"走出去"的国家政策，结合集团自身优势和发展需要，在版权贸易、产品输出、海外网点建设等方面作了积极的努力，取得了一定成效，受到了中央领导以及中宣部、总署、国务院新闻办领导的肯定和鼓励。特别是近两年来，我们在"中国图书对外推广计划"的推动下，高度重视集团图书的对外推广工作，把这项工作作为集团的一个重心，积极探索版权输出的有效途径和方式方法，努力扭转版权贸易逆差，努力争取国际出版贸易中的主动地位。在这个方面，我们有所收获，也有点体会。但是，我们也清醒地看到，与国家的要求和领导部门的期望相比，与一些兄弟单位相比，比如说国际集团、科学集团、北京语言大学出版社，我们还存在着不小的差距，还需要作出更大努力。

一、中国出版集团申报和入选"中国图书对外推广计划"的情况：比例较大

中国出版集团组织实施"中国图书对外推广计划"的工作，原由出版工作部牵头，2006年初开始由专门部门（对外合作部）和人员负责，集团有一位副总裁分管。

新闻办和总署组织的三次"中国图书对外推广计划"，中国出版集团均积极参与，认真组织申报。2005年选出"中国图书对外推广计划"推荐图书900多种，中国出版集团入选270种，占总量的30%（加上当时属于中国出版集团的人民出版社的58种，为328种，占总量的1/3）。2006年全国选出推荐图书673种，中国出版集团共入选91种，约占总量的1/7弱；其中：第1批"中国图书对外推广计划"图书419种（重点推荐108种，一般推荐311种），集团入选57种（重点推荐13种，一般推荐44种）；第2批"中国图书对外推广计划"图书254种（重点推荐83种，一般推荐171种），集团入选34种（重点推荐12种，一般推荐22种）。集团入选的这些图书，内容宽泛，涉及哲学、宗教、政治、经济、军事、历史、地理、文学艺术、科学技术等诸多领域和门类；

既包括传统文化内容，更包括反映现当代中国经济、社会、文化、生活现实的作品；既有大众读物、教育读物，也有大量的学术著作和工具书；出版形式，除文字作品外，还有相当数量的图文书、音像电子出版物。

二、中国出版集团近年来版权输出情况：平稳增长

1. 总体情况

集团成立以来，图书版权贸易总量及其输出比例逐年递升。就输出引进比例而言，2002 年，图书版权贸易总量 604 种，其中输出 101 种，引进 503 种，输出引进比为 1:5。2003 年版权贸易总量 713 种，输出 91 种，其中引进 622 种，输出引进比为 1:6。2004 年，图书版权贸易总量 856 种，输出 152 种，其中引进 704 种，输出引进比为 1:4.6。2005 年，版权贸易总量为 979 种，占全国（10816）的 9.1%；其中输出 188 种，占全国（1434）的 14%；引进 791 种，占全国（9382）的 8.4%；输出引进比为 1:4.3，约为全国平均水平（1:6.5）的 1.5 倍。2006 年，版权贸易总量为 1118 种，其中输出 500 种（实际签约 135 种，输出到欧美 55 种，输出到中国港澳台 80 种），引进 618 种，输出引进比为 1:1.2，引进输出趋于平衡；输出地点，除传统的中国港台、东亚、蒙古、东南亚、新加坡、越南外，涉及英、美、德、比利时、巴西等国家。与牛津大学出版社、哈佛商学院出版公司、麦克米伦出版公司签订了

战略合作协议，其中，哈佛商学院出版公司《蓝海战略》等已出版，影响很大。与哈珀·柯林斯合作出版的中英文对照《剑鸟》，将于2007年4月3日举行发布会。《汉语世界》杂志，2006年创刊，2007年正式出版发行。"走出去"与"引进来"相辅相成。

2005年和2006年，中国出版集团共签订输出合同和达成输出意向688种（188+500），其中签约输出版权241种（106+135）。2006年的135种中，输出到国外80种，输出到中国港澳台55种。

2005年，中国出版集团签约输出版权106种，代表性图书有：人民文学出版社出版的《中国经典童话》（韩国）、《屈原 蔡文姬》（韩国）、《尘埃落定》（越南）、《空山》（越南）、《边城》（越南），中华书局出版的《岁时——传统中国民众的时间生活》（韩国）、《人生借鉴丛书》（5种，中国港台）、《正说清朝十二帝》（韩国）、《正说清朝十二臣》（中国港台），中国大百科全书出版社出版的《仁华学校奥林匹克数学课本》（6种，美国），中国美术出版总社出版的《地球的红飘带》（韩国）、《丙戌贺岁》（新加坡），人民音乐出版社出版的《中国长笛曲选》（中国台湾）、《琴坛先祖维瓦尔迪》（中国台湾）、《琴坛名教贝里奥》（中国台湾），生活·读书·新知三联书店出版的《汉字王国》（中国台湾）、《巴黎的忧郁》（中国台湾）、《安徒生剪纸》（中国台湾），现代教育出版社出版的《宇航鼠》（10种，越南），世界图书出版公司出版的《最新法汉双解辞典》（中国台湾）、《中老年健康有约》（中国台湾）、《跟我学说广州话》（中国台湾）、《易斯学习法》（中国台湾），现代出版社出版的《华人纵横天下》（3 种，中国港台）、《中国汉语水平考试大纲》（中国港台），等等。

2006 年，中国出版集团签约输出版权 135 种，代表性图书有：人民文学出版社出版的"中国当代文学精品丛书"（50 种，美国），《中国文人的非正常死亡》（韩国）、《骆驼祥子》（韩国）、《藏獒》（越南、韩国）、《我负丹青——吴冠中自传》（新加坡）、《司马迁》（韩国）、《赵延年木刻鲁迅作品图鉴》（韩国），商务印书馆出版的《汉语语法三百问》（韩国）、《现代汉语》（韩国）、《商务馆学汉语词典》（新加坡），中华书局出版的《国史十六讲》（韩国，中国香港、台湾）、《春秋左传注》（中国港台）、《明亡清兴六十年》（中国港台）、《周思源看红楼》（中国港台）、《启功给你讲红楼》（中国港台）、《李国文说唐》（中国港台）、《周思源品赏三国人物》（中国港台），中国大百科全书出版社出版的《中国儿童百科全书·上学就看》（4×2 种，蒙古、中国香港）、《中国大百科全书（网络版）》（比利时）、《世界屋脊上的生命》（中国台湾），中国美术出版总社出版的《西游记》（巴西）、《永远的三峡》（英国），人民音乐出版社出版的《中国音乐史图鉴》（德国、英国）、《中国戏剧史图鉴》（德国、英国）、《中国古代音乐史稿》（韩国），生活·读书·新知三联书店出版的《朱熹的历史世界》（韩国）、《画坛点将录》（中国香港）、《亚洲的书籍、文字与设计》（中国台湾）、《中国"中世纪"的终结》（中国台湾），东方出版中心出版的《远去的藏獒》（中国台湾），现代出版社出版的《正说清朝十二帝（漫画版）》（中国港台），世界图书出版公司出版的《成功一定有方法》（韩国）、《哲学要义》（中国港台）、《现代英语实务教程系列丛书》（中国港台）、《奇思妙想记单词系列丛书》（中国港台），等等。

①在 2006 年 9 月初第 13 届 BIBF 上，中国出版集团签约和达成意向的版权贸易总量为 503 项，占全国（12064）的 4.2%。其中，输出 237 项，输出中现场签订输出合同 23 项，达成输出意向 214 项；合作出版意向 7 项；引进 259 项。较往届相比，版权输出情况有较为明显的进步，输出数量和引进数量基本持平，版权贸易成果丰富。

每届北京国际图书博览会，集团的展场占地面积都是全场最大的，参展阵容也十分强大。博览会期间，集团精心安排和精心备展，充分利用这一大好时机，与各国出版机构展开版权贸易，进行广泛深入的交流。

中国出版集团参展团在展台举行大规模酒会，与来自"主宾国"俄罗斯的出版单位一起，就进一步加强合作达成共识，就有关项目合作进行了广泛交流。集团总裁杨牧之、俄罗斯出版商协会主席切切可夫在现场先后发表热情洋溢的讲话。

博览会期间，集团各出版单位版权工作取得了实质性进展。人民文学出版社与瓦格里乌斯出版社在俄罗斯展台共同举办了《当代俄罗斯诗选》《当代俄罗斯中短篇小说选》新书发布会，并与英国哈珀·柯林斯出版集团就合作出版事宜举行新闻发布会。中华书局与台湾联经出版公司进行了战略合作洽谈，并举行合作意向和具体版权贸易项目签约仪式。

在博览会期间举行的第五届"输出版、引进版优秀图书"评选颁奖大会上，集团有 18 种图书获奖。其中，生活·读书·新知三联书店的《城记》等 5 种图书被评为"输出版优秀图书"，商务印书馆的《牛津中阶英汉双解词典》等 4 种图书被评为"引进版社科类畅销图书"，中国对外翻译出版公司的《黄金武士——二战日本掠夺亚洲巨额黄金黑幕》等 7 种图书被评为"引进版社科类优秀图书"，世界图书出版公司的《创新药物化学》等 2 种图书被评为"引进版科技类优秀图书"。

②在 2006 年 10 月初的第 58 届德国法兰克福国际书展上，中国出版集团"走出去"取得了突破性进展。书展期间，中国出版集团签约和达成意向的版权贸易总量 399 项。其中，输出 263 项，输出中现场签订输出合同 88 项，达成输出意向 175 项；引进 136 项。值得一提的是，大部分版权输出到美欧国家，改变了过去以中国港台、东南亚、日本、韩国为主要输出地区和国家的局面。从输出数量和输出地区上看，标志着中国出版集团积极实施"走出去"战略、走向国际市场方面迈出了重要步伐。

在法兰克福书展期间，中国出版集团的签约活动和这些重点的输出项目，吸引了国内外不少相关的媒体的报道，也引起了国内外同行的广泛关心和关注。

2. 近两年输出的代表性书目

属于"中国图书对外推广计划"两批推荐书目并已成功出版

或正式签约的图书，有代表性的包括：人民文学出版社的《空山》（越南、美国）、《骆驼祥子》（韩国、美国），商务印书馆的《商务馆学汉语词典》（新加坡），中华书局的《正说清朝十二帝》（韩国）、《国史十六讲》（韩国，中国香港、台湾）、中国大百科全书出版社的《中国儿童百科全书·上学就看》（8种，蒙古），中国美术出版总社的《西游记》（巴西），人民音乐出版社的《中国音乐史图鉴》（德国、英国）、《中国戏剧史图鉴》（德国、英国）、《中国古代音乐史稿》（韩国）等。

①人民文学出版社的"中国当代文学精品丛书"。合作方哈珀·柯林斯出版社计划用5年时间推出丛书中的中国当代文学精品50种。"中国当代文学精品丛书"输出规模之大，无疑将在西方文学领域和普通读者中间产生深入而持久的影响。柯林斯总裁简·弗里德曼表示，人民文学出版社是中国一流的出版社，美国的读者和媒体肯定会非常关注这一一流出版社提供的文学精品。目前，首批推出的《骆驼祥子》《古船》《边城》正在翻译之中。而《骆驼祥子》已被纳入"中国图书对外推广计划"推荐书目之中，接下来"中国当代文学精品丛书"书目的挑选，预计将涉及中国图书对外推广计划推荐的人民文学出版社出版的多部文学精品。

②商务印书馆的《商务馆学汉语词典》。针对国外汉语学习词典的空白和未来全球巨大的、迅速增长的潜在读者群，商务印书馆精心策划《商务馆学汉语词典》一书。该词典已售权新加坡时代出版社，并在与其他境外出版社洽谈售权，是"中国图书对

外推广计划"推荐书目。

③中国美术出版总社所属连环画出版社的《西游记》。邀约国内优秀的连环画画家为故事配画，使得这一原本东方色彩浓厚的神话故事更具中国特色。该书由巴西 CONRAD EDITORA 出版社购权，是"中国图书对外推广计划"推荐书目。

④人民音乐出版社的理论专著及系列乐谱。包括《中国音乐史图鉴》《中国戏剧史图鉴》2 部音乐理论著作，已经售权德国朔特音乐出版社，这两部著作是"中国图书对外推广计划"推荐书目并已获得资助。在 2006 年 10 月 6 日的 FBF 上，音乐社还同时售权朔特出版社独家出版 5 部专为外国读者策划的、用不同的西洋乐器演奏中国本土音乐的"中国旋律"乐谱，内容包括中国民歌《茉莉花》等。这 5 部乐谱尚未纳入"中国图书对外推广计划"，需要补入。

⑤生活·读书·新知三联书店的"乡土中国"丛书。西方读者一直关注中国原汁原味的自然人文景观。生活·读书·新知三联书店为此与澳大利亚 Lonely Planet 出版社签订意向，计划在未来 3 年由对方陆续翻译出版 15 种"乡土中国"作品。"乡土中国"系列将以精美的图片、生动的文字呈现给国外读者一幅独具韵味的中国风情画卷。该系列作品多数已列入"中国图书对外推广计划"推荐书目，少数需要补入。

⑥中华书局的《国史十六讲》。该书对中华文明史上的重要问题进行了有深度、有新意的解读。中国台湾联经出版事业公司

及韩国、中国香港的出版机构签约引进《国史十六讲》，意在回
应和引导读者重新思考中华民族的文明史。该书是"中国图书对
外推广计划"推荐书目。

三、中国出版集团实施"中国图书对外推广计划"过程中需要改进的地方

1. 版权输出总量与兄弟单位相比有差距

2006 年，中国出版集团输出版权 135 种（已签约），其中，
输出到港澳台地区 55 种，非港澳台地区 80 种。在 2006 年出版
单位输出排行榜上，与兄弟单位比[1]，有一定差距。

2. 实际输出版权的图书与"中国图书对外推广计划"推荐书
目的图书有差距

2005 年、2006 年两年中，列入第 1 批"中国图书对外推广计划"
推荐书目的共有 327 种；而同期实际输出的 241 种图书中，只有
18 种、31 个版次的图书在"中国图书对外推广计划"范围之内。

3. 实际输出版权，并且已列入"中国图书对外推广计划"推
荐书目的图书，与应当申请并获得的资助有差距

2006 年，中国出版集团有 7 种图书申请并获得了"中国图
书对外推广计划"的出版翻译资助（音乐社）。此外，还有 1 套 8

1 集团中第一名中国国际出版集团 225 项，第二名中国科学出版集团 221 项。单体社第一名北京语言大学出版社 235 项。

种图书（《中国儿童百科全书·上学就看》，2006 年底签约售权蒙古、中国香港）正在申请资助。也就是说，我们在输出到非港澳台地区的 80 种图书中，仅有少部分申请并获得了资助，共 38 万元。而 2006 年，"中国图书对外推广计划"总计的出版翻译资助已经达到了 1000 多万元。与一些版权贸易比较活跃的兄弟单位、"中国图书对外推广计划"的其他成员单位相比 [1]，中国出版集团申请翻译资助方面还有相当大的可为空间。

实际输出版权的图书与"中国图书对外推广计划"推荐输出的图书，与获得翻译资助有差距，之所以出现这种情况，我们分析有这样一些原因：

①申报"中国图书对外推广计划"的预见性不高。对国外读者的阅读口味把握不准，难从以往的版权输出案例中总结出规律，提高版权输出的针对性、预见性和计划性。

②有的单位，特别是老社、大社、名社，底子不错，在国内市场占有率较高，效益不错，满足现状，对短期不明显的版权输出项目，对申报、落实"中国图书对外推广计划"的积极性不高，还没有尝到国家给予翻译资助的甜头，或者认为甜头不大，或者认为甜头给对方，对自己是间接的，不如把精力放在实际输出上，争取获得输出版税上来的实在。

③有的单位虽然积极申报"中国图书对外推广计划"书目，但申报和实际做版权输出的是两拨人、两个渠道，工作没衔接上。

1　中国国际出版集团获得了 98 万元资助，中国科学出版集团获得了 114 万元资助。

④多数出版社，还是处在"走出去"的初级阶段，不少图书成系列地上了"中国图书对外推广计划"推荐书目，但实际输出时，做不到成规模地销售版权，而是零星输出、进展缓慢。

⑤作者自行输出的版权，特别是文艺类的，未能及时统计上来。

⑥对"中国图书对外推广计划"入选书目宣传推介不够。

四、中国出版集团实施"中国图书对外推广计划"过程中已经采取和准备改进的措施

1.2006年以来，为做好"走出去"工作，实施好"中国图书对外推广计划"所采取的措施

①成立专门机构。集团成立了对外合作部，集团成员单位也改造、成立、明确了相应的业务部门。

②针对重大的国际书展和版权贸易活动，组织各单位版权贸易方面的专业人员，组成相对专业化的版权贸易洽谈工作组，集中力量对外。在2006年的法兰克福书展上，初次实践，效果不错。

③立足长远，制定规划。集团的"十一五"规划，专设外向型图书选题板块，计12大类，600多个品种。其中如《大中华文库》，由任继愈等大家牵头，内容包括中国有影响的古今典籍，范围包括兄弟出版单位，形式是直接做成英文版，已有海外出版机构与我们洽谈购权。2007年将推出第一批。这样规划，总而言之是长

期工程。

④制定政策，形成促进机制。已出台鼓励版权输出的奖励措施——在集团两年一度的"中国出版集团图书奖"中，增设"外向型图书奖"，每届评出 5～6 种"外向型优秀图书"，予以鼓励；同时自 2006 年起，完成签约、实现输出的项目，凭合同每种给予奖励。

⑤注重战略合作，"借船出海"，力争整体推进。已与牛津大学出版社、哈佛商学院出版公司、麦克米伦出版公司、哈珀·柯林斯出版集团，建立战略的、长期的合作关系。

⑥开设"走出去"的新窗口。在国家语委及汉语推广办公室、总署的支持下，2006 年新办《汉语世界》杂志，2007 年开始对外发行。杂志本身宣传汉语学习、中国文化，同时也是集团对外的一个窗口。

2. 做得还很不够，准备实施的改进措施

①统筹全集团的出版资源。不限于各个出版社，而是在集团层面上提出重点项目和项目群，委托出版社实施，按照上级的要求打造"走出去"的重点工程、品牌工程和畅销工程，并在资金上予以扶持。

②用好现有的 23 个海外办事机构和书店的渠道和窗口优势。改造、合作、合资、新设在外的专门机构，建立版权输出的前沿阵地。

③充实力量。目前，国内出版和版权输出的两方面机构、人力有脱节、分离的问题，对此，从机构、人力配置上进行整合，

充实力量。

④用足用好用活现有政策。用足，早签约，早申请资助；用活、用好，如"走出去"杂志，如合作出版图书，如我们出版中文版但由于作者自己对外授权的图书。如何适用现有政策，我们要提出具体办法。

⑤用好"中国图书对外推广计划"为我们提供的立体舞台。包括推荐书目，作为"中国图书对外推广计划"常设机构的办公室，"中国图书对外推广计划"期刊，"中国图书对外推广计划"网站，向国外图书馆赠书。

⑥加大宣传推介力度。包括作品、出版社、作者作家的宣传，三个方面都要创品牌，相辅相成，相互促进。

⑦把"走出去"工作纳入集团对成员单位的双效业绩考核体系。目前考核经济效益（按国资委考核体系）和社会效益（按出版社特点和集团实际），今后在社会效益部分加入"走出去"的评分。

中国出版集团作为出版"国家队"，面对总的态势，面对兄弟单位迅速"走出去"的形势，深感责任重大、压力大。政府推动，最终还是要落实在企业主导、市场运作。我们将继续按照中央的要求和政府的部署，充分依托"中国图书对外推广计划"这个平台，用足用好政策，吸收兄弟单位的经验，发挥自身综合优势，争取在版权输出、出版合作，以及产品输出、举办和参加国际书展、海外网点建设等方面，多做些、做好些，作出应有的贡献！

中澳合作出版生正逢时　风华正茂★

　　中国出版集团是国家级大型出版发行企业，由商务印书馆、中华书局等 70 多家子公司、控股公司、参股公司组成。集团囊括了中国最悠久最著名的出版机构，拥有中国最大的出版物市场份额，在中国的各个出版集团中获得国家级出版奖励最多，大众出版物销量最大，出版物进出口总量最大，版权交易总量和输出比例最高，拥有最庞大的作者资源和读者群体，拥有最丰厚的出版和文化积累，在中国具有最强大的影响力。集团与海外众多国家的出版机构、学术机构和版权代理机构建立了稳固频繁的版权贸易关系，版权贸易网络遍及全球 101 个国家和地区。

　　近年来，集团致力于与国内外出版机构建立全方位的合作关系，进一步加大版权贸易和合作出版。为此，我们将在现有的 26 家海外分支机构和 10 多家国际战略合作伙伴的基础上，积极与世界各国、各地区出版界同仁进行友好的交流与沟通，开展多

★　2007 年 12 月 17 日，在中国出版（悉尼）有限公司揭牌仪式暨新书发布会上的致辞。

方位的互利合作，特别是大力推进国际出版合作。与此同时，近年中国经济发展迅速，中澳两国关系友好，双方在各个领域的合作与交流日益频繁。在这个大背景下，继在法国巴黎和美国纽约成立了两家合资公司后，中国出版集团及所属的中国出版对外贸易总公司与澳大利亚多元文化出版社三方又合资成立了中国出版（悉尼）有限公司，该公司于2007年10月3日在澳大利亚新南威尔士地区注册成立，并开始正式运营。

中国出版（悉尼）有限公司志在加强两国出版业的交流，促进人民之间的友谊。截至2007年12月，已先期出版了《中国传统文化精粹》系列图书9种及多种有关中国文化的图书，后续项目将不断跟进。已出版的9种图书分别为《唐宋词100首》（收录了中国著名词作者辛弃疾等的传世杰作）、《孙子兵法》、《中国古代寓言选》、《中国幽默故事选》、《中国民间风俗》、《唐诗100首》（收录了中国著名诗人李白、白居易等的传世杰作）、《中国成语故事选》、《孔子语录》、《佛经故事》。

中国出版（悉尼）有限公司的合作方，中国出版集团公司坚持开展集约经营，全面实施挺拔主业、多元发展和跨国、跨地区、跨媒体经营的战略；中国出版对外贸易总公司是中国出版集团旗下重要的书刊进出口公司，拥有完善的物流系统和广泛的海外客户群体；澳大利亚多元文化出版社长期致力于中国文化图书的出版，与中国出版界有着密切的关系。合作三方将用最短的时间整合各自的资源，逐步形成一定的出版发行规模，在国际出版和发行方面有所尝试、有所拓展。可以说，中国出版（悉尼）有限公司生正逢时，风华正茂。

相信，在各位朋友和同人的支持下，中国出版（悉尼）有限公司将会不断发展壮大，为中澳两国之间的文化交流作出积极贡献。

依靠政府支持　加快社科图书对外翻译出版★

一、中国出版集团近年来社科图书对外翻译出版情况

中国出版集团 2007 年实现版权输出 167 种，相比 2006 年的 92 种增长 81.5%。输出项目中既包括人民文学出版社的《藏獒》等文学作品，又包括人民音乐出版社的《中国戏剧史图鉴》、生活·读书·新知三联书店的《小品建筑十讲》《中国古建筑二十讲》、世界图书出版公司的《世界遗产：中国》等社科类图书。

单纯就社科类图书来说，中国出版集团在翻译出版方面应该说有很好的基础。

一是中国出版集团所属出版单位在这方面有很好的出版传统。比如商务印书馆在中外社科图书翻译出版方面有很好的优势；中国对外翻译出版公司成立之初就是专门为联合国翻译文件的，在翻译人才队伍、翻译能力上位居国内前列；中华书局与日本在

★　2008 年 7 月 1 日，在外宣办社会科学图书翻译出版座谈会上的发言。

中华古籍翻译出版方面有长久的合作；世界图书出版公司在科技类图书引进方面经营多年，近些年来又向社科类图书翻译方面拓展。这些是集团社科类图书翻译出版方面的重要资源。

二是有国际合作平台，每年举办一次的北京国际图书博览会（BIBF）就由中国出版集团承办。

三是集团各社均重视重大翻译出版项目。这些项目既包括人民文学出版社的 50 种文学作品，在社科类图书方面又包括：人民音乐出版社的中国乐曲系列，集团多家单位承担的《大中华文库》丛书，中华书局的《于丹〈论语〉心得》《正说清朝十二帝》《正说汉朝二十四帝》《正说唐朝二十一帝》《正说宋朝十八帝》《正说清朝十二后妃》等"正说"系列、《周思源看红楼》《沈伯俊说三国》《刘荫柏说西游》《黄霖说金瓶梅》等"名著新说"系列，中国大百科全书出版社的《中华文明史话》《中国大百科全书》，中国对外翻译出版公司的《中华传统文化精粹》，世界图书出版公司的《世界遗产：中国》《图说中国传统文化节日》《中国智慧故事》，读书·生活·新知三联书店的《中国古建筑二十讲》《中国小品建筑十二讲》等"建筑系列"，现代出版社的《漫画神话英雄》，等等。

尤其是《大中华文库》，精选了我国在文学、历史、哲学、政治、经济、军事、科技等各领域最具代表性的经典性古籍 110 部，包括集团的中华书局、商务印书馆、人民文学出版社在内，全国共有 17 家出版社承担。目前，已出版英文版 70 种共计 130 册，

5800 万字；另有 25 种已全部定稿，正在编辑之中，预计 2008 年内分两批出版；其余部分（约 15 种）将力争在两年内完成。考虑到联合国通用六种文字（汉、英、法、西、阿、俄），以及德、日文字的影响，现在除汉英对照版外，汉法、汉俄、汉西、汉阿、汉德、汉日对照版的翻译出版工作也已经开始。初步计划每个语种各出最有影响的中国经典 30 部。第一批选目 10 种包括：《三国演义》《红楼梦》《水浒传》《西游记》《论语》《老子》《周易》《孟子》《庄子》《墨子》等。

此外，考虑到中国文化对韩、朝两国的影响，我们又组织了汉韩对照版《大中华文库》的出版工作。2007 年 5 月出版了《老子》《文心雕龙》《搜神记》3 种共 5 册（延边人民出版社负责），并于 6 月 1 日在韩国首尔成功举办了汉韩对照版《大中华文库》的首发式，得到了海内外的好评。

《大中华文库》的海外销售委托"四海教育中心"，目标是 5 年内销售汉英对照本 800 套。各书起印数 2000 册，单种书销售最高的达到 20000 册。

二、中国出版集团在社科图书对外翻译出版方面的工作措施

一是集团领导班子对于这项工作高度重视，在年度选题计划制定、半年重点出版项目检查等方面都有明确要求。特别是，集团在战略规划上设置了 16 条图书产品线，其中之一就是"走出去"

产品线，就是将对外翻译出版图书作为全集团的一条产品线来开发和经营。目前，集团还重视中外名著翻译对照、双语出版，各个出版社都出版了一大批中外文对照的出版物。

二是注重从组织机构上加大对外翻译出版的能力。集团目前已经在悉尼、巴黎、伦敦、纽约与国外出版机构成立了四家合资出版公司，双方共同开发选题，在保留内容审稿权的基础上，利用外方的渠道进行出版和销售。目前开发的选题已有40多种。集团同时正在申请恢复启用万国学术出版社，通过与培生公司合作共同开发中外文对照的图书。

三是加大选题设计的力度。集团对外翻译出版的图书，以前主要是根据集团各单位的出版特色来进行，比如人民文学出版社重点在文学作品，人民音乐出版社、人民美术出版社分别在音乐和美术作品。现在，随着集团化的进展和集约经营力度的强化，集团正从全局、从产品线、从重大项目设计入手来统筹选题设计，做专题性的对外翻译出版。

三、存在的困难和问题

一是海外需求不足。这不仅是中国出版集团面临的问题，全国各出版单位都面临这一问题。海外需求不足，对潜在的海外需求也了解不够，与我们国家的国际地位、文化形象、海外接受程度都有关系，不是一朝一夕就能改变的。我们的建议是，国家在宏观层面上加大对中国形象、中国文化的海外推广力度，出版界在微观的图书出版方面加大与国外同行的沟通与合作、加大国外读者对中国文化的了解和关注。

二是"走出去"经费不足。国家承担了翻译费，这是一个很好的开始。问题在于，在选题调研、设计、编辑出版、翻译出版、海外市场推广这一出版流程中，翻译只是其中一个环节，而且是图书接近于完成的一个小环节，所占工作和所需费用的比例在整个流程中并不高，更高的成本需要出版社所承担。出版社能力不足，再加上需要较大投入，而经济回报又不如做国内市场的高，这就造成动力不足。

四、对策和建议

一是政府委托出版、政府采购海外发行。建议政府部门在翻译费之外，增加其他鼓励性的措施，或者是资金投入或者是政策扶持，比如政府委托出版、政府采购海外发行。

二是为出版单位建立海外出版机构提供政策和资金支持。在海外建立出版社、实现出版本地化，是国外出版机构开辟国际市场的成功经验和做法。事实上，国内目前引进图书多于输出图书现状，与国外出版机构与我们的出版社进行本地化合作密不可分。中国出版集团在海外有 23 家办事处或代表处，应该说有了很不错的基础，我们的目标是改造这些机构让其独立为出版公司，但问题在于资金不足，不仅无法给派驻人员更高的待遇和工作经费，更无法聘用本地人员。如果资金到位，这些办事机构或代表处凭借多年的经营基础完全可以做出一番事业。

三是充分发挥好海外留学人员的作用。海外著名华人学者固然是我们的资源，但出国留学人员、在海外定居的一般人员，更熟悉国外一般民众的生活状况和文化需要。他们写的书可能浅显，但因为生活化也许更有可能吸引一般读者，更能从生活的层面传播我们的文化。因此，建议国家有关机构建立几个档案库，包括海外著名华人的档案库、国外出版机构最喜欢接受的华人作者库、中华出版物海外出版学术委员会、海外优秀留学生档案库，将这些资源提供给出版社利用，并配套建立起海外作者激励机制。

四是加大面向海外的数字出版扶持力度。网络的文化传播影响力在这次反"藏独"事件中得到了验证，我们要充分发挥互联网、数字出版的作用。比如中国大百科全书出版社的《中国大百科全书（网络版）》与比利时根特大学合作，使中国文化、中国观念走向欧洲，就是这种行为，效果良好。但是，中国大百科全书出版社资金毕竟很有限，无法进一步推广自己的网络产品。因此，这方面也需要政府部门的支持。

资本和数字时代出版"走出去"的创新战略★

我讲三层意思。第一层意思是对文化"走出去"与出版"走出去"的认识问题，就是大环境与小气候；第二层意思是出版"走出去"的传统路径，这里面有些经验和教训值得总结；第三层意思是在资本时代和数字时代的大背景下，出版"走出去"的创新战略。

一、文化"走出去"与出版"走出去"

从"走出去"的一般规律来讲，我觉得有这么四个层级，一是产品，二是企业，三是行业，四是整个国家作为一个大的整体。

改革开放 30 多年来，我国国民经济以年均 9% 左右的惊人

★ 2009 年 10 月 29 日，在第四届香山论坛·黄山峰会上的主题发言。后分别刊载于：《中国图书商报》，2009 年 10 月 30 日；《2009 年度香山论坛：文化"走出去"与出版创新》，《中国出版》（中译版），2010 年 5 月上期。

速度持续快速增长，综合国力和国际影响力大幅提高。在人民生活水平得到全面改善的同时，众多的产品、众多的企业，乃至纺织、服装、电子电器、石油、化工、机械等一大批重点行业，阔步走出了国门，1000多种产品的出口额位居世界第一，外贸顺差持续保持世界第一，经济总量居三望二，我国经济已然成为拉动世界经济增长的举足轻重的力量。我国作为一个大的经济体，已经走向世界了。

然而，我国作为一个文化体，还没有"走出去"。这些年，我国的文化产业在空前的行政动员和政策推动下，形成了声势浩大的改革浪潮，通过改制重组、合纵连横、对外开放，焕发了生机、积蓄了能量，具备了"走出去"的认识基础和物质条件。但是，我们也清醒地认识到，文化产业的生产力还没有完全释放出来，中华文化在国际上的影响力和传播力还没有得到充分发挥，文化产业的整体发展态势与我国日益提高的国际地位和负责任大国的形象还不相匹配。文化"走出去"还任重道远。

在我们为了文化"走出去"而跃跃欲试的时候，一些老牌发达国家、新兴工业化国家和地区也加快了文化输出的步伐，加快向我们"走过来"。20世纪90年代以来，他们纷纷调整文化政策，在开展"经济高地"战略竞争的同时，又在"文化高地"展开了新一轮博弈。美国、新加坡等国家积极推动文化软实力竞争，日本、韩国确立了"文化立国战略"，法国等国确立了"国家资助文化输出战略"，这些都是很明晰的国家行为。这些国家自觉推动文化输出的结果，使得好莱坞的电影和现代艺术、法国欧洲的服饰、韩国的青春偶像剧、日本的动漫和游戏等等，成为流行于世界的时尚文化元素。一句话，从艺术欣赏到日常生活方式，方方面面都对我们造成了很大的影响，我们已经处在国际文化的包围之中。

可喜的是，我们的文化"走出去"已经得到前所未有的重视。党的十六大正式提出了发展文化产业的要求。党的十七大肯定了文化作为综合国力竞争的重要因素，对于提升民族凝聚力、激发民族创造活力、提高国家软实力的战略意义。2009 年 7 月 22 日国务院常务会议原则通过的《国家文化产业振兴规划》，标志着对文化产业的重视上升到国家战略层面，标志着文化"走出去"已经成为全民族的而不仅仅是全行业的共识。

在整个文化产业格局中，出版产业有这么几个特点：一是产品内容的广泛性；二是传播方式的多样性和兼容性，出版产品能比较容易地与其他产品嫁接，比如说文学、电影、电视；三是企业化运作的普适性，出版企业相对于新闻等单位而言，可能更适用一般经济企业的运行规律；四是受众的普遍性；五是影响的持久性。这些特点，使得出版相对于新闻、广播、影视、文学艺术等产业而言居于基础性地位，是推动文化"走出去"的基础行业和主力军。

另外，当前的世界经济危机尚未触底，经济总体形势企稳向好，但基础还不牢固，还有许多不确定因素。在这个背景下，出版业作为污染少、能耗低、科技含量高的绿色产业，在金融危机中表现突出，实现了逆势上扬的良好势头。出版"走出去"在扩大国际文化竞争力和影响力的同时，本身也有利于保增长、扩内需、调结构、促发展，有助于转变发展方式，有利于推动我国经济率先在全球复苏，推动中华民族的全面复兴。

二、出版"走出去"的传统路径

改革开放以来，我国出版业的对外合作交流取得了长足进步，在"走出去"的路径上已经形成了三种比较成熟的运作模式。

1. 产品模式

这种模式是通过单个产品进出口、版权贸易、业务合作，从而实现产品"走出去"，这是大家都比较熟悉的。进出口是直接把产品卖出去，版权贸易是授权对方生产新产品，项目合作是共同编辑出版新产品。

（1）进出口业务。主要是书报刊和音像电子出版物的进出口零售业务。目前，国内有两大图书进出口集团，一个是中国图书进出口（集团）总公司（包含合并前的中国出版对外贸易总公司），另一个是中国国际图书贸易总公司。前者是我国最大的出版物进出口集团，其进口业务和出口业务的市场占有率分别达到了62%和35%以上。我国出版产品的进出口，目前仍然表现为1:5.5的逆差（约4000万美元 :2.2亿美元／年）。

（2）版权贸易。版权引进和版权输出的状况，经过这些年的努力，逆差一直在缩小，已经由高位时的 1:15 缩小到 1:4 左右（约 3500 种 / 年 :1.4 万种 / 年）。中国出版集团的这一比例目前在 1:2.5 左右。

（3）项目合作。项目合作有很多种方式，包括在选题策划、内容加工、整体营销方案的制定、翻译和编校力量的合作等诸多方面。这方面的案例也非常多，许多引进版的畅销书和常销书都采取这一办法。

2. 会展模式

这种模式主要是通过举办或者参加国内外的大型书展，推动一批企业甚或整个行业，来开展版权贸易或者外向型图书销售。目前，在国内举办的北京国际图书博览会（BIBF）、海峡两岸图书交易博览会，以及国外的法兰克福书展（FBF）、伦敦书展等都是比较好的大型版权交易平台。

3. 渠道代理合作

它主要体现为国内的出版社借用对方的销售渠道销售本版图书、报纸、期刊等。例如：国内的一些专门从事汉语教学图书出版的出版社，通过与国外的分销商或者相关系统渠道商合作，不断扩大了本版图书的海外市场占有率。

三、出版"走出去"的七大创新战略

我们已经处于信息时代和互联网时代，数字革命和资本革命成为推动全球出版业结构调整和总量扩张的两大引擎。

一方面，一批国际出版巨头纷纷抢滩数字出版领域，开展多元化的在线出版业务，并逐渐形成了独特的商业模式和盈利模式，像圣智学习、施普林格的数字经营业务对整个集团的利润贡献率已大幅攀升到50%以上，爱思唯尔已经达到70%以上。这种情况，不仅比较好地帮助企业完成了产品结构的战略性调整和技术升级换代，更是帮助企业在新的市场细分领域保持了持续领先的地位，因为数字产品本身就是一个很大的细分市场。

另一方面，一些知名的国际出版企业也进行了频率更快、规模更大的资本运营和扩张，从而扩大了品牌效应，增加了整体实力，乃至成长为行业巨无霸。

面对汹涌澎湃的资本扩张和数字化两大潮流，中国出版该如何创新"走出去"的路径、如何建立新的"走出去"战略？对此，研究这几年出版"走出去"的实践和发展趋势，我认为有七个创新战略，提出来与各位同仁一起讨论。

1. 实体合资战略

即通过本土出版企业与海外出版商、投资商共同投资，创建合资的出版实体，实现"实体走出去"。

中国出版集团积极与外国出版公司合资兴办实体，已经在海外建立了7家合资出版公司：中国出版（悉尼）公司、中国出版（巴黎）公司、中国出版（温哥华）公司、中国出版（纽约）公司、中国出版（首尔）公司、中国出版（伦敦）公司、中国出版（法兰克福）

公司。这些公司的效果究竟如何，我们还要一边办、一边评估和调整。从形象定位来讲，我们已经对它们做了些调整，纽约的公司改叫梅花出版社、首尔的叫木兰出版社、伦敦的叫百合出版社、法兰克福的叫丁香出版社。我们目的就是要让这些出版社在当地落地生根、本土化，这样才能真正在当地产生影响。采用本土化战略，这些合资出版公司拥有英、德、法、日、韩 5 种文字的出版能力，年出版外国本土图书 200 多种，发展势头良好。

这几年国内同行也纷纷开展实体合资战略，打造了一批经典案例。像长江出版集团、人民卫生出版社等都在海外设立了合资公司。

这里面有值得探讨的问题。如果选择小的国外公司来合作，我们比较容易实现主导权，我们的产品容易通过合资公司"走出去"；但是这样的企业，从企业经营的角度来讲，由于它的规模基础比较弱，从资产经营、经济效益的角度来讲是不是合算，值得探讨。反之，如果我们选择一个比较大的、比较强势的国外公司合作，公司本身的成长性可能非常好，从经济效益上看是合算的；但由于我们只是参股，甚至是第四、第五这样的股东，我们要在这样的公司里实现非常强的"走出去"的目的，可能比较困难。企业的经济效益与文化责任这两者之间，能不能在境外合资企业中取得平衡，这是我们要认真考虑的问题。

2. 资本并购战略

即通过资本输出，主动出击，在一些关键的外国市场收购一定规模和品牌的资源型出版公司。比如，2008年6月，湖南出版集团与韩国阿里泉出版株式会社（AREESEM）签署股权战略合作备忘录，完成了对该出版社的收购。

　　并购与前面说的合资，表面上看都是使资本"走出去"，但它们在对于推动文化"走出去"方面的效果是有所不同的。对并购来说，我们选择什么样的对象来购进，购进了以后怎么样实现我们有效的管理控制，怎么样实现本土化、把人家的闺女变成自己的媳妇，要不要、能不能输出我们的文化，这是需要我们权衡抉择的。我们的本土化跟国外企业的还不完全一样。英国伯特利·米切尔公司合伙人威廉姆·米切尔先生提出出版并购有十大策略，包括并购核心的业务、并购未来的核心业务、并购新的区域、并购声誉好的企业、并购技术和人才，等等。实际上，这些并购隐含的根本目的，还是盈利、还是经济效益。我们并购国外出版企业是要做什么呢？如果我们花钱买了一个境外企业后，让这个企业保持原有的经营轨迹不变，保持它的生产方向和品牌内涵不变，它可能成长性很好、经济效益很好，我们从经济上来讲是扩张了、"走出去"了。但是，我们要让这样成熟的企业改弦更张，生产体现我们文化的产品、实现文化产品"走出去"、形成我们的文化影响力，可能在短期内并不能实现。如果单纯的是为了尽到文化责任，我们的成熟的企业被人家并购，在短期内可能反倒容易实现让文化"走出去"的目的。我们当然不可能这么做。并购境外出版公司后，如何在保护原有品牌、保持经济成长性与尽快推出我们所希望的文化产品、形成中华文化影响力之间找到契合点，是一个需要研究的战略。

3. 技术推动战略

即利用技术手段来推动海外销售。比如，中国出版集团的中国图书进出口（集团）总公司，有个海外书刊采选平台。这样的资源怎么把它用起来，让它同时成为海外采选中国书刊的平台，这就是属于技术推动"走出去"的情况。再比如，中国出版集团公司与美国 ODB 公司合作，投资新技术、获得新技术，成为 ODB 公司按需印刷机和 Espress Net 软件系统在中国的独家生产经营执照持有者。我们通过对技术设备和授权外版图书的一揽子投资，推动图书版权使用和图书按需生产的国际化。这种机器既可以在国内使用，又可以在国外使用，这就拓展了"走出去"路径。

4. 品牌溢出战略

即通过与西方市场建立某种关联性，例如与国际知名出版集团建立战略合作伙伴关系，提升我国企业和产品品牌的知名度，为出版企业"走出去"建立良好的品牌声誉。

这类案例很多。例如商务印书馆的传统优势产品线是语言工具书和外版学术著作，近年来与世界知名的哈佛商学院出版公司签署了战略合作协议，陆续推出了《蓝海战略》《七天读懂宏观经济学》等一批畅销书，从而在经管类图书出版领域逐渐获得了比较高的市场知名度。

又比如生活·读书·新知三联书店，主要以出版文化学术类著作见长,这几年与国际著名的旅游出版社澳大利亚孤星(Lonely Planet)出版社签订战略合作协议,生活·读书·新知三联书店一方面购买对方的版权,引进、翻译孤星的"旅行指南系列",出版了《欧洲》《东南亚》《美国》《德国》等自助旅游图书 20 余种,使得生活·读书·新知三联书店在国内自助旅游图书的市场占有率跃升到第二位。另一方面,对买入版权的产品进行改造后转卖,将重新编辑的、适合中国人阅读的中文版的版权再转卖给台湾的联经出版社,由其出版中文繁体字版。第三方面,通过合作形成共有版权,在合作效果良好的基础上,三联与孤星两家出版社共同编辑出版有关中国的旅行指南系列,比如《中国西南》《中国云南》等,面向国际市场推出。第四方面,通过合作卖出自己的版权,孤星也将三联出版的"乡土中国"丛书(15 种,包括《徽州》《蓝田》《闽西客家》《武陵土家》等)改造成英文版,推向国际市场。在双向多方版权合作的例子中,三联的旅游产品品牌在国际上得到了很好弘扬。

5. 渠道拓展战略

即改变传统的简单依赖国外渠道商的"借鸡下蛋"策略,主动建立具有独立的产权关系或者资本契约关系的市场渠道,从而逐渐建立起自主、开放、可控的出版物国际市场渠道。主要有三种类型:

(1)直接设立海外图书分销或零售中心 比如 2008 年以来,中国出版集团通过下属中国图书进出口(集团)总公司,先后在美国的纽约、圣地亚哥、新泽西和英国的伦敦（2009 年 10 月 20 日），开设了 4 家海外新华书店；与美国时代国际文化发展公司合资，开设了新华书店（北美）网上书店；加上以前在澳大利亚、加拿大、美国、中国香港的 6 家现代书店，集团的海外分销或零售中心已达到 10 家。海外分销零售中心逐步开设，有利于我们建立系统的海外销售渠道，也有利于掌握海外图书市场的变化信息。

（2）拓展数字出版跨国传播渠道 数字出版既是内容的问题，也是传播方式的问题。比如中国出版集团的中国大百科全书出版社与比利时根特大学共同研发，推出《中国大百科全书》欧洲单机版和网络版，并由 Vartec 公司负责总经销。这种合作方式，既把我们产品的内容推出去了，又形成了新的产品销售渠道。因为网络本身就是一个渠道，这就以技术手段实现了传播渠道向国际市场的拓展。

（3）跨国渠道和销售网络的互换 也就是双方共同投资，成立合资的国际化的分销公司，既可以在中国销售对方产品，也可以在对方国销售本国产品。渠道互换这种模式，在我国的高端电器行业是比较流行的，出版业目前开展得还比较少，值得借鉴和尝试。

6. 资源占领战略

即在海外建立战略基地或研发中心，为未来收购海外优质出版资源做准备。目前这种战略多用于钢铁业、矿业等，国内的出版企业还没有建立专门的海外战略基地。

　　站在一个出版集团或者站在出版行业的角度考虑，我们把现有的一些海外网点、办事处等机构重新定位和企业化运作，使之逐渐转变职能，作为我们将来在那一个地区或者国家进行战略扩张的桥头堡，让它成为未来收购或者管理开发使用海外机构的"影子"机构，这是值得考虑的。我们不能等到并购海外企业的时候，才考虑配备人马、搭建班子，而要一开始就做这样的布局。

　　7. 版权代理战略

　　即尽快建立我国版权经纪代理制度，打造一支高水平的国际版权经纪人队伍，与国际版权代理制度接轨，为推动出版"走出去"提供人力资源平台。

　　版权经纪代理制度始于英国，从 1875 年英国人 A.P. 瓦特在伦敦设立最早的文学经纪公司——A.P. 瓦特有限公司算起，已有130 多年的历史。经过 100 多年的发展，出版经纪代理制度在欧美发达国家已成为版权贸易的主流。目前，英国的作者经纪公司有 100 多家，美国的作者经纪公司有 1000 多家。美国超过 90%的图书是通过出版经纪人包装后推出的，大部分作者不再与出版商直接洽谈图书的出版事宜。通过这些版权经纪人和代理商的精心运作，一大批图书不仅获得了高额利润，也逐渐成为经典之作。

　　例如，美国前第一夫人希拉里的回忆录《亲历历史》，由经纪人进行出版招标，获得了 14 家出版公司参与，最后以 800 万美元的高价卖给西蒙 - 舒斯特公司。而最近几年风靡全球的《哈利·波特》，最初就是由作者罗琳女士先投给英国著名的克利斯托费·利脱文学代理公司，经由该公司包装和推荐后一炮打响。中华书局的《于丹〈论语〉心得》也是经过英国托比·伊迪公司的托比·伊迪（"托笔"）先生精心策划后，才卖出了国内图书单笔金额为 10 万英镑的版权预付金，而且已经签售了 21 个语种、26 个版本的国际版权，发行到 30 多个国家和地区。

我们国家现在也有一些版权代理商，但是整体来说，我国的版权经纪代理制度基本上是个空白，成熟的版权经纪人极度缺乏。打造一支国际版权经纪队伍，跟国际版权接轨，建立人力资源平台，非常迫切。为什么我们许多很好的作品一直在向外"走"但就是"走不出去"？这不单纯是语言和文化的障碍，更重要的是由于缺乏一个让双方心灵相通的中介和载体。我们认为，人类的语言和文化虽有不同，但人类的思想和心灵是彼此相通的。两个心有灵犀的恋人如果无法直接对话，就迫切需要"媒人"来传情达意。同样，今天，中国出版和国际出版的高度融合，也迫切需要国际出版经纪人这样的"媒人"来穿针引线。

文化产品和服务出口的实践与思考★

　　根据商务部、外交部、文化部、广电总局、新闻出版总署、国务院新闻办 2007 年 4 月 11 日发布的《文化产品和服务出口指导目录》，文化产品和服务出口主要涵盖新闻出版类、广播影视类、文化艺术类、综合类四大类别。

　　中国出版集团的业务涉及了新闻出版类中的绝大部分，有些是国内其他出版集团尚不具备的业务特色和业务优势。

一、文化产品和服务出口的做法成效

1. 版权输出

　　根据"走出去"工作的需要，集团公司和各成员单位建立了专门的对外合作机构，加强了组织机构的建设和人力保障。在《五年发展规划》中，集团公司和各成员单位均制定了"走出去"的

★　2010 年 4 月 1 日，关于中国出版集团文化产品和服务出口的分析报告。

发展规划、战略措施和重点项目，明确了版权贸易、实物出口、市场份额等具体的分类目标。在集团公司对成员单位领导的"双效"业绩考核工作中，包含了"走出去"的考核，并有明确的绩效奖惩。在集团公司两年一度的图书奖评选中，设有"外向型图书奖"；每年年底的工作评选中，还设有"走出去"奖。

集团在"走出去"方面战略明确、思路清晰、措施到位、执行有力，为"走出去"提供了良好的发展环境，版权输出不断取得突破性进展。2007年，版权输出国外90项，位列全国第三名。2008年，版权输出国外130项，位列全国第二名。2009年，版权输出国外172项，位列全国第二名。版权输出和引进之比由2007年的1:4.4到2008年的1:3.6，2009年达到1:3.4。2009年，集团在法兰克福书展签订输出版权合同169项，荣获中国主宾国活动组委会颁发的"版权输出先进一等奖"。在"中国图书对外推广计划"综合考核评比中，集团公司获得优秀奖第二名。

2. 实物出口

2009年1月，中国图书进出口（集团）总公司和中国出版对外贸易总公司完成战略重组。重组后的中图公司专门成立了出版物出口中心，集中了两家公司的出口优势资源，在金融危机下依然实现了实物出口贸易有所增长。2009年1～12月，出版物出口35.75万种、246.76万册、872.78万美元；非出版物出口1959.39万美元。目前，中图公司的出口约占全国出口市场份额的30%以上。

3. 国际会展

在中宣部、新闻出版总署等有关部门的指导下，二十多年来，中图公司已承办了 17 届北京国际图书博览会。目前，图博会已跻身世界四大国际书展之一，成为家门口的"走出去"平台，中国出版人足不出国门即可与世界 60 多个国家和地区的 1700 多家出版机构开展版权贸易、文化交流活动。

自 2004 年开始，中国先后在巴黎、莫斯科、首尔、匈牙利、法兰克福、希腊萨罗尼卡等国际书展上成为主宾国。中图公司承办了其中绝大部分中国主宾国活动的组织工作。

2009 年 2 月，中图公司成立了中国图书国际会展中心，这是以市场化方式服务产业、推动交流、促进发展的一项重大举措，借此更加巩固和提升了图博会和中国主宾国这两大会展项目的组织水平和内容价值，集团也因此形成了国际会展这一大的业务板块。

4. 翻译服务

集团所属的中国对外翻译出版公司是国内唯一一家正式与联合国签约的联合国文件翻译服务承包商。中译公司自 1973 年成立至今，为联合国提供了数亿字的文件和出版物翻译服务，与纽约联合国总部，联合国日内瓦、维也纳和内罗比办事处，联合国教科文组织、国际货币基金组织、世界银行、环境规划署、人权事务高级专员办事处、世界卫生组织、联合国社会发展研究所等国际机构有紧密合作关系，长期向他们提供翻译和出版服务。

　　中译公司为联合国机构提供翻译服务的主要形式有：承包翻译服务（占 80%），在线远程翻译服务（占 10%），非现场翻译服务（占 3%），派遣公司职员作为联合国机构临时雇员提供翻译服务（占 7%）。目前，每年承接联合国各机构约 1000 万外文字的翻译量，涉及英文、法文、俄文、西班牙文和阿拉伯文。中译公司承担的联合国中文外包翻译已经占联合国中文文件总量的 25%，并有继续扩大的趋势。

　　除服务联合国外，承担翻译服务的项目还有：2008 年北京奥运会、残奥会翻译项目，2009 年法兰克福书展中国主宾国翻译项目，2010 年上海世博会笔译口译项目，广州亚运会笔译口译服务提供商，2011 年深圳大运会笔译口译服务提供商，等等。

　　2008 年，由于在北京奥运会、残奥会上作出的突出贡献，被中国翻译协会授予"中国翻译事业杰出贡献奖"。2009 年，被上海世博会事务协调局授予"中国 2010 年上海世博会明星赞助企业评选 08 新星纪念奖"。2009 年，被授予"中国翻译协会十佳企业会员"荣誉称号。2010 年，作为国内唯一一家翻译企业被授予"2009～2010 年度国家文化出口重点企业"。

　　5. 海外机构

　　2007 年 9 月，集团成立了第一批海外合资出版公司——中国出版（巴黎）公司、中国出版（悉尼）公司，由集团公司、中图公司和海外出版公司共同出资，以当地语种出版中国内容的图书。之后两年多的时间里，集团在韩国首尔、中国香港、英国伦敦陆续成立了第二批合资出版公司。2009 年下半年，中图公司在美国纽约成立独资的梅花出版公司，在德国法兰克福成立独资的丁香出版公司。目前，集团海外公司已出版图书近 200 种。

2008 年，中图公司建立纽约新华书店、圣地亚哥新华书店。2009 年在伦敦开设欧洲第一家新华书店，并开办新华书店北美网。

通过两三年的时间，集团以较快的速度在出版业发达地区完成了海外出版公司、实体书店和网上书店的初期布局。加上多年前成立的一批海外代表处陆续转制为分公司，集团海外机构呈现出布局广泛、业态多样的格局，现已成为我国出版业跨地区、跨国、跨所有制经营的最大的全球出版发行网络。

6. 外向型图书和期刊

挺拔出版主业，是集团一贯坚持的战略原则。集团的产品线布局，包括 13 条一级产品线、31 条子产品线（二级），以及 15 条有成长性产品线（三级）。其中"外向型图书"列为一级产品线，凸显了集团从选题源头加大版权输出的意识和部署。

集团不仅打造了外向型图书的明星产品《于丹〈论语〉心得》，而且还主动策划出版了外向型期刊——《汉语世界（汉英版）》。《于丹〈论语〉心得》输出语种 30 种，其中英文版税的预付金达到 10 万英镑，创下中文图书版权输出纪录。《汉语世界（汉英版）》创办于 2006 年 11 月，宗旨是为汉语学习者和对中国感兴趣的外国人、海外华人华侨提供鲜活的阅读材料，帮助读者了解"本土中国"的真实生活状态，以世界视野传播着中华情怀。该刊由一支高品质、专业化、国际化的编辑团队制作出版，主要销往美国、英国、法国、澳大利亚、新西兰、爱尔兰、冰岛、韩国等十多个国家，国家汉办每期采购上千册发往全球的各个孔子学院。2009 年 9 月，《汉语世界（汉法版）》出版；12 月，与日本签订了 iPhone 电子版；《汉语世界（汉俄版）》的出版工作正在进行中。

二、经验体会

1. 要高度重视

随着服务业在经济发展中的作用越来越强，服务贸易逐渐成为中国改善国际贸易地位、提高经济效益及国际经济竞争力，乃至增加外汇收入、扩大社会就业的重要力量。服务贸易已成为引领世界经济复苏的新动力。

2. 要有规划有保障

要有产品出口和服务出口的通盘规划和工作措施，要有专门的组织机构、专业人才作为实施的保障。

3. 要开拓进取

在巩固和加强传统优势的前提下，要积极开拓、大胆探索、不断开辟出口的新渠道。中国出版集团通过在海外建立机构，就为版权输出、合作出版、实物出口等工作开辟了新渠道，推动了"走出去"工作的有效突破。

4. 人才队伍是关键

中国出版集团除了有一批专业的版权贸易人员外，还培养锻造了一支力量雄厚、精益求精的翻译队伍，为联合国等国际组织作出了特殊的贡献。此外，中图公司的会展人员通过承办法兰克福书展、中国主宾国等一系列重要活动，已历练成为一支能打硬仗的专业队伍，获得业界的高度肯定。

三、困难

1. 产品出口面临的困难

实物出口目前主要以中文出版物为主，对象主要是海外的华人书店，渠道单一，受众狭窄，市场容量有限，增长乏力，关键是未进入西方主流渠道。出口市场竞争无序，海外书商利用国内国有和民营出口单位之间的残酷竞争和矛盾，恶意欠款，甚至诈骗，几乎国内所有出口单位都有被骗的惨痛经历；个别享受国家外宣经费补贴的单位，将经费投入市场竞争，造成海外市场的不公平竞争，加剧了市场的混乱局面，也助长了海外部分客户拖欠货款的风气；人民币持续升值，也造成出版物出口利润大幅度下降，部分市场已经出现亏损。

2. 版权输出的主要障碍

意识形态、文化差异、语言等多种因素是影响我国版权输出的几个主要障碍。

过去，中国一直被西方世界妖魔化。一些西方读者，面对中国出版物时经常会联想到政治宣传、意识形态宣传；中国文化在欧美地区属于边缘文化或少数民族文化，内容过深的图书在海外不易被读者理解；海外懂中文的人太少，翻译中文图书又存在难度大、周期长等问题；国内出版单位的版贸人员更熟悉根据国内市场需求购买版权，而不擅长本身就很艰难的对外销售版权。此外，文学作品往往由作者或其委托的代理公司对外输出版权，出版社很难取得作者特别是知名作者的海外版权授权。这些，都形成版权输出障碍。

3. 财税政策手续繁杂，不易操作

财政部、海关总署、国家税务总局近期关于文化体制改革试点单位涉及文化产业"走出去"的财税扶持政策，有些执行难度很大，手续繁杂，时间过长，不易操作。针对出版业的务实优惠政策不多、力度不大。

4. 对翻译工作的认识亟待提高

翻译作为文化产品服务的一种特殊形式，其在文化传承与交流方面的作用十分重要，但目前翻译所作出的贡献与其社会认知度不成正比，产业地位亟待提高。集团所属的中译公司作为国有企业和翻译产业的旗帜，在面临外资企业或资本市场的竞争时，由于其产业规模较小而处于竞争的弱势地位，在"走出去"的过程中处于比较艰难的境地。

四、建议

1. 建立对外出版发行基金

有重点地扶持几家骨干文化企业，重点拓展文化产品和服务出口业务，避免"走出去"一哄而上，既分散、浪费资源，又参差不齐，产生海外出版物内在价值不高，品质、翻译和制作粗糙等负面问题。

2. 加强统筹协调、归口管理

目前文化产品和服务出口的组织管理和资助补贴涉及新闻出版总署、国新办、商务部等多个部门，建议提高政策透明度，并统一由一个部门牵头负责。

3. 加强市场化运作

更多地把企业推到前台，可避免意识形态强、被海外不友好力量所利用的问题。

目前我国政府资助项目多要求海外出版公司出版时标注政府资助项目标识。有些海外出版公司不希望在他们精心挑选出版的图书上标明中国政府项目、带有政府色彩，他们对此有抵触和反感心理。我们宜及早研究，切实从海外实际、国际惯例出发予以考虑，在操作和对外宣传时，讲究策略，注意方式方法。

4. 完善考量指标

服务出口的考量指标宜逐步从数量增长转变为质量、效益增长，由单一的版权输出形式转变为包括海外机构建设、外文版图

书和报刊销售等多种形式，特别是在国内出版的但同时针对国外
受众的图书销售应当纳入考核内容，比如世博会《官方手册》等
产品、大百科全书的条目等。完善"走出去"的考核指标、提高
考核成效，将有利于打造我们的文化名牌企业、名牌产品、名牌
工程、名牌市场。

输入输出双增长　求新求变站好岗★

　　2010年上半年，中国出版集团各单位围绕中心、服务大局，因应形势、求新求变，配合集团整体工作，保生产保增长，顺利完成了对外交流合作任务。在国际出版交流和合作加速、中国出版"走出去"速度整体加快、国外读者对中国出版物的需求不再停留于传统文化的层面、国外读者对中国出版企业的认识也不再局限于老品牌这样的新情况下，我们的出版老字号和进出口龙头老大地位，在境外也受到了严峻挑战，要保住我们的优势比过去更难了。上半年，我们的出版和进出口单位，积极因应这样的形势，及时调整、创新我们的产品和营销机制，改善进出口产品结构和方式，努力配合集团出版业务整体上市的中心工作和上海世博会的专项工作，积极推动重大标志性出版工程和"走出去"工程，积极筹划2011年建党90周年、辛亥革命100周年重点选题，带动对外交流合作的各项工作顺利开展，并取得了很好的成绩。上

★　2010年7月21日，在中国出版集团2010年半年工作会议上报告对外合作工作。

半年的工作为下半年奠定了良好的基础，使我们对顺利完成全年的生产经营和对外交流合作任务充满了信心。

一、上半年：输入输出双增长

集团的对外合作工作主要分为出版"走出去"、进口管理、外事管理等方面。

1. 广泛开展国际交流与合作，推动版权输出、产品输出和实体"走出去"

集团各单位通过开展日常版权工作、参加国际书展、借助集团海外合资出版公司的力量等途径，积极推动版权输出。上半年，中华书局的《于丹〈论语〉心得》版权输出又签约了土耳其、以色列两个合同。迄今，已累计签约 33 个版本、涉及 28 个语种，版权收益到账 203.9 万元人民币，已有 17 个语种、22 个版本在全世界出版发行；中国大百科出版社输出版权 44 种；中国美术出版总社输出版权 3 个系列、21 册图书；中译公司落实了 21 个版权输出项目。

上半年，全集团出版物出口 18.83 万种、171.77 万册、487.01 万美元；非出版物出口 856.97 万美元。其中，中图总公司继续贯彻"以进带出"方针，完成出版物出口销售 469 万美元，实现同比增长 8.83%。

集团公司和中图总公司与日本东贩合资的中国出版东京有限

公司，正式启动。5 月份，中图总公司在纽约布鲁克林成立了第五家海外新华书店。至此，全集团海外网点共有 25 个，包括 6 家中图分公司、11 家海外书店和发行公司、8 家海外出版公司——以英法德日韩 5 种文字进行海外出版。上半年，海外出版公司已出版图书 60 余种，下半年计划出版 100 种以上，全年预计出版外文版图书 180 种左右。

2. 充分利用政府资助，推动版权输出和项目输出

积极利用好政府资助，是推动出版"走出去"的重要路径。

对于"中国图书对外推广计划"，上半年集团公司对外合作部组织推荐的书目，有 78 种入选推广计划，占推荐总量的 8.6%，排名第一，比第二名广东出版集团高出一倍。其中，重点推荐书目 13 种、占 18%，一般推荐书目为 65 种、占 7.8%。

对于"经典中国国际出版工程"，已经进入资助公示的项目有文学社 3 种、中华书局 2 种、中国大百科全书出版社 1 种、世图北京公司 2 种，全集团共 8 种，占入选图书总数的 8.25%，位列集团排名第二名。比第一名浙江联合出版集团少 1 种，比第三名新疆维吾尔自治区新闻出版局多 1 种。

对于 2010 年度"文化出口重点企业和项目"奖励资金，集团公司组织中图总公司申报了文化出口重点企业，组织中译公司申报了"海外出版发行网点建设"文化出口重点项目。

上半年，集团公司获得"文化出口企业 30 强"，并在出版企业中名列第一。

3. 严格进口管理，捍卫国家文化安全

上半年，中图公司报刊和图书进口中标率分别达到 92.5% 和 85%，外籍人员服务业务进驻了 3 个空白省份、覆盖省份扩大到 28 个，新开发了 64 个代销网点。

全集团出版物进口 12.92 万种、906.37 万册、7583.05 万美元；非出版物进口 2522.01 万美元。

日常进口业务及世博会进口书报亭项目，保持了安全状态。

4. 借助国际书展平台，提升海外影响力，扩大合作机遇

在 4 月份的希腊书展中国主宾国活动中，中图公司克服了希腊公众罢工和冰岛火山灰等造成的一系列不利影响和困难，承办了中国主宾国的组团参展工作；我集团主办了一系列交流活动，达成了 24 项版权输出合同和意向。

在刚刚开幕的香港书展上，集团组织了 180 余种、9000 多册、计 26 万元码洋的图书参展。参展准备工作充分，参展规模和预期销售码洋均将比往年有所突破。中国民主法制出版社、黄河出版集团的图书，首次纳入集团参展。

此外，集团公司还组织参加了埃及、法国、瑞士、突尼斯、伊朗、韩国、美国、波兰、意大利、捷克、新加坡、马来西亚等 12 个国际书展。其中，中图公司共承办了 6 个国际书展的组团参展工作。

5. 拓宽翻译业务，丰富集团服务贸易板块

翻译业务和版权贸易、外向型出版、会展等同为服务贸易范

畴。中译公司作为国内唯一一家正式签约的联合国文件翻译服务承包商，上半年还成为 2010 年上海世博会笔译口译项目赞助商、《世博导览手册》《世博官方图册》翻译商。服务世博会，中译公司已经实现收入 721 万元。

6. 发挥外事服务职能，助力集团"走出去"

结合总体发展目标，集团公司科学制订了全年出访计划，把好政策关、审核关、质量关、护照签证关、行前教育关、出访效益考核关等六道关口。上半年，全集团共审批出访团组 64 批次、173 人次，涉及 27 个国家和地区；审批来访团组 31 批次、43 人次，涉及 14 个国家和地区。没有出现一例违反外事管理规定、丢失护照等事件，保障了出版文化交流，促进了出版合作。

二、下半年：求新求变站好岗

一是要努力完成年初制定的全年版权输出 250～300 项（2009 年 170 种）的任务指标，确保国内出版集团排名第二，争取排名第一。

二是要加大对"中国图书对外推广计划""中国文化著作翻译出版工程""经典中国国际出版工程"等政府资助项目的申报力度和执行力度。借力政府资助带动集团公司多语种出版，形成海外扇面辐射效果。

三是要保持进出口份额继续领先。目前政府公布的进出口数据只到 2008 年：全集团进口出版物 1.497262 亿美元，占全国出版物进口的 52.32%，列第一位；出口出版物 768.40 万美元，占全国出版物出口的 21.41%，列第二位。

四是要加快中国出版国际公司的实体化建设。该公司目前已物色到合适人选，它将在集团对外合作部和各单位支持配合下，主要开拓版权贸易业务，巩固、提升版权输出成果。同时，将已有的 25 家海外机构的出版和经营能力进一步做实，不断开拓新业务。

五是要做好几个重要会展的参展和服务。重点做好北京国际图书博览会的承办和参展工作，特别是数字出版展区、按需出版和印刷展区、国新办外国专家座谈会的组织工作；做好莫斯科书展（汉语年）的组团参展工作；做好 2011 年 1 月埃及书展中国主宾国的前期筹备工作。继续做好世博会笔译口译项目及 11 月广州亚运会笔译口译服务提供商工作。

让中国文化产品阔步走向国际市场★

近年来，中国出版集团高度重视、统筹管理，采取多种模式，全面推进"走出去"工作，让中国文化产品、中国文化阔步走向国际市场。

一、2010年"走出去"工作概况

2010年中国出版集团"走出去"的成果，主要表现在以下三个方面。

1. 版权输出尤其是面向欧美等国家的版权输出大幅增长，贸易逆差进一步缩小

2010年，集团版权输出404项，同比增长86.49%，其中，输出到国外267项、港澳台137项。版权引进总计801项。引进和输出之比为1.94:1，同比缩小1.47。较2005年即"十一五"规

★ 2011年4月7日，在"中国图书对外推广计划"工作小组第七次工作会议上，做中国出版集团"走出去"工作汇报。

划初年，版权输出增长了 5.7 倍；而输出到欧美等国家（非港澳台地区）的版权增长了 13 倍。

2. 外向型图书的选题质量和出版质量显著提升

在政府"走出去"工程的引导和支持下，集团外向型图书成系列、成规模、有重点、有亮点，选题质量和出版质量显著提升。

3. 初步形成海外出版发行格局，本土化运营初显成效

2010 年，集团先后在日本东京成立了中国出版（东贩）公司、在英国诺丁汉成立了欧若拉出版公司、在美国纽约成立了新华书店布鲁克林分店和曼哈顿分店。这样，迄今为止，集团共有海外出版发行网点 29 家，包括 9 家海外出版公司、13 家海外书店、7 个海外分公司和代表处。网点遍布美、英、法、日、韩、澳、加、德等国家和地区，初步形成了多语种、全球化的国际出版格局。先期建立的网点，如新华书店纽约分店、圣地亚哥分店、新泽西分店，2010 年全部实现盈利。新华书店北美网运营一年就开始盈利，并创下单日销售 1.5 万美元的纪录。新成立的中国出版（东贩）公司，几个月的时间就在当地出版日文图书 40 余种。

二、2010 年"走出去"工作的做法和体会

1. 思想上高度重视，实践中齐抓共管，把"走出去"作为集团改革发展的重要内容

作为我国出版行业的国家队，"走出去"不仅是党和国家赋

予我们中国出版集团的重要使命和政治任务，更是我们自身发展的内在需求。我们要建设成为国内领先、国际一流的大型出版传媒集团，就要同时抓好国内和国际两个市场。本着这个认识，把"走出去"当作集团的重要业务、重点板块来抓。

2. 用足用好政府搭建的平台，借势给力，推动"走出去"工作

多年来，国新办和总署等有关部门，推出了一系列"走出去"工程和项目。这些工程和项目，不仅为企业提供了大量的资金和政策支持，更从专业的角度，拓展了我们工作的思路和视野。集团充分依托政府的政策和资金平台，积极争取、努力参与每一个工程和项目的推荐和评选，为"走出去"增添动力；并且，结合上级领导的指导意见和专家的推荐意见，不断重新审视自己产品的方向，积极尝试按照国际出版市场的运作规律办事，积极调整选题思路，提高出版质量。

3. 制定长、中、短期目标，把"走出去"任务融合到日常生产经营之中

中国出版集团的中长期发展规划，像"十一五"规划、"十二五"规划、年度工作计划中，都明确设置了"走出去"的任务目标。全集团的图书出版，我们设有学术文化、辞典、百科图书、文学、美术、音乐等13条一级产品线、31条二级产品线。这其中，我们把"外向型图书"列为一级产品线，重点经营。每年年底，集团都要组织各个出版社，召开年度选题工作会，把外向型选题与

其他选题一起研究；年初则召开全集团"走出去"专题工作会，专门研讨外向型图书选题、布置"走出去"年度工作任务。每个月，集团公司还及时掌握出版社版权管理动态，监督版权输出数量。年度有规划、年初有布置、年中有检查，确保了集团"走出去"阶段性目标的实现。

4. 设立专门机构，对"走出去"工作进行统一管理和对口服务

集团总部和各主要出版社，都已经单独设立对外合作部或版权部，着重进行外向型选题的策划和版权输出，同时从事国际交流与合作、海外机构管理、统一组织参加国际大型书展等业务。2010年，由集团对外部牵头组织的比较有特色的业务还包括：组织出版社与日本东贩公司进行出版项目合作，促成美国新华书店与荣宝斋公司拓展字画鉴定、境外木版水印表演等业务合作，组织香山论坛、国际出版家论坛，聘请全集团国际版权贸易顾问[1]，统一组织外国出版专家对集团版权工作进行业务指导、提供对口服务。

5. 扩大既有的品牌优势和海外渠道优势，以海外出版公司和海外发行网点为媒介，进入西方主流出版市场

集团在"走出去"方面有两个最突出的优势：一是出版资源丰厚、品牌响亮，像"人文文学""商务词典""中华古籍""中国大百科全书""三联学术"等品牌，都被国外出版商所熟知；

1　聘请曾成功代理《于丹〈论语〉心得》版权输出的英国版权代理公司总裁托比·伊迪先生担任集团的版权贸易顾问。

二是"走出去"方式多样、历史悠久、渠道通畅，像中国图书进出口（集团）总公司、中国出版对外贸易总公司，开展出版物进出口业务已有数十年，与海外出版发行商联系密切，在国际出版物进出口市场扮演着重要的角色。集团成立以来，牢牢把握和扩大了这两个优势，不仅整合、扩充了原有的发行网点，构建了遍布全球的、布局更为合理的发行网络，还积极组建海外出版公司，挖掘、整合出版品牌资源，策划适合海外市场的出版物，成功进入西方主流出版市场。

2010 年，集团海外出版公司策划、出版了中国主题图书 203 种，发行图书 63 种 22400 册，形成了以英、法、德、日、韩等 5 种语言为介质的国际出版传播格局。

6. 积极参与国家重大文化交流活动和国际书展，扩大国际交流的深度和广度

2010 年，集团公司与中图公司、中译公司、东方出版中心、荣宝斋一起，圆满完成上海世博会对外文化交流任务，包括《上海世博会官方图册》和《官方导览手册》等多语种图书的翻译、出版任务；世博会重要文件和国家领导人重要活动口译笔译翻译任务；上海世博会书报亭项目；荣宝斋还在世博会上展示了木版水印等传统技艺。借助世博会等这样国家重大文化交流活动的机会，展示了形象，扩大了影响。我们认为，这也是重要的"走出去"形式。

2010 年，集团及所属中国图书进出口总公司圆满承办了第

十七届北京国际图书博览会，以及希腊书展中国主宾国活动等 12
个国际书展的组团参展任务。

7. 扶持与引导相结合，激励与表彰相结合，考核与奖惩相结
合，加大"走出去"工作力度

对于集团层面的重大国际项目，以及出版社申报的重点国际
交流项目、版权输出或合作项目，除了争取国新办、新闻出版
总署、财政部、商务部的资金支持外，集团公司也给项目承办单
位拨付专项资金给予支持。2010 年，像中国图书进出口（集团）
总公司的北京国际图书博览会项目、海外出版发行网点建设项目、
各出版单位的世博会项目、中国对外翻译出版公司的联合国文件
翻译项目等，都获得了集团公司的重点扶持。

集团公司在"中国出版集团出版奖"中专门设立了"优秀'走
出去'"奖项和奖金，用以表彰和激励在"走出去"工作中表现
突出的优秀单位和个人。

集团公司还把各单位的"走出去"成绩，纳入到对各成员单
位负责人的三年双效业绩考核和年度工作考核的指标体系中，进
行定性和定量考核，与绩效工资直接挂钩。每年年初，集团总部
首先制定年度"走出去"工作计划和版权输出计划，然后根据所
属出版社的规模、品牌特点、输出能力等因素，确定各单位的版
权输出指标。年底考评的时候，完成计划的，集团给予奖励；完
不成计划的，各社要分析总结原因，提出改进措施。

8. 加强宏观引导和统筹设计，发挥优势、优化结构、突出重点，

提高"走出去"产品质量

我们重点抓好以下四大类图书产品的对外推介和输出。

第一个重点是品牌出版社的品牌图书。集团要求输出产品不能一哄而上,而应分清主次,重点推介品牌产品,塑造集团的国际品牌形象和产品影响力。2010年,集团输出的产品继续保持着鲜明的品牌特征,代表性的产品有商务印书馆的高质量辞书《汉语图解词典》《汉语图解小词典》,中国大百科全书出版社的权威工具书《中国大百科全书》《中华文明史话》,生活·读书·新知三联书店的学术文化著作《毛泽东的读书生活》,人民文学出版社的主流文学作品和畅销读物《推拿》《山楂树之恋》,中国美术出版总社的连环画《水浒传》和图文书《城市旧影》系列,人民音乐出版社的《中国钢琴作品选》《中国民歌主题小提琴曲集——西部情愫》,黄河出版传媒集团的阿拉伯文作品和波斯语作品《回族民俗学》《孙子兵法》等。

第二个重点是明星产品带动下的系列作品。近年来,集团公司版权输出方面最有影响的明星产品主要有《于丹〈论语〉心得》,这本书自2007年至今,已与全球有影响的出版商和版权代理商,签署了28个语种、33个版本的版权输出合同。现已出版中文繁体、韩、日、英(4个)、德、意、西、荷、法(3个)、葡、希、挪威、芬兰、瑞典、冰岛、印尼、匈等17个语种的22个版本,版权收益十分可观。截至2010年,《于丹〈论语〉心得》的法语版,其精装本累计销量就超过8万册,并连续25周登上法国翻译类图书销售排行榜。

2010 年，集团公司的另一个版权输出明星产品是人民文学出版社的《山楂树之恋》。目前，该书版权已经输出到英国、法国、意大利、西班牙、荷兰、挪威、希腊、瑞典、加拿大、日本和中国台湾等 11 个国家和地区，涉及 10 个语种、版本。

人民文学出版社的长篇小说《古船》《英格力士》《羽蛇》，这三部非常优秀的中国当代文学作品，分别成功输出到美国文学出版机构的三甲——哈珀·柯林斯出版集团、兰登书屋和西蒙 - 舒斯特公司，它们是集团公司明星作家 + 明星产品的典型输出案例。

此外，像现代出版社的《中国元素》系列，一套 10 本，2009 年输出到英语国家，取得了很好的影响，2010 年，又乘势输出到法国。中国大百科全书出版社的《中华文明史话》系列，共 22 种，输出澳大利亚英文市场和德语国家，市场反响也不错。

第三个重点是反映社会主义核心价值观的产品。这些年来，集团公司特别注重输出产品的文化影响、政治影响和社会效益，注重向国外出版商推荐反映当代中国经济、政治发展变化的优秀作品。输出的有代表性的文学作品如《解放战争》（人民文学出版社），辞书如《中国大百科全书》（中国大百科全书出版社），学术图书如《战略高度——中国思想界访谈录》（生活·读书·新知三联书店），美术图书如《地球的红飘带》（人民美术出版社）等，这些都是立足于介绍中国国情，反映中国主流的核心的价值观，描绘当今中国日新月异变化，具有时代感的优秀作品。

　　第四个重点是讲述中国故事的图书。除了《于丹〈论语〉心得》"讲中国故事"大获成功外，其他典型的例子还有人民音乐出版社输出的《中国旋律》系列，已经在德国和其他欧美国家引起关注，很受当地读者欢迎。按照这个思路，人民音乐出版社 2010 年又与德国朔特出版公司合作，成功输出《中国当代作曲家曲库》系列作品。这个系列收录的都是中国当代知名作曲家的代表作，所用乐器为中西合璧，有中国的丝竹，也有西洋的管弦，既能反映中国的丝竹之美，也符合外国人的欣赏习惯。

　　此外，对于讲中国故事的图书，集团公司非常重视绘本类图书的推介和输出。绘本类图书由于语言障碍少、讲述更加生动、翻译难度小等原因，比起纯文字图书来，推荐版权的时候说服力更强。2010 年，集团"走出去"的图书中，绘本类大约占输出总量的 1/4，其中，比较有代表性的图书有生活·读书·新知三联书店的《树之声》《福建土楼》，中国大百科全书出版社的《重现中国历史系列》，中国美术出版总社的连环画《水浒传》、图文书《城市旧影》等。

三、2011 年"走出去"工作思路

　　1. 进一步加强统筹管理和对口服务力度，集中运营版权输出业务

　　2010 年，集团成立了专门的开展国际版权业务的公司——中

版国际传媒有限公司。2011 年开始，国际公司的业务开始实质性地运转。国际公司不仅统一运营全集团的版权输出业务，还将直接策划外向型选题，与国际出版商开展合作出版或多语种、多媒体出版。

2.着力实现版权输出由数量增长向质量提高方向转变，着力扩大"走出去"产品的影响力

我们一方面确保外向型产品的出版品种和比例，确保外向型产品的出版质量和翻译质量；另一方面将增强国际组稿能力，网罗国际优秀作者，在作品的原创性和独特性上下功夫，出版更多的具有广泛影响力的系列图书、明星图书。

3.多渠道、全方位探索"走出去"新模式，更加有效地实践"走出去"战略

集团公司鼓励各成员单位，结合自身专业特点、地域特点和发展需要，积极探索和进一步发挥不同的"走出去"模式，这些成功的模式包括：

中外出版深度合作项目。人民文学出版社和希腊出版商合作，邀请两国最优秀的作家在同一题材、同一体裁之下进行创作，同时约请两国顶级翻译家与插图画家为对方国家作家的作品进行翻译和配图。最后，两部作品将被装订成一本完整的图书，分别以两个国家的语言在各自国家出版发行，使同一题材、同一体裁的作品在同一本书中实现跨语种、跨国界、跨艺术形式的立体演绎。

版权引进带动本土原创项目。生活·读书·新知三联书店与

LP 旅游图书合作项目，生活·读书·新知三联书店通过引进澳大利亚 LP 的旅游图书，带动了生活·读书·新知三联书店本土原创旅游图书的出版，还是在世界各国中唯一取得 LP 授权、使用该公司统一装帧形式进行出版的单位。

多语种出版项目。中国对外翻译出版公司和东方出版中心获得世博局授权，合作出版了六个语种的《世博会官方图册》和《导览手册》，向境外来华人士宣传了世博文化。

直接出口孔子学院项目。商务印书馆《图解汉语词典》是在国家汉办组织的国际招标中竞标成功的，目前已经出版了全部 45 个语种，直接出口到海外孔子学院。

开展一揽子业务合作项目。黄河出版传媒集团与埃及出版商协会签署了"图书翻译出版及文化项目合作协议"，合作内容涉及版权、翻译、图书出版、数字出版、人才培训等各方面的实质合作。

4. 依托政府工程，争取更多支持

继续依托"中国图书对外推广计划""中国文化著作翻译出版工程""经典中国国际出版工程"等政府工程，积极策划、开发新项目，争取更多的政策和资金支持

5. 依托国际平台，推广集团品牌和产品

2011 年，集团将依托开罗书展中国主宾国活动、法兰克福书展、北京国际图书博览会等这些重要的国际书展平台，开展对外交流和推广。此外，还将围绕"纪念辛亥革命 100 周年"这一主题，

相继在中国台湾地区、美国的几家新华书店、香港书展和澳门华文书店举办集团图书联展，推广集团品牌和产品，力争在图书销售、版权贸易、国际合作、文化活动等方面再创佳绩。

四、几点建议

结合我们的工作实际，向"中国图书对外推广计划"提四点建议。

1. 建议政府部门进一步提供海外出版信息和市场需求

2. 建议国新办和新闻出版总署进一步发挥重点项目带动作用

建议国新办和新闻出版总署多策划、设计一些"走出去"重点项目，以分配、下达任务或招标的形式进行统一组织，以此带动一般出版物"走出去"。

3. 建议国新办和新闻出版总署进一步完善"走出去"成效的考核办法

一个例子就是，美国的《不列颠百科全书》系列中文版，其中有关中国的 2000 多个条目，全部采用由中国学者撰写的《中国大百科全书》的条目。众所周知，《不列颠百科全书》是当今世界上最知名、最权威的百科全书，也是西方文化的代言者，西方大学教材、中小学课本中的有关内容，均以此为母本。《不列颠百科全书》中的中国条目能够全部采用中国学者撰写的条目，对于促进中国文化、中国观点走向西方主流社会，意义重大，其影响远非一般的版权输出可以比拟。尽管如此，像这种形式的"走出去"项目，我们现有的评价体系还不能对此进行考核、评价。

因此，我们建议，对"走出去"成效的考核应当进一步细化，除了版权输出的绝对数量，还要结合输出产品的重要性和影响、输出产品的质量和销售情况、输出国家语种的大小、海外实体的作用等因素，对"走出去"成绩有一个更加全面的考核和评价。

4. 建议"中国图书对外推广计划"等工程的资助，能够提前到位

很多专业性强的图书，比如学术著作、文化经典、辞书工具书等，对翻译者就有着非常高的要求——既要外文水平高，又要有很高的专业水准和深厚的文化底蕴。因此，我们建议，"中国图书对外推广计划"能否把资助时间提前，并提高对学术性、专业性强的图书的翻译资助力度。

"走出去"成绩显著　保领先任重道远★

　　2010 年，在大家的共同努力下，中国出版集团的"走出去"工作，取得了突出成绩。4 月 7 日，"中国图书对外推广计划"工作小组第七次工作会议在杭州召开。会议总结了 2010 年工作小组成员单位"走出去"工作业绩，并对全国各大出版集团和出版社"走出去"工作业绩进行综合排名。本届年会，中国出版集团以版权输出总量全国第一、"走出去"综合考核全国第一的优秀业绩，荣获"优秀奖"第一名，获得了奖牌和 4 万元奖金。除版权输出外，还有海外设立分支机构，产品输出，呈现了数量上升、质量提高、网点增加的态势，且活动多样，模式翻新。但我们也应当认识到，"走出去"是长期任务，保持"走出去"的领先地位还任重道远。

　　2011 年，中国出版集团要把"走出去"当作一项日常工作常抓不懈，优化结构、突出重点，用好国际和政府搭建的平台，保

★　2011 年 5 月 11 日，在中国出版集团"走出去"工作会上的讲话。

持优势，再创辉煌。

1. 工作常态化

这些年的工作经验已经告诉我们，不能把"走出去"工作当作一项临时的突击性任务，只有把它纳入日常工作中，才能在全盘工作中给予资源配置倾斜，才能在业务发展中进行长期规划，才能使"走出去"工作进入良性健康发展之路。

2. 任务指标化

集团公司要加强对"走出去"工作的管理和考核力度，各社要结合"十二五"发展规划，将"走出去"进行量化、指标化。

根据新闻出版总署《新闻出版业"十二五"时期发展规划》，版权输出和合作出版品种要从 2010 年的 5691 种增长到 2015 年的 7000 种，年均增长 4.2%。输出与引进比例降至 1:2。"走出去"工程包括：经典中国国际出版工程、中国出版物国际营销渠道拓展工程、重点新闻出版企业海外发展扶持工程、两岸出版交流合作工程、中国国际图书展销中心建设项目。

2010 年 3 月 9 日，在集团"走出去"工作会上，我们对各社版权输出任务做了规划，要求商务、中华、三联、人文、音乐、美术、百科、中译、现代、世图等单位输出 15 ～ 30 种，其他社输出 1 ～ 5 种。根据 2010 年版权输出合同统计，商务国际、现代教育、东方未完成输出任务。

2011 年，各社版权输出总量要超过 400 种（不包括输出港澳台地区）。任务具体到各社，第一类出版社：文学、商务、中华、百科、美术、中译、世图，均不少于 40 种；第二类出版社：音乐、三联、现代均不少于 25 种；第三类出版社：黄河、民主法制、荣宝斋均不少于 15 种；第四类出版社：东方、现代教育、华文、商务国际均不少于 10 种。以上共计 440 种。

2010 年，集团成立了专门的开展国际版权业务的公司——中版国际传媒有限公司。2011 年开始，国际公司的业务开始实质性地运转。国际公司不仅统一运营全集团的版权输出业务，还将直接策划外向型选题，与国际出版商开展合作出版或多语种、多媒体出版。另外，集团公司还聘请了托比先生担任版权贸易顾问。希望集团各出版社充分依托中图海外出版中心和新成立的中版国际传媒公司、版权顾问的力量，推动版权输出和对外合作力度。

3. 有重点有亮点

我们要发挥优势、优化结构、突出重点，提高"走出去"产品质量，加大明星产品和系列产品的策划出版。

当前"走出去"工作应逐步从数量增长型转变为质量效益型，巩固并提高版权输出数量，这是我们的重点任务。提高输出产品的质量和海外影响力，是我们的着力点。通过这几年的实践，我们发现打造明星产品和系列产品，能有效提高海外影响力。

4. 用好国际平台

国际书展要求各单位选派懂外语、懂出版、懂版权的专业人员参展，精心准备参展图书和英文推介材料，提前预约业务会谈，做到带着任务出去、带着成果回来。

2011 年，集团重点组织的国际书展有：1 月开罗书展中国主宾国（已结束），7 月香港书展，8 月底北京国际图书博览会（顺义新馆），10 月法兰克福书展。集团还将在中国香港特区、中国澳门特区、中国台湾地区、美国举办"纪念辛亥革命 100 周年"集团图书展销会。

2012 年伦敦书展于 4 月 16 ～ 18 日举办，中国是主宾国。集团将单独设立展台，请各社积极参与，提前做好版权输出准备，特别要重视输出英国的图书，提前安排文化活动、翻译成英文的样书等工作。

这里强调几点：

（1）北京国际图书博览会图书：展位设计异于往年，打破各单位标准摊位格局，力争通透、流畅。为此，要求各社配合对外部工作，精选外向型拳头产品，不要准备过多图书，影响集团整体的通透风格。

（2）辛亥百年纪念图书：根据 4 月最新整理的数据，现共有 57 种纪念辛亥百年的图书计划，5 月底即将在美国举办的"纪念辛亥革命 100 周年"集团图书展销会，目前几无成书，请各单位加紧制作出版。

（3）提前做好几大书展的版权输出计划：北京、法兰克福、伦敦书展，新闻出版总署会进行版权输出统计和排名。请各单位配合对外部，做好几大书展的输出计划。

5.用好政府平台

要积极申报"中国图书对外推广计划""中国文化著作翻译出版工程""经典中国国际出版工程""国务院外宣选题招标和成品采购""国家文化重点出口企业和重点项目"等项目。这些政府工程和项目，不仅能提供资金和政策支持，也能从专业的角度，拓展我们的工作思路和视野。

申报工作的前提，是要主动针对海外市场，有组织、有系统、有规划地策划好外向型选题，这样才能提高申报成功率。

也强调几点：

（1）获得资助图书的结项工作：集团已发文布置。世图、中华、中译、音乐、中图海外出版公司均有 2008 年、2009 年获得"中国图书对外推广计划"资助但未出版的图书；人文、中华、大百科、三联、中译、世图均有 2009 年、2010 年获得经典中国资助，目前临近期限需要出版的图书。这些单位成功获得资助是应该表彰肯定的，但结项工作需要重点落实，否则会影响下次申报。

（2）"中国图书对外推广计划"网站和杂志投稿：这直接关系年度综合考核排名，2010 年集团第一名，虽然版权输出数量是第一名，但由于投稿、上传信息数量少而落后，现在的成绩是后期临时突击整理取得的，各单位要加大力度、指定专人投稿。大家从会议材料"中国图书对外推广计划"2010 年度综合排名中，就可以看到一些版权输出数量多的单位却因投稿、上传信息数量少而排名落后（比如科学集团 202 个、湖南集团 175 个、辽宁和山东各 61 个）。

（3）申请项目和金额：集团各单位申请到的项目和资助金额还有努力的空间，另外，须加大文学类图书的申请。经典中国国际出版工程分为文学系列和学术系列，集团目前过多集中在学术系列的申报上。

（4）"中国图书对外推广计划" 2011 年考核重点将增加数字出版的版权输出，请各单位重视。

中国出版集团"走出去"工作已领先全国，阔步走向国际市场。但未来任重道远，竞争激烈，请大家继续振作精神、积极开拓，力争实现 2011 年既定的"走出去"任务，为"十二五"规划开启良好的开端。

"请进来"发力　　"走出去"发声★

2011 年上半年，集团在出版"走出去"、进口管理、外事管理等方面，有所推动，有所进展。

1. 提高申报政府"走出去"资助项目的针对性，外向型选题质量得到显著提升

对于国新办"中国图书对外推广计划"推荐图书工作，积极组织出版单位参加正在进行的"一般推荐图书"和"重点推荐图书"的评选工作。组织各单位申请上半年翻译资助。

对于国新办组织的 2011 年外宣出版选题招标工作，集团商务、音乐、中译、世图北京公司等 4 个单位积极参与 8 个选题的招标工作。音乐社《中国名歌》《中国名乐》中标，占招标选题的 1/4，中标项目将获得国新办资金支持。这是集团公司第二次参加外宣出版选题招标活动，首次中标。

对于新闻出版总署组织的"经典中国"国际出版工程，6 家

★ 2011 年 7 月 11 日，在中国出版集团 2011 年半年工作会议上报告对外合作工作。

出版单位共 9 个出版项目获得资助，占全国入选图书的 1/5，同比增幅 166%，居全国出版集团之首，比第二名专门出版外宣出版物的中国国际出版集团多了 3 个项目。此外，在入选的 9 个项目中，文学《山楂树之恋》获得英语、法语、意大利语、西班牙语、荷兰语、挪威语、希腊语、瑞典语、日语等 9 个语种资助，华文《百年西藏》获得英语、阿拉伯语等 2 个语种资助。需要特别说明的是，三联申报了 3 个项目，全部入选、获得资助。

2. 积极参与国家重大文化交流活动和海外书展，国际交流力度得到加强

埃及开罗书展中国主宾国活动由中图公司承办，集团统一组团参加了主宾国活动。在埃及不断升级的政治突变下，在严重的骚乱造成既定议程全部打乱的形势下，集团代表团依然克服困难，取得了成果。黄河出版传媒集团与埃及泰托维尔文化发展集团签署了"图书翻译出版及文化项目合作协议"合作备忘录；商务印书馆签署了《汉语世界》《汉语图解词典》《汉语图解小词典》《新阿拉伯语汉语大辞典》等 4 种书刊的版权转让及发行意向协议。中图公司作为承办单位保证了中国代表团每一位成员的安全。

集团公司领导分别率团参加了希腊、捷克、匈牙利、伊朗国际书展，与当地出版商协会、知名出版机构进行了会谈，并举行了专题论坛、图书赠书仪式等。集团公司统一组团赴美国位于纽约、新泽西、圣地亚哥的三家新华书店举办了"中国出版集团公司纪念辛亥革命 100 周年精品图书联展"，预热活动取得良好成效。

3. 充分发挥海外机构本土化优势，开创重大主题事件海外落地营销新模式

集团公司海外机构现在已遍布北美洲、欧洲、亚洲、大洋洲10多个国家和地区，为发挥海外机构的作用，2011年集团公司组织策划了以"纪念辛亥革命100周年精品图书联展"为主题的海外系列书展活动，主要包括5月在美国（纽约、新泽西、圣地亚哥三家新华书店）、7月在香港特区（香港书展期间）、7月在澳门特区（当地最大的文化广场书店）、9月在台湾地区（台北联经上海书店、台湾大学、台中市书店）举办的同一主题书展。

集团充分利用已建成的境外机构资源，开创了重大主题事件海外落地营销的新模式，而且海外网点的销售业务也能够借此得到很好的带动和促进。

4. 着力提高进出口管理和服务水平，努力扩大市场占有率

进出口业务是集团公司的三大业务板块之一，进口业务涉及国家政策、文化安全；出口业务关系企业经营发展、国家"走出去"战略。当前国内进出口业务面临竞争日趋紧张的局面，我们一方面要严格管理，严格履行进口审批手续，督促企业适应新闻出版总署"全国出版物进口实时监控系统"的全面应用；另一方面更需要为企业提供高效、便捷的服务，为他们参与市场竞争提供支持和保障。

2011年1～6月，集团进口出版物（图书、报纸、期刊、电子、音像等）共计14.74万种、7946.37万美元，金额实现同比增长4.8%。

进口非出版物 4178.51 万美元，实现同比增长 65.68%。出口出版物（图书、报纸、期刊、音像）共计 15.41 万种、501.60 万美元，金额实现同比增长 3%。出口非出版物 1023.74 万美元，实现同比增长 19.46%。

5. 外事管理工作跃上新台阶，为集团建设"国际一流出版传媒企业"提供了服务保障

2011 年上半年，集团公司很好地完成了外交部的抽查工作、中宣部外办的外事走访工作。中宣部外办领导评价集团的外事工作是中宣部所管理的单位中做得最好的。

结合外交部实行电子护照、世图公司分立后需办理外事属地管理（陕西、上海、广东外办和港澳办）的新情况，我们积极联系外交部、国务院港澳办，协调好相关工作。

2011 年 1 ～ 6 月，集团公司共审批出访 59 批次、163 人次，涉及 29 个国家和地区，同比减少 10 人次。审批来访 20 批次、30 人次，涉及 7 个国家和地区，同比减少 13 人次。

6. 推动学习型组织建设，加强对"走出去"工作的研究和创新

"走出去"走了这么多年，走出了成绩，也走出了体会和感想。

在加大对外推介和版权输出时，我们以四大类图书为抓手：品牌社的品牌书、明星产品带动下的系列图书、反映当代中国经济和政治发展变化的优秀作品、讲述中国故事的图书。

在大胆探索"走出去"路径时，我们初步找到了五个成功模式：

中外出版深度合作模式、版权引进带动本土原创模式、多语种出版模式、直接出口孔子学院模式、开展一揽子业务合作模式。

在海外机构完成初步布局后，我们发现了利用具体项目，如办主题书展、海外出版项目等，可以带动海外机构的总体盘活、深化本土化进程、促进进出口业务。

在组织出版社申报政府"走出去"资助项目中，我们利用各种资源收集情报，对政府项目的扶持方向号准脉，2011年集团公司申报外宣选题、"经典中国"等政府项目的入选率和获得资金的金额都大幅上升。

7. 成立中版国际公司，为支持、配合各出版社加快"走出去"提供了新的手段和平台

中版国际公司配合对外合作部和各出版社，积极开展版权贸易活动，编制输出目录、推动版权输出；完成了在2011年法兰克福书展上独立设展和组团参展的调研，并对集团2012年参加伦敦书展主宾国活动进行了调研；此外，还策划和组织了大型综合性输出项目《中国穆斯林》的文本撰写，国际畅销书《石油战争2》的引进、翻译和出版安排，努力为公司自主经营、自负盈亏奠定了基础。

与东盟出版交流与合作的思考与展望★

　　目前，中国—东盟面向和平与繁荣的战略合作伙伴关系，已经进入全面发展的新阶段，双方出版业的交流与合作，也已经水到渠成。中国—东盟出版博览会，正好为我们提供了对话的讲台，合作的平台，共同发展的舞台。

　　借此机会，我谈六点思考。

　　1. 中国与东盟的睦邻友好关系，为出版交流与合作提供了良好的社会文化基础

　　中国与东盟国家山水相连，文化相通，友好往来频密。尤其是建立中国—东盟对话关系以及中国—东盟自由贸易区以来，双方合作的领域不断扩大，对话机制不断完善，人文交流不断深入。这些，为出版业的交流与合作奠定了坚实的社会文化基础。

　　2. 中国出版集团与东盟出版界有着良好的交流与合作经历

　　我们与东盟出版界的合作由来已久。每年，我们都组团参加

★　2011 年 10 月 22 日，在中国—东盟出版博览会上的讲话。

新加坡书展和越南书展。每年，中国出版集团公司所属的中国图书进出口（集团）总公司承办的北京国际图书博览会，也都吸引了一大批东盟出版商参展。

中国出版集团各出版社与东盟出版商积极开展版权贸易，每年输出东盟国家版权数十种。2010 年，集团输出越南、新加坡等东盟国家的版权数量共有 60 种，创历史新高，包括：《全球华语词典》《汉语图解词典》，以及《美猴王》《国宝档案》《标准汉语基础教程》等一系列图书。

中国出版集团还在新加坡设有新加坡现代大众图书有限公司。集团的中国大百科全书出版社与越南百科全书出版社保持有常年的业务合作关系。中国出版集团与东盟国家的版权合作图书，曾荣获"亚太出版商协会"评选的图书奖项。

2011 年 6 月，越南国家政治出版社社长兼总编辑阮维雄率领的越南出版代表团一行 30 余人，前来中国出版集团公司访问，并参观了集团公司所属的百年老店商务印书馆和世界三大音乐出版社之一的人民音乐出版社。我本人有幸参与接待，双方就开展版权贸易、人才交流、建立合资机构等问题进行了深入探讨，达成了建立对口联系机制等初步合作意向。

3. 中国出版集团在出版领域的优势资源，是与东盟出版界合作的基本条件

中国出版集团在国内外拥有各类出版机构 45 家，每年出版图书、音像、电子、网络出版物 1 万多种，出版期刊报纸 50 多种，

在中国的图书零售市场占有率达到 7.8%，遥遥领先；每年进口和出口的出版物分别占全国的 2/3 和 1/3。从作者资源、出版能力、读者认知度、市场覆盖面等方面来说，在中国出版界都具有最大的文化影响力。

4. 中国出版集团在数字出版方面的实践与经验，是与东盟出版界合作的新的技术条件

中国出版集团公司设有专门的数字出版管理部门和专门的数字传媒公司，每年投入 2000 多万元用于支持数字出版。目前，已形成四大类数字产品系列。第一类是数据库及其在线产品，第二类是中版"闪印王"按需印刷设备，第三类是"大佳"阅读器和手机阅读产品，第四类是综合性中国出版门户网站——大佳网。这些系统和产品，为开展数字出版提供了很好的实践经验，也取得了良好的社会效益和一定的经济效益。

中国出版集团公司还是"中华字库工程""国家数字复合出版工程""电子书内容标准"等国家重大数字出版项目的牵头单位。

5. 中国出版集团在国际合作和运营方面的积累与优势，是与东盟出版界合作的国际条件

中国出版集团目前拥有 30 家国际书店、出版公司和办事机构，遍布 11 个国家和地区，形成了中国出版业最大的全球出版发行网络。

中国出版集团近几年输出的版权在全国名列第一，2010 年输出版权 412 个，著名的案例如《于丹〈论语〉心得》签署了 33

个版权输出合同，《山楂树之恋》版权输出到 11 个国家和地区。在刚刚结束的法兰克福书展上，又签署了 314 项版权输出合同。

中国出版集团还积极探索数字出版背景下的版权合作新途径。比如，中国大百科全书出版社与比利时根特大学合作推出了面向欧洲的《中国大百科全书》网络版；商务印书馆与荷兰威科集团就《中国版权新问题》等图书以纸质出版与电子出版同时授权输出；中译公司最近推出的《中华文明博物馆之清代卷》苹果APP 应用，在苹果 iPad 和 iPhone 上可下载使用。

6. 中国出版集团与东盟出版界合作共赢的愿景

一是共享历史、文化、出版资源。

我们希望扩大版权贸易的规模，扩大合作出版的范围，扩大图书产品贸易的份额，不断丰富各国读者的阅读内容，加深中国和东盟人民之间的相互了解和传统友谊，共同推动中国出版和东盟出版一起走向世界。

二是合作开发数字出版产品、共享数字出版平台。

我们希望与东盟出版商在共享丰富内容资源的基础上，深入交流双方在数字出版工作中的经验与心得，共同研发适合中国与东盟各国广泛应用的数字出版产品和平台。

三是组建出版和销售实体，提升中国出版在东盟地区的品牌影响力。

我们希望与东盟出版发行商积极探讨建立合资机构的可能性，充分发挥各方在选题策划、印刷制作、推广营销等方面的优势，出版和发行东盟各国读者共同感兴趣的作品，共同提升各自品牌的国际影响力，实现共赢。

让我们携起手来，为中国—东盟出版交流与合作作出新的贡献！

搭建跨国经营出版发行网络★

在国家"走出去"战略引导下，中国出版集团结合自身出版发行资源、品牌和渠道优势，确立了打造国际一流出版传媒集团的目标。通过多年努力，集团全方位推进"走出去"，取得了较大进展。在版权输出方面，2010年、2011年连续两年超过400种，在"中国图书对外推广计划""走出去"排名中居领先地位，推出了《于丹〈论语〉心得》《山楂树之恋》等在国际上有较大影响的好书；在搭建平台方面，集团所属的中国图书进出口（集团）总公司，每年组织国内出版社参加十多次国际大型书展，承办北京国际图书博览会，还成功承办法兰克福、希腊书展的中国主宾国活动，2012年4月还要承办伦敦书展中国主宾国活动；在出口方面，中图公司出版物出口年均超过1000万美元，占全国出版物出口份额近30%；集团所属的中国对外翻译出版公司，与联合

★ 2012年3月29日，在"中国图书对外推广计划"工作小组第八次工作会议上，作中国出版集团海外机构建设情况汇报。

国签有长期合作协议，其翻译服务列入"国家重点文化出口企业和项目"，获国家部委多次奖励。

下面，重点汇报我们立足国际化，在搭建跨国经营出版发行网络方面的情况和体会，以及今后的发展设想。

一、海外机构概况

2009 年初，集团加快国际化步伐，进行了一系列资源整合和战略重组，重新梳理了中国图书进出口（集团）总公司（中图）与中国出版对外贸易总公司（版图）的海外机构，确定了海外分公司、出版公司和书店的战略布局。海外机构目前遍布美、加、澳、英、法、德、俄、日、韩，以及香港地区，有 7 家分公司、9 家出版公司、13 家书店和合资发行公司，初步搭建了跨国经营的出版发行网络。

1. 海外分公司

中图公司原来在日、英、德、俄、美设有代表处，为总公司进口业务提供支持。这几年，我们将这些代表处转制成为 7 家分公司。这批分公司起步早，业务比较成熟、稳定，在海外有一定的资源优势，为集团海外发展打下了非常重要的基础。

2. 海外出版公司

已经建成中国出版首尔有限公司／木兰出版社、中国出版伦敦／百合出版社、中国出版东贩／玉兰出版社、中国出版纽约／

梅花出版社、中国出版法兰克福／丁香出版社，以及中国出版悉尼、中国出版巴黎、中国出版温哥华、英国欧若拉等9家出版公司。这些公司是2007年以来，由中国出版集团公司及所属中图、版图、中国对外翻译出版公司，与韩国熊津、英国查思、日本东贩和日本纵横等机构合资成立的。

3. 海外书店

早在20世纪90年代，版图先后在北美、悉尼等地开设现代书店。2004年，与新加坡大众书局在香港合资成立现代大众图书有限公司。2008年，版图成立第一家海外新华书店——纽约新华书店。中图、版图重组后，又先后在纽约、圣地亚哥、新泽西、伦敦等地成立了5家新华书店、1家网上书店。这些新华书店营业面积都在350平方米以上。北美书店是北美地区最大的中文网上书店。这些书店以销售大陆出版的图书杂志为主，兼营音像电子、文化体育用品，经营品种达上万种。

二、海外机构运营情况

中国出版集团的海外出版发行机构特别是海外出版公司，为集团所属的20多家出版社以及五洲传播、中央编译、新疆新闻出版局等兄弟单位，搭建了有效的"走出去"平台，成功实现了许多优秀的"中国主题"图书的海外出版。2009年，集团海外出版公司出版图书145种，2010年出版203种，2011年出版210种，内容涵盖中国文化、教育、学术、旅游、艺术等各个方面，涉及英、法、德、日、韩、泰等多个语种。其中有影响的图书包括：《当代药用植物典系列》《荣宝斋画谱系列》《中国史话系列》《中国元素系列》《西安文物精华丛书》，江泽民《论中国信息技术产业发展》《中国能源问题》等。

海外出版公司与新疆出版局的合作也取得了成功。2009 年，中国出版悉尼公司与新疆出版局签订了几十种图书的海外出版协议。新疆"7·5"事件后，为配合国家外宣工作，悉尼公司迅速推出这批图书，对于新疆的民族团结、社会稳定起到了重要作用。2011 年，英国、法国公司又与新疆出版局达成"新疆魅力城市"的合作意向，将在 2012 年 4 月的伦敦书展上推出。

"走出去"不仅是实践国家文化发展战略的重要举措，也是企业发展壮大、实现盈利的重要手段。针对海外布局战线长、费用高、风险大、可控度低的特点，集团公司摸索出了"低成本、本土化运营"的模式，控制市场风险，提高出版效益。

海外出版公司的低成本运作体现在：一是独资公司由原中图和版图海外分支机构转制而成，无需重新注资；二是合资公司注册资本控制在 100 万元人民币左右；三是采用"两头在外，一头在内"（就是策划选题、翻译和发行在国外，审稿、印刷制作在国内）的出版模式，以降低成本。

本土化经营体现在：部分海外公司充分发挥了解本地市场的长处，策划适合当地读者的、用当地语言介绍中国的图书；与国外大型出版集团合作，可借助其品牌影响力，迅速进入当地市场；
以合作方式推动图书进入当地主流发行渠道，如在澳大利亚与当
地最大发行商 DA 公司合作，在德国与著名发行商斯洛克公司合
作。特别是与新加坡上市公司大众书局的合作，使得中文图书第
一时间进入新、马 100 多家连锁书店，实现了对当地市场的全面
覆盖。

　　独资或合资书店，也坚持"低成本、本土化运营"的原则。
伦敦新华书店由中图英国分公司转制成立，利用中图公司临街自
有产权的房屋门面，没有重新注资；股份合作或加盟成立的书店，
中图主要负责货物供给、协助管理，合作方负责具体经营和销售。
这种模式克服了原来在海外独资办书店产权不清晰、责任不明确
的弊端，摸索出了一条"先进唐人街，再走出唐人街"的路子。

三、未来发展设想

　　集团的海外出版发行工作取得了一点成绩，但毕竟刚刚起步，
还面临着很多困难，也存在着很多不足。比如说建设资金不足，
难以与国际大型企业达成合作；选题质量、自主策划选题数量有
待提高。下一步，我们将不再追求网点数量的简单扩张，而是要
夯实现有海外机构基础，进行企业化、市场化运作，争取在外向
型人才培养、数字化运营、国际资本合作方面取得新进展。

　　1. 企业化、市场化运作

集团公司将对海外公司实施必要的资源配置，吸收国外领先的管理经验，以其为桥头堡和风向标，牢牢把握国际出版市场趋势，提高选题策划水平，进行国际组稿、译稿，提升产品质量，拓宽发行渠道，稳步提高海外出版和发行水平。

2. 人才培养

当前海外机构急需有经验的翻译人才、出版管理人才、数字出版人才、营销人才。集团公司将与国际大型出版发行机构合作，派员到对方机构学习，对接出版理念和操作规范，交流、融合彼此的文化和习惯。

3. 数字化运营

在国内外传统出版积极向数字出版转型的过程中，集团的海外机构将在数字化出版和国际合作方面取得进展。2011 年成立的英国欧若拉出版公司，在数字化出版发行方面已经进行了尝试。2012 年初，欧若拉公司开发了面对国内出版用户的欧洲在线发行系统，帮助国内各出版单位进入欧洲各大书店网络，以及大学、图书馆等公共机构销售。公司的数字化即时印刷设备——中版闪印王即将在伦敦书展亮相。中版闪印王可以储存上百万种的图书，届时可以结合上面所提到的海外出版数据库平台，实现国内图书在欧洲的按需出版。

4. 加强与国际大型企业的资本合作

集团拥有丰富的品牌资源，在国内出版市场有着很强的市场号召力，不仅有创新能力，也有数字出版的后发优势，有条件借助国际大型出版发行集团的出版发行经验和渠道，达成国际资本或项目间的合作。集团正在积极寻求在传统出版、教育培训、数字出版、发行等四大领域与国际知名机构的资本合作，努力成为国际一流的出版传媒集团。2012 年 4 月的伦敦书展，集团公司就将与荷兰威科集团、英国出版科技公司、法兰克福学院达成战略合作，在数字出版、专业出版等方面进行新的尝试。

从让世界了解中国到让世界适应中国★

2012 年伦敦书展"市场焦点"中国主宾国活动已经画上圆满的句号，主宾国活动的一个个精彩瞬间，已然永久地刻在了中外出版人的心中。

从 2011 年到 2012 年，从千头万绪的筹备到千变万化的活动现场，从我们承担的国家和政府领导人出席的重大活动、高端对话、高层论坛、作家活动、境内外媒体宣传、翻译服务、安全保卫等事无巨细的具体任务，到 300 场主宾国活动，近百家单位的组织、联络、协调，中国图书进出口（集团）总公司在参与中付出甚多，在付出中收获甚大。

我们的第一个收获是：对中国主宾国活动的再认识。

鉴于中英建交 40 周年的大背景，以及伦敦作为西方舆论"策源地"与"风向标"的特殊地位，2012 年伦敦书展中国主宾国活动在筹备期间，就被中央领导定性为"十七届六中全会之后，中

★ 2012 年 5 月 22 日，在新闻出版总署伦敦书展中国主宾国活动总结表彰大会上的发言。

国第一次大规模的对外文化交流活动"，其重大意义在某种程度
上超过了法兰克福书展中国主宾国活动。从 4 月 15 日到 4 月 18
日，在历经了伦敦书展现场种种危机与挑战的实战洗礼之后，我
们对中国主宾国活动有了再认识，那就是：主宾国活动不仅做到
了"让世界了解中国"，而且开始"让世界适应中国"，适应中国
人用自己的语言、自己的方式向国际社会发出中国的声音！可以
说，2012 年伦敦书展中国主宾国活动的成功举办，充分证明了中
国出版界成功摸索出来的、承载着核心价值体系的主宾国活动，
已经成为宣传和扩大中国文化国际影响力的有效形式，成为中国
主流文化与西方交流、交融、交锋的重要平台，成为"走出去"
的品牌项目。这是中国出版业和中国出版人的骄傲，也是参与其
中的中图公司的骄傲。

　　我们的第二个收获是：对办好主宾国活动的再学习。

　　伦敦书展中国主宾国活动是一场不折不扣的硬仗。它环节多，
先后涉及 15 个部委、上百家单位、近千名人员，牵一发而动全身，
信息传递的准确及时、所有环节的无缝衔接至关重要；它跨领域，
共涉及出版、艺术、文学、社科、演出、展览等十几个领域，是
一项极其复杂的系统工程；它要求高，两位中央领导、30 位部长
莅临现场，10 多位知名学者、32 位著名作家、40 多位出版单位
的老总们积极参与，每一场活动都代表国家形象，每一项组织工
作都不能掉以轻心。

　　面对 300 场活动和由此涉及的各种复杂关系、国际情势，组

委会各部委、总署领导等各级领导，率先垂范、指挥有方，在重要关头果断决策，有力保障了主宾国活动的顺利进行。在承办过程中，新闻出版总署对外交流与合作司成了我们最直接的依靠，最现成的学习榜样。他们敬业、实干，至少有半年的时间，深夜12点以后，外事司的同志们还在办公室忙碌着、工作着；他们专业、睿智，无论对活动全局，还是关键细节，都把握得当；他们有责任有担当，面对各种棘手问题时，不推诿、不闪躲，知难而上，迎刃化解。可以说，对外司的使命感、责任心、敬业精神和工作能力，对我们影响至深。

我们的第三个收获是：弥足珍贵的同志友谊。

伦敦书展中国主宾国活动的成功，是在主宾国组委会和新闻出版总署领导下众志成城、团结协作的结果，也是中国出版集团公司对中图公司指导、关怀、鼓励的结果，更是所有参与主宾国活动的每一位作家、学者、出版人、媒体记者等，支持、帮助、体谅和配合的结果。因领导人出席的重大活动不断变化调整，我们经常在深夜不止一次、两次、三次地"骚扰"大家；因书展现场时有突发情况，我们经常临危受命，临时调整活动场地或给参展单位增派新任务。按照惯例，我们需要在每天晚上的团长会、内部工作会议之后，告知作家等团组第二天的行程与任务。4月17日晚，当我们的工作人员从活动场所回到酒店时，团组所有的作家已经提前坐在大厅里等候开会，他们说，以中图的责任心和工作态度一定会回来开会，但他们不想麻烦我们——电话通知，增加我们的工作负担，所以就不约而同地下楼提前等候我们。这种理解与宽容，感动得中图人热泪盈眶。我们因主宾国活动与大家结缘，大家的群策群力、理解支持，让我们的承办工作事半功倍，这份深厚的同志友谊我们会格外珍惜。

主宾国活动的历练，主宾国活动的国际平台和视野，令中图公司有机会博采众长，学习和积累了宝贵经验；主宾国活动带来的荣耀与收获，将转化为中图公司今后为中国出版产业"走出去"更好服务的驱动力。我们将继续在新闻出版总署等有关部委以及中国出版集团公司的领导下，高水平、高质量地承担和完成国家交给我们的"走出去"任务。国家强、产业兴，中图公司愿与出版同业一道，为建设出版强国，继续奉献力量！

凝心聚力办好北京国际图书博览会★

26 年来，图博会在各主办单位的指导和支持下，不断创新发展，现已发展成为国际出版业高度关注、普遍认同并积极参与的国际图书综合交易平台，成为与法兰克福书展、伦敦书展和美国书展齐头并进的四大国际书展，成为国家重点支持的会展项目。

2012 年 8 月 29 日至 9 月 2 日，第十九届图博会将在中国国际展览中心（新馆）举办，在此，我代表承办单位向大家汇报一下本届图博会的工作筹备情况。

一、本届图博会举办的特殊背景

1. 迎接十八大召开

2012 年是全面贯彻落实党的十七届六中全会精神、迎接党的十八大胜利召开的重要一年。新形势下，新闻出版业要围绕大局

★ 2012 年 6 月 21 日，向第十九届北京国际图书博览会组委会作筹备情况汇报。

做好工作，取得新进展、迈开新步伐、实现新突破、取得新成效。在党的十八大召开前夕举办的第十九届图博会，对于积极宣传中华优秀文化、提升文化软实力、推动出版"走出去"和迎接十八大的胜利召开，具有积极意义。

2. 建设出版强国

2012 年是大力实施《新闻出版业"十二五"时期发展规划》、认真贯彻六中全会《决定》、推动新闻出版业跨越式发展的重要一年。办好 2012 年的图博会，对于推动中国出版产业的国际化发展、推动建设出版强国、实现"十二五"发展目标十分重要。

3. 助力数字出版

2012 年是数字出版快速发展，新技术、新产品加速推动出版产业更新换代的重要一年。办好本届图博会，关注并丰富数字出版内容，学习借鉴国际数字出版先进经验，是推动出版产业融合与转型的重要机遇。

二、筹备情况与展会亮点

1. 筹备情况

自 2011 年第十八届图博会结束后，中图公司即按照国际书展的惯例，规划、设计第十九届图博会。截至目前，筹备工作主要取得以下进展：

（1）结合产业发展特点及图博会定位，基本完成了展区规划

本届图博会总面积 53600m²。其中，东 1 厅为国内出版物展示区，东 2 厅为韩国主宾国图书展示区和海外出版物展示区，西 1 厅主要为数字出版展示区，西 2 厅为韩国主宾国文化展示区、主宾城市北京展示区、海外期刊和图书馆现采专区。

（2）基本完成招展工作，展台、参展国家、参展商数量稳步增长

目前，图博会已销售海内外展台 2262 个，参展国家和地区 63 个，参展商总数超过 2000 家。其中，海外参展势头较往年更为积极活跃，主要表现在：①瑞典和土耳其首次设立国家展台（各 54m²），目前，图博会的国家展台已达 19 家；②南美洲国家参展形势好于往年，阿根廷、墨西哥、厄瓜多尔等三个拉美国家首次参展；③鉴于图博会的品牌影响力不断扩大，越来越多的海外参展商把图博会作为文化展示和交流的重要平台，除传统图书展示，德国歌德学院的中德翻译作品展、香港创意展和莫斯科市文化旅游宣传展等都将一一亮相本次书展。

（3）重大活动规划已经启动，进展顺利

本届图博会期间，将举办 3 场重大活动，分别是：2012 北京国际出版论坛、第十九届图博会开幕式暨第六届中华图书特殊贡献奖颁奖仪式和领导参观专场。

其中，2012 北京国际出版论坛将于 8 月 28 日在北京国际饭店国际会议中心举办，论坛以"数字环境下出版社的生存与发展"

为主题，将邀请来自爱思唯尔、亚马逊、阿歇特、中国出版集团、中国电信等 8 位产业领袖和著名作家、热门畅销书《暮光之城》的作者斯蒂芬妮·梅尔发表演讲，内容涉及"数字化对出版流程的重构""POD 印刷""数字出版的关键角色"等热点话题。

第十九届图博会开幕式暨第六届中华图书特殊贡献奖颁奖仪式将于 8 月 28 日晚 5 点至 6 点在人民大会堂小礼堂举办。为丰富开幕式内容、扩大贡献奖的国际影响力，本届开幕式由以往开幕当天上午举办改期至开幕前夜，并与贡献奖颁奖仪式合并。届时，将邀请国务委员刘延东、组委会领导、中外参展单位重要代表、主宾国代表团高级成员，以及部分驻华使领馆官员等 700 多位嘉宾出席。

党和国家领导人参观专场活动将于 8 月 29 日上午 9 点至 10 点半或晚 7:00 至 9:00 在新国展展场举行。为兼顾领导参观和中外展商顺利开展贸易洽谈，本次参观专场由前两届的下午参观改为上午或者晚上参观，其中，数字出版展区、主宾城市和具代表性的传统出版展区都将成为参观重点。具体参观时间和路线，将以上报中央并获批复的为准。

（4）展会服务保障工作相继实施，接轨国际化、信息化

展会服务，事无巨细，琐碎繁杂，但却与参展品质、展会口碑息息相关。为此，中图公司在前十八届图博会成功举办的经验基础上，立足国际化和信息化，着眼网络、出行、指引、酒店、用餐、运输、布撤展、会议室预订、服务手册发放、志愿者服务等各项

参展后勤保障服务工作，通过职责明确的内部分组、分工，提供专业、便捷、人性化的服务。

（5）制订了详细、具体、针对性强的宣传报道工作计划

宣传报道工作，对于推广图博会的品牌，扩大展会的影响力起着至关重要的作用。为全力打造国家级的文化盛事，我们已经成立了专门的媒体工作组，将在展前召开两次新闻发布会，向媒体发布书展重要信息；将制订专业的媒体星级报道表，帮助媒体记者及时了解展会亮点；将继续在展场周边设置书展路旗广告，广而告之；将与新浪、中国国际广播电台等合作，在书展现场设置直播间，实时发布展场最新消息，同时开通现场微博。

（6）启动了海外参展图书审查工作，确保政治安全

严守内容安全，一直是中图公司的生命线。目前，本届图博会绝大部分海外展品目录已经提交，部分海外图书已经运抵，预计参展的海外图书、音像制品等约达8万种。为此，中图公司将配合公安部、610办公室、新闻出版总署、台办等单位，按照"八步审查法"，对展品目录、样书进行审查，特别确保十八大前夕的展会政治安全。

2. 展会亮点

结合前期的筹备工作，本届图博会将呈现以下五大亮点。

亮点一：数字出版

本届数字出版的亮点主要集中表现在两个方面：一是西1馆的万米数字出版展区，集合了中国出版集团、中国教育出版集团、

中国电信天翼阅读、同方知网，以及来自英、美、印度等国不同
类型的数字出版展商。二是展会期间交织进行、以数字出版为话
题的各种研讨、讲座，如亚马逊关于解构数字出版流程的系列讲
座，"国际数字出版论坛"关于电子书标准格式的研讨会，关注
电子书定价、版权转让和政府如何翻译资助数字出版产品等话题
的"中欧数字出版圆桌会议"等。

亮点二：中外作家

作家活动是图博会的新亮点。随着图博会国际影响力的扩大，
越来越多的国际、国内知名作家活跃于图博会的舞台，成为图博
会上一道亮丽的风景线。主宾国韩国以及丹麦、英国、厄瓜多尔
等参展国均有作家、诗人参加出版交流活动，与中国作家、读者
进行交流互动。此外，图博会还邀请热门畅销书《暮光之城》的
作者斯蒂芬妮·梅尔参加书展，出席2012北京国际出版论坛。
邀请作家、推广中国当代文学，以文学为纽带拉近不同民族、不
同语言、不同文化背景下的人们相互了解、理解、尊重、包容，
成为图博会的责任与使命。

亮点三：韩国主宾国

2012年，恰逢中韩建交20周年之际，韩国以主宾国身份参
加第十九届图博会，目前已确定参展面积2000m²，为历届主宾国
展览面积之最。其中，图书展区面积1000m²，位于东2厅；文化
展区1000m²，位于西2厅。书展期间，韩国将组织约63家出版
社和13位作家前来参展，举办专业出版交流、作家交流和关于

韩国文字、世界遗产、电子书、韩国动漫的专题展览展示，并在图博会开幕前一天晚上，举办一场具有韩国特色的文艺演出。目前，韩国文化体育观光部的部长已确认参加书展。

亮点四：主宾城市——北京

为贯彻落实六中全会精神，图博会经过反复策划与酝酿，首次设立了"主宾城市展区"，意在以图书带动文化展示，通过图博会这一国际平台，向国际社会积极宣传、推广中国丰富多彩的地域文化。首届主宾城市是图博会的举办地北京。目前，北京市新闻出版局正在牵头设计参展方案，力争打造具有北京特色的文化展区。

亮点五：品牌活动

图博会积累多年，精心培育了"北京国际出版论坛""北京国际版权贸易研讨会""BIBF 10+10 出版人会议""文学之夜"等众多知名品牌活动。2012 年，我们继续创新理念，以展带会、以会促展，通过对系列品牌活动深耕细作，持续扩大展会的影响力。值得一提的是，2012 BIBF 北京国际版权贸易研讨会由往届展前举办改期至图博会期间，研讨会以"共性与差异——数字时代版权贸易的创新与发展"为主题，探讨版权贸易的变革与机遇，版权代理在数字时代的新定位等业界关注话题。

三、下一步工作重点

（1）在组委会的领导下，做好全面落实，确保图博会重大活动圆满举办；

（2）制订详细预案，确保展览安全、人身安全；

（3）召开预备会议，协助国内出版单位做好参展准备；

（4）当好"文化卫士"，继续按照八步审查法做好海外参展图书的审查和展期监管；

（5）进一步做好本届图博会的宣传推广工作。

四、需要协调解决的问题

（1）确定邀请刘延东国务委员担任第十九届北京国际图书博览会名誉主席，并邀请其出席开幕式暨第六届中华图书特殊贡献奖颁奖仪式，会见特殊贡献奖获奖人。

（2）确定两项图博会重点活动的方案：第一，8月28日晚5:00举办开幕式暨第六届中华图书特殊贡献奖颁奖仪式；第二，29日上午9:00至10:30或晚7:30至9:30举办"党和国家领导人"专场活动；

（3）建议由北京市政府继续组织公安、消防、交通、卫生等部门召开一揽子协调会，特别是协调顺义区政府做好相关配合，确保图博会安全顺利举办；帮助图博会做好路旗等公益广告的宣传协调工作，扩大国际书展的影响力；

（4）建议由中宣部、国务院新闻办协调相关媒体，做好本届图博会的宣传报道工作，特别加强专题、深度报道；

（5）建议由中国作家协会做好与韩国主宾国作家交流的方案和预案；

（6）讨论并通过 2013 年沙特阿拉伯担任第二十届北京国际图书博览会主宾国。

五、结语

当今世界正处在大发展大变革大调整时期，文化的作用愈加广泛而深刻，大国都把提高文化软实力作为增强国家核心竞争力的重要战略，谁占据了文化发展制高点，谁拥有了强大的文化软实力，谁就能够在激烈的国际竞争中赢得主动。在世界范围内各种思想文化交流交融交锋更加频繁的背景下，图博会作为国家"十二五"发展规划的重要内容，将秉承"服务行业、服务国家"的理念，积极为中国出版、中国文化搭建宣传、展示平台，促进中国文化"走出去"。面对未来，中图公司充满信心，将凝心聚力办好北京国际图书博览会这一国际书业盛会，打造好国际文化交流的大平台，为中国文化"走出去"贡献力量。

建设国际化集团　推动出版"走出去"★

摘要

　　中国出版集团是中国出版的"国家队"，中国出版走向世界的主力军。多年来，中版集团在版权输出、出版物进出口、海外网点建设、国际文化交流等方面，有所努力，有所建树。按照出版国际化的新形势和十七届六中全会关于建设文化强国的新要求，中国出版集团把自身做大做强的追求与国家文化"走出去"的需要结合起来，制定了新的国际化的目标、思路、战略和布局，并在具体工作中取得了新的进展。中组部干教局主办、国家行政学院承办的海外投资与企业"走出去"发展战略专题研究班，为中国出版集团实施新的国际化战略、推动文化"走出去"进程，提供了重要的理论和实践依据。

★　2012 年 6 月 24 日，为中组部、国家行政学院"领导干部境外培训'182'计划项目"撰写的培训评估案例。

一、中版集图"走出去"的做法和成效

近几年来，中国出版集团在"走出去"方面主要做了四个方面的工作：一是有计划、有指标、有检查、有考核。二是加强海外选题开发，提高版权输出的成功率。三是成立专门机构，配备专职人员，专项工作日常化。四是设立专项经费，五年来累计投入"走出去"资金 1.1 亿元。

经过长期努力，中版集团"走出去"工作在以下四方面取得了成效。

第一，版权输出大幅增长，连续 3 年位居全国第一。2006～2011 年 6 年共输出版权 1512 项，仅 2011 年就输出版权 498 种，引进和输出比为 1.82:1，其中输出欧美的增长了 13 倍。

第二，出版物进出口规模连续位居全国第一。2011 年，在数字出版严重冲击和市场竞争日益激烈的情况下，出版物进口 17116 万美元，占全国市场的 60%；出口 1006 万美元，占全国总量的 30%。

第三，海外网点逐步建立和完善。以出版机构、贸易公司和图书零售店为主要形式的海外网点已达 29 个，分布在美、英、法、德、俄、日、韩、澳等 10 个国家和地区，初步形成了多语种、国际化的海外出版能力，2011 年在海外出版有关中国主题的图书 220 多种。

第四，国际影响力明显提高。《于丹〈论语〉心得》输出了

28 个语种、33 个版本的版权，其中法语版累计销售超 20 万册，连续 25 周登上法国翻译类图书销售排行榜。《山楂树之恋》输出英、法、意、西等 12 个国家和地区。9 家海外出版公司累计出版图书 500 多种。通过承办全球四大国际书展之一的北京国际图书博览会，以及其他国际书展的"中国主宾国"活动，大大提升了中国出版业的国际参与度和影响力。

二、对国际出版形势的分析和判断

按照党的十七届六中全会的要求，结合我们从"海外投资与企业'走出去'发展战略专题研究班"获得的知识和信息，中国出版集团对文化"走出去"面临的新形势、新情况、新问题进行了深入讨论、分析和判断。

从国内形势看，十七届六中全会"吹响了向文化强国进军的新号角"。实现文化强国的目标，从内在要求、精神层面看，对内，要推动文化繁荣，满足人民精神文化需求；对外，要提升中华文化影响力和国家文化软实力。从外在要求、产业层面看，就是要推动文化产业成为国民经济支柱性产业，使文化产业的发展与综合国力竞争和中华民族伟大复兴相适应。

出版既是文化的重要组成部分，也是传播学术理论、思想精神、文学艺术等其他文化的重要途径。在最近十来年的文化体制改革和发展过程中，出版业一直走在前列，是文化改革的排头兵，文化"走出去"的先锋队。

目前，我国出版业从生产规模上看，已经是出版大国。但与发达国家相比，还有很大差距，还不是出版强国。出版强国的标志，一是要有在国际上有强大影响力的出版物，二是要有在国际上有强大竞争力的品牌企业、跨国企业，三是要有在国际上有强大号召力的大作者、大出版家。

从国际形势看，全球化的浪潮仍在汹涌向前。国际出版业跨国并购的浪潮此起彼伏，持续不断。在美国，在其排名前 5 位的大众出版商中，竟有 3 家为外国资本持有。贝塔斯曼通过并购兰登书屋，一举从欧洲跨入北美，成为世界最大的大众图书出版商。在全球出版 50 强中，已有包括培生教育、爱思唯尔等出版巨头在内的三分之二的公司在中国设立了各种形式的机构。

从国际文化交流的现实看，整个世界的文化状况仍然是"西强我弱"，西方国家对中国文化的需求虽有明显增长但并不广泛。因此，出版"走出去"必须积极而审慎，国际化的路子必须要更多地研究"借船出海"、资本联合、项目合作的方式。要在合作中"结缘"，在合作中"借力"，在合作中积累经验、培养人才，逐步打开国际市场，形成文化传播和影响力。

世界文化交流史告诉我们：在古代，文化主要是跟着战争走；到了近代，文化主要是跟着商品走；而到了现代，文化则主要是跟着资本、产业走。随着中国经济的强势崛起，随着中国资本和产业的跨国扩张，对中国文化的研究和借鉴也必将成为国际社会日益广泛的需求。

从国际出版传媒集团的发展经验看，兼并重组是尽快做大做强企业的重要途径。从 20 世纪 60 年代到 2001 年，美国出版业共发生 1000 多次并购，仅 20 世纪 90 年代到 2001 年间就发生了 600 多次并购。兰登书屋的崛起，是从收购《现代文库》开始的。在企鹅和兰登，影响其市场价值的核心要素，不是一时的市场表现和资产规模，而是拥有版权的数量和质量，这是西方出版市场并购重组中的最重要考量。亚马逊和苹果强势介入出版产业，他们的主要关注点是内容资源。在目前的产业转型期，内容资源日益成为传统出版商和新型出版商的竞争焦点。

从数字化的潮流看，数字化潮流不仅改变着人们获取信息的方式，也改变着人们阅读内容的方式；不仅支撑着跨国公司的管理经营，也影响着人们的购物、娱乐、学习、生活甚至思维方式。手机、互联网等新兴媒体，冲击了报刊，震撼了广电，也形成了对传统出版的巨大压力。目前，美国有 76% 的出版商制造电子书，42% 的出版商销售的图书中电子书占到 76% 以上，数字出版已经成为产业资金和产业资源的集聚方向。近几年，我国数字出版产业总体上以 50% 以上的速度增长，增速十分惊人，规模逼近传统出版。

三、新的国际化目标、思路、战略和布局

通过对新的国际出版竞争形势的分析和判断，结合中国出版

集团的特点，我们在2012年初制定了中国出版集团新的总体战略，我们长远的战略定位是：努力成为国际一流的出版传媒集团；今后十年的战略目标是：努力成为综合竞争力、文化影响力、国际传播力领先的，国际化的出版传媒集团。没有国际化，就不会有中国出版集团的国际地位，也就不可能成为国际一流的出版传媒集团。

国际化发展的主要思路，就是要大力加快"走出去"步伐，大力加强国际传播能力建设，包括：

一是强化领导和工作机制。2012年初成立集团"走出去"工作小组，由集团领导、有关单位、相关部门和部分外籍专家共同参加，研究制定"走出去"战略和重大项目，增强对"走出去"工作的规划、统筹和指导。

二是强化版权输出领先地位。2012年内完善各出版单位版权贸易机构建设，实现版权输出"工作日常化、人员专业化、机构实体化"，强化外向型选题策划，争取版权输出同比增长20%以上。

三是强化中国图书进出口（集团）总公司在中国出版集团国际化和中国出版产品"走出去"方面的主力军作用。新的集团发展战略，把出版社的内容生产、中图公司的国际化经营、荣宝斋的文化艺术品经营作为互相支撑的三大战略板块和发展方向。2012年3月已选派中国出版集团公司分管国际合作的副总裁兼任中图公司的总经理，加强国际化工作。

四是强化国际战略合作。在出版、发行、翻译、会展、艺术品经营等方面，加强与相关国际知名机构的项目、业务、战略合作，加快进入国际主流市场；在做好现有海外机构基础上，选择若干家新的有实力的海外机构进行资本合作。

五是强化国际运作和服务能力。组织策划大型外向型项目，借助"经典中国国际出版工程""中国图书对外推广计划"等政府资助项目，大力推动产品"走出去"。组织好伦敦、法兰克福、北京、香港、海峡两岸等五大书展以及其他十几个国际书展的参展工作，提高国际交流的深度和广度。

国际化发展的主要战略，即"五先"战略：

一是进口产品领先战略。强化对进口产品的激励机制，巩固提升出版物进口行业的龙头地位。到 2015 年实现进口市场占有率达到 60% 以上，实现销售收入突破 15 亿元。"以进带出"，以进口优势和国际影响力促进版权、产品、资本"走出去"。

二是出口产品争先战略。拓展出口产品宽度，放宽内部政策，争取外部政策，扩大国际贸易经营规模，提高"走出去"影响力和经济效益。到 2015 年实现实物出口市场占有率达到 40% 以上，实物出口额突破 2000 万美元，加上其他国际贸易总出口突破 10 亿元。

三是数字产品优先战略。加快传统进出口业务转型，大力推进信息化、数字化建设，建立和完善数字化资源管理平台、国际交易平台、内容审查平台"三大数字化平台"，推动技术创新、数字化升级和业务转型。到 2015 年，实现数字资源进出口市场占有率达到 60% 以上，销售收入突破 10 亿元。

四是会展服务占先战略。完善北京国际图书博览会、重要国际书展中国主宾国活动、一般国际书展组团参展等会展服务体系。通过直接办展、合作办展、组织参展等形式，将书展组织服务扩展至五大洲，使之成为集团主业之一。

五是国际拓展率先战略。继续实施全球布局，通过独资、合资、合作等多种方式，到 2015 年再成立 5 家左右的海外出版发行分支机构；注重开展跨国经营，强化国际战略合作，建设中国出版业最大的集进口、出口、会展、营销为一体的跨国经营网络，实现经营管理与国际接轨。

国际化发展的总体布局，就是以中图公司为国际拓展平台，以各出版社的产品和版权为依托，以即将上市的中国出版传媒股份有限公司的融资能力为支撑，加快拓展全球业务。在巩固欧美、东亚、东南亚网点布局的基础上，借助国家外交、经济、投资优势，实施南美、南亚、南部非洲、中东"三南一中"空白区域的布局，形成播及世界主要地区的中国出版全球布局。

四、国际化的新进展

根据新的国际化目标、思路、战略和布局，中国出版集团在国际化拓展方面有了新的进展。

2012 年 4 月 16 日至 18 日，第 41 届伦敦书展在英国伦敦伯爵宫展览中心举行。作为 2012 年中英两国建交 40 周年的一项重要活动，中国担任本届伦敦书展"市场焦点"主宾国。李长春及刘延东同志出席中国主宾国活动并发表重要讲话，20 多位中国部长级官员、100 多位中国作家、几百位中国出版人，出席了 300 多场中外出版交流合作活动。中国出版集团的中图公司承办了这项重大活动，取得圆满成功，受到中央领导及国家新闻出版总署表彰。

2012 年 4 月，中国出版集团公司先后与爱思唯尔集团、剑桥大学出版社、英国出版科技集团签署了战略合作协议，分别就科技出版、学术出版、出版内容数字化平台携手合作。

5 月 16 日，中国出版集团公司与英国诺丁汉商学院及欧若拉出版公司签署战略合作备忘录，合作涉及三个方面：一是共建商务同声传译和国际出版两个硕士专业；二是按需定制，开展高级出版管理人才培训项目；三是合作遴选开发专业教材、中国本土原创教材和其他文化专著，在中、英两国同步出版发行。这次合作是中国出版集团正式涉足教育领域、开展国际合作办学，同时也为中国出版业和中国文化"走出去"开创了一条别开生面的新路径。

6 月 20 ～ 21 日，中国出版集团公司负责人与日本最大的出版物流公司——东贩株式会社负责人会谈，就拓展现有合资公司——中国出版东贩公司的业务范围，在海外出版、版权贸易、产品进出口、物流合作、举办世界动漫大会等方面，开展全方位合作，达成共识、形成纪要。这是完善现有的海外机构功能，提高海外机构两个效益的新举措。

目前，中国出版集团公司正在积极洽谈并购欧洲的一家艺术图书出版社——成立于 1923 年的菲顿出版社。该社出版过凡·高、波提切利和法国印象派大师等艺术家的精美画册、专著，出书范围涉及美术、建筑、设计、摄影、表演艺术、装饰艺术、当代文化、时装、电影、旅游、烹饪和少儿图书，其中艺术图书被全世界公认为内容质量最高、设计制作精良的图书。

五、国际化的新思考

面向未来，中国出版集团将按照国家"走出去"战略的要求，参照中组部海外投资与企业"走出去"战略研究班的成果，结合中国出版集团的实际和发展需要，在中国出版"走出去"和中国文化国际化方面，积极开拓，作出新的努力、新的贡献。

一要进一步明确世界一流的跨国出版传媒集团这一战略定位，统筹国内市场与国际市场，统筹传统书刊与数字内容的"走出去"，统筹进口与出口的比例，统筹产品与资本的"走出去"，统筹欧美网点建设与南亚、南美、南部非洲、中东地区等新兴市场的开拓，逐步形成跨国发展的态势。

二要努力打造数字信息资源进出口平台和服务平台，适应国际市场竞争新形势，发挥技术对文化的支撑作用。重点在数字平台和数字内容上实现创新、取得突破，巩固中国出版集团在中国出版国际化方面的主导地位，同时为保障国家文化安全尽到责任。

三要进一步明确国际传播力和文化影响力这一战略目标，创新"走出去"选题，讲好当代中国故事，让世界了解中国；讲述当代中国主张，让世界理解中国；介绍中国丰富多彩的历史文化，让世界喜欢中国；讲好全球共同关心的话题，让世界认同中国；申述中国的核心利益、基本诉求，让世界适应中国。

总之，中国出版集团作为中国出版的国家队、中国出版国际化的主力军，既要努力回答好当代中国社会发展的新课题、人民关注的新问题，让人民获取智力资源、享受文化成果，提升思想文化素质；也要努力回答好世界瞩目的新难题、人类关心的新话题，为中国文化走向世界提供更多的选项，让世界了解中国、理解中国，同时，让世界也适应中国。能让世界不得不适应的国家，就是文化强国。

中国出版企业的国际化及人才因应★

　　在最近十多年的文化体制改革和发展进程中，出版业一直走在前列，是文化改革的排头兵、文化发展的先锋队。目前，我国出版业在管理格局、市场主体、经营机制、竞争态势、产品规模方面，初步具备了满足人们文化需求、参与国际竞争的能力，已经是出版大国。但与发达国家相比，我们还有差距，还不是出版强国，当然也还不是文化强国。

　　文化强国是相比较而言的。一个国家的文化，在国内有很强的覆盖率、吸引力、凝聚力、社会推动力，在国际有很强的辐射力、竞争力、影响力、吸附感召力，这样的文化就是强势文化，这样的国家就是文化强国。我们的差距，主要体现在国际竞争力和国际影响力方面。

　　恰逢其时，党的十七届六中全会吹响了"向文化强国进军的新号角"。为了实现文化强国的目标，十七届六中全会提出了6

★　2012 年 11 月 5 日，在"首届韬奋出版人才高端论坛"上的演讲。

个方面的主要任务，其中一个重要的任务就是"建设宏大文化人才队伍"。

国家要崛起，文化要昌盛，作为文化基础产业的出版业，必须要率先实现大发展、大繁荣，成为出版强国。出版强国的标志是什么？一是在国内外要有强大影响力的精品图书、精品出版物，二是在国内外要有强大竞争力的品牌企业、跨国企业，三是在国内外要有强大号召力的大作者、大出版家、大出版商。这三条，归根结底是第三条，就是要有一批具备国际视野和国际影响力，能够参与国际出版竞争、影响国际出版格局的人才。

一、国际化经营和跨国经营

一个企业，就其产品和服务的辐射范围来说，可以划分为4个层级，第一层级是区域性企业；第二层级是全国性企业；第三层级是国际化企业，就是以国内业务为主、兼做国际业务，一定程度上参与国际分工、国际竞争；第四层级是跨国企业，就是面向国际市场、开展跨国经营，全面参与国际分工、国际竞争，国际业务在其总业务量中占有较大比重。

目前，我们的出版企业中，有开展国际化经营的企业，但还没有一家形成为跨国企业。在全球经济一体化和我国文化体制改革不断深入的背景下，中国出版企业的国际化经营乃至跨国经营，已经成为提高企业核心竞争力和增强国家文化软实力的必然要求。与国际上的大型出版集团相比，中国出版企业的国际化建设尚处于起步阶段。如何适应国际化需求、深化和丰富国际业务，是摆在我们面前的重要课题，而相应的国际化人才方面的问题，尤为突出。

二、国际化业务和国际化人才

国际化业务，从目前中国出版企业的实际看，主要包括版权贸易、产品贸易、服务贸易和资本经营几个方面。其中，版权贸易、产品贸易为传统意义上的出版国际贸易，当下，版权贸易还与国际合作出版、交换出版、按需印刷等紧密关联；产品贸易也已经从过去的书、报、刊、音像、电子出版物，发展到数字化、全媒体产品，发展到乐谱、乐器、印刷器材、纸张等出版的关联产品，发展到艺术品、有文化内涵的消费品等非出版产品——我们称之为"大文化贸易"；服务贸易主要指国际会展服务、国际组团服务、印刷服务等，现在还包括国际会议服务、国际活动组织、国际信息服务，还包括国际组稿、国际编辑、国际印刷、国际物流、国际招投标、国际营销，等等；资本经营是建设国际化出版企业、提高国际竞争力的重要内容，包括海外投资和海外企业经营，包括项目投资、实业投资和股权投资。与此同时，随着国际出版数字化进程的加快，需求的专业化和渠道的多样化也成为中国出版企业开展国际化业务的方向标，为出版企业的国际化建设提出了新的要求。

国际化人才，与国际化业务紧密相关。随着中国出版企业国际化业务的不断深入与发展，出版国际化人才也在不断丰富。对于狭义的出版企业而言，为实现出版"走出去"，需要有外向型选题策划、编辑、版权贸易洽谈、翻译、国际营销、业务管理等人才；对于从事国际出版贸易的企业，以及对于有志于开展国际化经营的大型出版机构而言，需要的国际化人才类型更多、要求更高。以中国出版集团的中国图书进出口（集团）总公司为例，目前涉及的从事国际化业务的人才，包括进出口产品编目、国际招投标、团体订购、国际采购、报关通关、税务、物流配送、大客户服务、专业机构服务、外籍人员服务、数字化服务方面的人才，还包括国际会展组织和服务、国际活动组织和服务、出访组团、国际谈判、版权代理、翻译、海外投资、海外机构经营管理等方面的人才。

对于这样的国际化人才队伍的基本要求是，应当能够面向国际、国内两个出版市场，熟悉国际、国内两类出版企业，熟悉传统出版业务和数字化、信息化业务，了解国际、国内的文化环境、政策差异，了解政府政策要求、客户信息需求和企业自身的发展要求，把握机构团体和读者个人两类服务对象，把握为社会服务和为行业自身服务两类服务要求，应当能够在国际化业务的经营、管理和拓展，在国际交流和国际运作等方面，体现出很强的专业性和职业性。

三、出版国际化人才的现状

最近，莫言先生获得了诺贝尔文学奖。我以为有三个原因：第一当然是莫言的作品好，让评委、让国际上的读者喜欢。第二是中国的出版界、出版社这些年积极推动文学作品"走出去"，莫言的作品被翻译成英、德、法、意、日、瑞典、西班牙等十几种外语文字，让评委和读者有喜欢的机会。第三是翻译其作品的多是国际大牌翻译家，比如翻译成英文的美国翻译家葛浩文（Howard Goldblatt），被誉为把中国作家推向世界的"西方首席汉语文学翻译家"；翻译成瑞典文的瑞典翻译家陈安娜，被称为是"莫言得奖背后最重要的外国女人"；陈安娜的老师、诺贝尔文学奖 18 位终身评委之一，也是诺贝尔奖评委中唯一深谙中国文化、精通汉语的汉学家马悦然，当然也在其中起到了重要的推动作用。是他们的翻译和推介，使得评委和读者有喜欢莫言作品的可能。

另外的典型例子是知名国际版权代理人托比·伊迪，是他，使得《于丹〈论语〉心得》这样一本小书走出国门，在海外发行了 28 个语种、34 个版本，累计海外销售 34 万册；使得中国的孔子成了世界的孔子，也使得北师大的女教授于丹成了中国的于丹。

前面所说的国际化的翻译家和版权代理人，在我国还是稀缺资源。目前，我国出版业国际化人才的储备相对不足，人才的培养和激励机制也与国际化建设的需求不相适应，这正是我们出版企业开展国际化经营的主要矛盾。这一问题突出表现在三个方面：

第一，人才缺乏的问题。具备国际视野、熟悉国际惯例、善于跨文化沟通、擅于创新的国际化经营人才缺乏，能够开展国际资本经营的人才和数字化人才尤为稀少。由于缺乏这些人才，所以，虽然已有多家出版集团和出版社在海外设立了很多分支机构，但多限于小本买卖，投资和经营规模小，市场化运营能力弱，尚未形成本土化的竞争优势；数字出版产品"走出去"更是少之又少。

第二，人才局限的问题。比如，境外本土化出版已经成为中国出版进入国际主流渠道和扩大国际影响力的必然选择，但现有的选题策划、编辑、翻译、版权代理、营销人才，相对缺少国际交流经验，相对缺乏对他国文化的了解，所以在国外开展本土化出版时受到局限。这就造成了，虽然我们的版权输出总量在增大、版权贸易逆差在缩小（2011年，全国共引进出版物版权16639种，输出出版物版权7783种，出版物输出与引进比为1:2.1；其中引进图书版权14708种，输出图书版权5922种，图书输出与引进比为1:2.5），但缺少大牌出版物，中国出版物的国际影响力仍然有限。由于缺少大牌骨干产品的带动，也使得出版物出口遭遇瓶颈，实物出口长期徘徊在3000万～4000万美元而不能突破；而且，海外市场长期局限于华人文化圈和图书馆客户，未能进入国际主流渠道、大众渠道。

第三，人才机制的问题。国际化在很大程度上就是市场化，市场化不仅是指经营的市场化，而且包括人才的市场化，包括用市场化的薪酬和激励机制来吸引人才、留住人才、激发人才的创造活力。但就目前出版企业的人才使用机制来看，在吸引和使用数字化人才、资本经营人才、国际化人才方面，尤其缺少机制、缺乏能力。

四、出版国际化人才的解决方案

要成为国际一流的出版企业，就需要开展国际化经营，逐步建设跨国企业。因而，国际化人才的队伍建设问题就成为我们开拓国际市场、参与国际竞争的重要抓手。

加强国际化人才队伍建设，从目前看，可以从培养、培训、引进、交流、机制改革5个方面着手。

第一，培养。主要是加强出版企业与高校、研究机构的互动，通过产学研结合，建立适应产业发展要求的培养模式，加快为出版企业培养国际化人才、复合型人才，以提高企业人员开拓国际业务的能力。

第二，培训。主要是在出版企业内部或者行业内部，建立和创新人才培训机制，延聘具有国际视野的出版家、企业家，针对企业国际化过程中面临的问题，开展定向培训，增强企业现有人才在开展国际化业务中发现问题、解决问题的能力。

第三，引进。主要是加大投入，包括加大政府的资金、政策扶持，积极引进具有国际市场运营经验和能力的人才。由于我国出版业的国际化思维尚在形成之中，因此这里的引进不仅是产业内部人才的引进，更需要从产业之外、我国之外的金融、企业管理、数字技术等行业，引进高端人才、领军人才，以迅速找到打开国际市场的突破口。

第四，交流。主要是积极开展国内与国际出版企业之间的人才交流。国际大型出版企业在国际化、市场化、数字化发展能力上，很多方面远远超出国内出版企业。我们的出版企业可以通过与国际大型出版企业合作，互相选派工作人员，边工作、边交流、边培训，取长补短；或者选派优秀员工到国外大学定向进修，同时在国外开展国际出版调研。这方面，行业协会等组织可以发挥重要作用。

第五，机制改革。通过市场化的机制改革，吸纳人才、留住人才，是企业发展的重要保障。在国际化、市场化、数字化的背景下，出版业的发展越来越呈现出跨媒体、跨行业、跨国界的特征。这就需要我们的企业深化用人机制改革，建立市场化的薪酬和激励机制，实现人才使用的市场化和国际化。人才的使用国际化了，企业才能引进来、留得住、用得好国际化人才。

有了大量的、一流的国际化人才，我们的企业才有可能开拓好、发展好国际化业务，才能成为国际化企业、成为跨国企业，才能谈得上争创一流的国际出版企业，才能真正实现出版强国、文化强国的理想。

推进国际化战略　加快"走出去"步伐★

2013 年 3 月 20 日，中共中央政治局委员、书记处书记、中宣部部长刘奇葆同志视察中国出版集团公司总部，就加强中国出版"走出去"工作、平衡产品进出口比例、做好中国主题图书选题策划以及将出版纳入到国际传播能力建设等方面作了重要讲话。

中国出版集团公司谭跃总裁在落实中央领导"走出去"讲话精神时提出了三个关键和三个转型，即要把握住"走出去"过程中选题内容、翻译和方式方法渠道三个关键，同时要做好海外机构公司化、进口型向出口型转化和出口产品数字化三个转型。

领导同志的讲话精神为中图公司今后的发展指明了努力方

★　2013 年 3 月 20 日，中共中央政治局委员、书记处书记、中宣部部长刘奇葆同志视察中国出版集团公司总部，就加强中国出版"走出去"等发表重要讲话。本文为在中图公司落实刘奇葆同志讲话精神而作。

向。中图公司将结合自身特点、发展目标和发展战略，组织领导班子和相关人员认真学习、研究讲话精神，对公司下一步的"走出去"工作进行思考和梳理，加快推进国际化战略和"走出去"工作的步伐。

一、中图的历史与"走出去"现状

中图公司的前身是 1949 年 11 月建立的国际书店。1964 年国际书店的进口业务划归中国外文书店经营，1973 年 1 月中国外文书店改名为中国图书进口公司，1981 年更名成立中国图书进出口总公司，1999 年改为中国图书进出口（集团）总公司。公司成立之初的主要使命就是从国外引进最新最全的科技资料和信息，以满足国家在科研、国防、教育、文化和经济等领域的发展需求。多年来，中图公司为此作出了重要贡献。

2007 年党的十七大将"走出去"确立为国家战略之后，作为国家大型文化进出口企业的中图公司视国家意志为己任，结合自身优势，在中国出版集团公司领导下，开始加强"走出去"工作，不断开拓国外市场，加大出口力度，提升中国文化和出版的传播力和影响力，进行了一系列"走出去"的尝试。

1. 机构设置方面

中图公司为贯彻国家文化"走出去"战略，落实中国出版集团公司关于图书"走出去"的具体要求，推动中国图书在海外的出版发行，先后成立了国际会展中心、海外出版发行中心和出版物出口中心。

2. 海外网点建设方面

中图公司发挥在海外的优势，陆续在北美、欧洲、东南亚、日本、中国香港等地区和国家成立了20多家独资、合资的海外出版发行公司和书店，初步形成了覆盖面较为广泛的网点布局。

3. 推动海外出版方面

在推动图书版权走向海外、推动中国主题图书海外出版方面，中图公司积极开拓国际会展业务，每年承办新闻出版总署交办的国际书展中国主宾国活动和北京国际图书博览会，组团参加十多个国际书展，有效地为中国出版物的版权贸易特别是海外出版搭建平台。

此外，中图公司还利用在海外的广泛业务关系，与一些国外著名出版社进行版权合作和选题开发。每年在海外出版英、法、德、日、韩等语种的各类"中国主题"图书，并先后有几十个优秀图书项目入围"中国图书对外推广计划"和"经典中国"项目，获得国家资助。

4. 开拓海外发行渠道方面

在开拓中国出版物进入国外主流发行渠道方面，中图公司利用已有的海外批发销售渠道，并通过与海外大型出版发行集团合资合作，开发海外零售市场，从而建立起一个有效的销售渠道，让中国产品源源不断地走向国际市场，并获得了一定的经济效益。

2012 年，中图公司将数十种中国图书推入英国最大的连锁书店 WH Smith。这是中国图书首次成规模地进入英国图书市场，是真正实现"走出去"的一次成功尝试；中图公司还利用与日本最大的图书发行公司——日本东贩公司的合作，成功进入日本主流市场，在日本大型连锁书店伊国屋设立中文书专柜，借助连锁书店的发行渠道优势进行实物展销、扩大中文书的宣传和影响力度；中图公司与新加坡大众集团成立合资公司，以北京为基地，向该集团在东南亚地区的数百家连锁书店批量发行大陆出版物，取得了较好的社会效益和经济效益。

5. 实物出口方面

在实物出口方面，中图公司是国内最早从事出版物出口的企业之一。

出版物实物出口现已成为中图公司的主营业务之一，每年出口额稳步增长，形成了采购、运输、营销为一体的出口业务运作模式，客户遍及 100 多个国家和地区，与海外图书馆、研究机构、书店保持着良好的合作关系和贸易往来。近年来，中图公司以原有海外中文书刊市场为基础，充分利用国内外客户网络资源，努力实现"以进带出"和"借船出海"，不断提升出口规模；同时，加大多文种书刊的发行力度，把进入主流渠道作为目标，从根本上扭转我国出版物在华人圈子徘徊的局面。

经过多年努力，中图公司形成了以出版物出口、海外书展、海外出版发行和版权贸易等为主要内容的"走出去"体系。2012

年中图公司出版物出口实现销售收入 1200 万美元，连续 3 年保持两位数以上的增长，进出口业务差距逐步缩小。尽管如此，我们的工作尚有较大差距，还需要付出更大的努力，尽快加大"走出去"力度。

二、中图公司新的使命和举措

2012 年，中图公司新一届领导班子深入调研，确定了未来发展的"三重三队"和"五化"战略定位、"六大发展战略""十一个重大项目""九大措施"，形成了今后改革发展的基本思路（"56119 发展思路"）。"走出去"战略已成为该思路重要的组成部分。

中图公司传统上是一个以进口为主的企业，但在新的历史形势下，需要担负起"走出去"的重要责任，实现从经营国际化向国际化经营和跨国经营转变。作为国内最大的出版物进出口企业，公司多年来积累了较为优质的国内和国际资源，在"走出去"方面具有独一无二的综合优势。

中图公司在新的发展思路中，明确提出了要成为中国出版集团"走出去"方面的先遣队和主力军。发挥"走出去"主力军作用的主要目标，是以落实"走出去"战略，提高国际竞争力，打造中国出版"走出去"的龙头企业。

1. 优化机构和人员配置，为推进实物"走出去"提供组织和人才保障中图公司通过新一轮的干部聘任，加强对"走出去"工作的规划与管理，优化相关机构，改善人员配置和考核方式，加大奖励力度，充分挖掘出版物出口潜力，扩大出口的绝对数额，缩减进出口比例。已组建海外拓展部，抽调懂外语、懂出版、管理能力强的人员充实队伍，以提升对合资合作、海外出版、海外网点的管理能力和海外事业拓展能力。

2. 转变海外分支机构职能，为加快"走出去"增加活力

中图公司要求各海外分支机构围绕国际化战略，研究自身的业务发展和转型方案，即从传统的为国内进口服务向海外市场开拓转变，实施鼓励业务转型的考核办法和新的管理模式。在继续做好进口业务的同时，从职能上进一步向海外业务、渠道建设、出版发行合作等方面倾斜，逐步充实公司在英国、德国、美国分公司的力量，增派专业人员，提高"走出去"的能力。公司还着手实施在南美、南亚、南部非洲、中东的"三南一中"布局，提高国际竞争力和传播力。

3. 重视渠道建设，拓展海外主流市场

在继续巩固传统出口业务和渠道的同时，努力在海外开发、建立自己的出版发行网络，稳定前方阵地，形成合理有效的合作机制，提高对海外市场的把控能力和反应速度，从单纯的价格竞争向服务、技术、信息等高层次竞争过渡。将实物出口与海外出版，地面书店与网上书店，国内与国外两种资源有机地整合起来，形成一个相对完整的对外出版发行体系，为出版物出口的可持续

增长和"走出去"的长远发展创造条件。

4. 发挥国际书展的引领功能，推动中国出版和文化"走出去"

建立健全以北京国际图书博览会、重要国际书展中国主宾国活动以及其他国际书展组团参展为主的国际性书展组织服务体系；加强办会机制建设，将北京国际图书博览会打造成与法兰克福书展齐名的国际性书展；创新形式，打造重要国际书展中国主宾国活动品牌；配合国家外交、海外投资，通过合资、合作、并购等手段，在海外创办、合办国际书展，实现中国图书会展组织服务在五大洲的全覆盖，建立覆盖广泛、重点突出、层次分明的中图图书国际会展渠道。

5. 打造外向型的数字交易平台，推动中国数字产品"走出去"

2012 年，中图公司与英国科技出版集团和道森图书等全球先进技术服务商合作，借助其成熟的技术、完善的商业模式和丰富的客户资源，打造中图公司云服务平台，实现国内数字出版资源的集聚、标准化加工、国际化管理和多样性服务，以国内渠道换国际渠道、以国内平台换国际平台、以国内市场换国际市场，搭建起中国数字出版资源进入国际主流传播渠道的高速路。

6. 打造海外出版公司，加强海外本土化出版

在完善海外布局的同时，重点打造若干家具有一定实力的海外出版公司，加强海外本土化出版。从战略角度加大重点投入，集中力量做好在欧美地区的出版业务，发挥美国、英国分公司和合资公司的作用，真正深入英语世界和主流文化之中，扎扎实实

做海外图书、海外市场。在此基础上。逐步积累海外优秀产品，形成品牌、渠道的影响力。海外出版事业任重道远，不但需要人才和资金，还需要有时间和耐心。

7. 建设中国作家国际推广平台，推动文学版权输出

近年来，随着我国经济的迅速崛起和文化繁荣，中国的文学创作愈加异彩纷呈。以莫言为代表的中国作家不断走上国际舞台，他们的作品也越来越多地被翻译成各种文字从而为世界各国的读者所认知和喜爱，为中国与世界的文化沟通和交融发挥着重要作用。为进一步将文学推广与数字技术结合起来，建设一个面向世界的集作家、作品、版权、交易、翻译等为一体的权威的、综合的、立体的网络动态服务平台，将会有力推动中国作家、文学作品和中国文化走向世界。

8. 加强人才队伍建设，为"走出去"战略服务

对外文化拓展和推广是一项长远而艰巨的事业，"走出去"人才队伍建设作为基础性工作非常重要。中图公司采取"送出去，请进来"的方式，在编辑、出版、翻译、经营、投资等多个方向上，培养、培训、引进、造就"走出去"人才队伍。同时聘用外籍人士担任编辑或项目策划等，尽快将国际市场的元素引入中国出版业，逐步缩小与国际市场的差距。中图公司把"走出去"人才建设作为一项战略任务来对待，目标是通过坚持不懈的努力，逐步培养一批具有出版专业技术能力和市场眼光的海外出版发行人才，从而能够面向国际市场和对象国的需求来策划选题和营销

推广，为中国文化"走出去"这一长远而宏伟的事业储备能量、奠定基础。

三、"走出去"面临的问题与对策

1. 处理好"走出去"社会效益与企业经济效益的关系

与西方发达国家相比，我国文化产业发展尚有明显差距，包括出版物在内的文化类产品出口仍处在起步探索阶段，规模总量小、结构不合理、销售手段不足，中国文化对世界的影响力明显滞后于经济发展。海外对中国文化产品的需求程度及需求量还不能给我国文化出口企业带来足够的收益。如何平衡两个效益之间的关系是"走出去"工作的一个难题。希望国家在资金支持和项目扶持方面，制定相对稳定的政策，切实使"走出去"工作具有可持续性。

2. 把握好"走出去"产品的品质以赢得市场

"走出去"需要优秀的策划团队、翻译团队和发行团队。提高"走出去"产品的品质和传播效力，需要既是中国的同时又真正具有国际化视野的选题，需要创新力、表达力一流的国内外作者，需要既能忠实原著，又熟悉国际化表达方式的一流翻译家，需要良好的海外合作伙伴、顺畅的海外发行渠道作为支撑。这些，都需要有计划、有目标地积极培育，推进落实。

3. 要以较大的资金投入建设海外渠道

无论是英国的连锁书店，还是美国的主流发行渠道，对中国图书的进入都持非常谨慎的态度，除了对图书内容进行反复筛选之外，还要收取较高的进店费用。中图公司在 2012 年投入较大费用进入 WH Smith 连锁书店，进店的几十种图书均销售一空，但由于企业承受能力有限，无法实现持续铺货，业务只能暂停。鉴于这种情况，在"走出去"方面，应当集中力量办大事，抓住具有影响力的项目予以较大的、持续的投入。

4.要从战略上重视"走出去"培养人才

国内大的出版单位一般都有专职的版权人员，但大多只了解国内市场的需求，而不清楚海外市场的需求，对一些国际市场规则也不太熟悉。因此，必须加强"走出去"人才队伍建设，把人才培养、培训和使用作为文化"走出去"的战略任务。同时，重视现有的国际化人才的使用，如来华留学生、海外华人等，加强人才本土化建设。多管齐下，才能解决各个环节"走出去"人才不足的问题。

5.要优化资源配置，提高聚合与利用能力

无论是中国出版集团，还是中图公司，都有非常好的资源，但是内部配置和整合不够，造成资源浪费甚至内耗，不少优势没有得到充分发挥。出版与发行、国内与国外两个市场时有脱节。应当加强集团对"走出去"资源的统筹和调配能力，鼓励有关单位之间的合作与协作，以形成集团特有的资源优势，提高各种资源的聚合与利用能力。

6. 要加强"走出去"的系统性及产业链建设

近几年来,我们在"走出去"方面取得了一些成绩,但是"散、乱、小"的现象依然存在,究其原因主要是缺乏统一规划与协调,系统性较差,应时、应景的成分较多。要实现可持续地"走出去",就应当认真研究国外市场和一些单位好的做法,在选题策划、版权输出、翻译出版、营销推广、海外设点和兼并重组、本土化运营等方面,综合形成具有指导意义的规划和目标,有条不紊地分步推进相关工作。

无论是开发出版优秀的外向型图书、打造自我生存发展的海外出版机构、完善海外网点布局、建设良好的发行渠道,还是增加出口产品数量,或是培养优秀的"走出去"专业人才,除了企业利用自身优势、自身投入之外,都需要政府、社会和上级部门在资金、项目、人员、管理等多方面的支持。

中图公司将在出版集团的领导下,利用企业自身的全部资源和优势,开拓进取,为出版集团成为现代化、大型化、国际化的国际一流出版传媒集团而努力。

传统进口主业是中图公司生存与发展的基础★

  这是中图集团近年来第一次将所有的负责进口业务的骨干人员召集在一起，召开专题会议。因为，目前中图集团已经处在发展的转折点上，面临着如何确保传统主业和加快推进数字化建设两个重要任务。今天专题研究进口业务，明天专题研究加快推进数字化。两天的会议实际上是一个主题，就是要顺应发展趋势，结合发展现状，确保中图集团的可持续发展。

  下面，我讲几点意见。

  1. 坚持社会效益是公司生命线的经营宗旨，确保国家文化安全

  在国内外日趋复杂的形势下，我们要切实做好进口出版物内容审查，不断完善内容审查机制，贯彻互审制、三审制和八步审查法。目前，大报刊、外籍（在中国境内的外籍人士）、音像由总公司统一审查；总公司图书进口中心要建立内容审查书目信息

★ 2013 年 12 月 19 日，在中国图书进出口（集团）总公司进口业务工作会上的讲话。

数据库，汇总本中心和各分支机构的审查数据，实现中图集团内部信息共享。内容审查关系到公司的社会效益和进口政策，要常抓不懈，确保不出现任何问题。

2. 坚持挺拔主业不放松，提高核心竞争力

我们所说的传统主业，主要是传统进口。这是中图过去发展的核心、今天发展的支柱、未来发展的根本。

为什么要继续坚持挺拔主业呢？有两个重要原因：

一是传统进口主业，仍然是我们收入和利润的主要来源。从收入看，2012 年传统进口收入是 12.76 亿元，占全年总收入 27.81 亿元的 45%；2013 年截至 11 月份，传统进口收入已经达到 13 亿元，已经超过 2012 年全年收入，占到总收入的 37%。这是因为 2013 年大文化贸易发展较快，收入增长到了 15 亿元。利润方面，仅从总公司的各个部门来看，截至 11 月底，报刊、图书、外籍三个部门贡献的利润总额是 9529 万元。其中，报刊是 6871 万元，图书是 1534 万元，外籍是 1124 万元。而整个中图集团，包括总公司各部门和各分支机构，利润过千万的也只有这三个部门。

收入决定规模，利润决定效益。所以，不论从哪一方面来讲，传统进口仍然是我们企业生存的关键。只有确保传统进口的健康发展，巩固市场地位，中图集团才能谈得上发展。

二是数字化建设需要传统进口主业的支撑。我们明天要开数字化推进的专题会议，要加强统筹规划、加快推进实施数字化。

但是需要明确的是，中图集团的数字化建设是基于传统进口业务的转型，是在传统业务基础上的创新发展。我们的数字化建设主要从聚合、加工和服务等方面开展，不论是上游的合作谈判，还是下游的营销推广，都需要借助传统进口的人才优势、渠道优势和客户资源等。同时，当前的发展特点是传统进口与数字业务同步增长，只不过数字业务增长较快。但传统进口的体量大、盈利能力强，数字业务需要长期持续的投入，见效慢。所以，在加快数字化建设的过程中，在依靠传统进口主业资源优势的同时，更要巩固传统进口主业，为数字化业务提供资金支持、争取转型发展时间。

3. 加强行业和本区域发展研究，提出应对措施

传统进口主业面临的挑战主要是两个方面：一是数字产品形态变化使得纸本进口面临着下滑的风险；二是图书馆招投标和市场化竞争带来的成本提高、利润降低问题。

从各业务板块的发展来看，呈现出不同的特点。大报刊业务，纸本进口受汇率和数据库业务快速发展影响，略有下降，但基本平稳；图书业务，图书馆采购保持平稳发展，教材市场增长迅速，大众市场也有潜力，图书电子产品需求增大，经费比重有所增加；外籍业务，也受到了数字化的冲击，在持续下滑，订户类型发生变化，欧美和日本等外资企业的订单在下降，航空公司等仍有潜力可挖；音像业务，古典音乐市场平稳，流行音乐需求旺盛，乐器等相关产品有发展潜力。同时，图书、外籍、音像也都面临着

营销方式的变化，网络书店的营销增长迅速。

这是一个总体的判断。会后，总公司各部门和各分支机构要进一步加强本板块进口业务的行业发展研究和区域市场研究，尤其是要加强对竞争对手的研究，提出应对措施，共同面对市场竞争。

4. 加强资源整合，形成合力

在市场竞争日益激烈和数字化转型加快的背景下，我们要更加注重加强资源整合，形成合力，重点做好三个方面的工作。

一是加强资源整合。简单说就是做到四个统一：统一对外谈判、统一争取政策、统一销售定价、统一对外竞争。

统一对外谈判方面，大报刊、外籍、音像由总公司各部门统一开展对外谈判，力争最佳贸易条件；图书由总公司图书进口中心统一把握对外谈判基调，代表中图集团对独家代理产品开展对外谈判，争取最佳贸易条件，集团内部共享该贸易条件；分支机构定期向图书进口中心上报新开发的进口渠道和新达成的贸易条件，由图书进口中心统一在集团内部通报。

统一争取政策方面，总公司外籍部和音像部统一向主管部门申请扩大进口品种等政策，力求最大限度地拓展政策空间。

统一销售定价方面，建立市场导向的定价机制，避免集团内部价格竞争。

统一对外竞争方面，建立图书馆馆配招投标通报备案机制。在参与投标前，总公司有关部门与分支机构协调配合确定投标方案，避免竞标时因未经协商、互相杀价的现象，共同应对外部竞争对手。同时，总公司与各分支机构要互相保护彼此现有客户，将精力集中在争夺竞争对手的客户上。

二是加强服务创新和市场创新。服务创新方面，要创新服务方式和方法，发挥总公司与分支机构两个优势，提高服务质量，维护企业品牌。市场创新方面，大家在报告和讨论中虽然都谈到发展艰难，也看到了发展机遇。我们要在巩固现有客户的基础上，将更多精力放在团体客户中的新客户、电商、网店营销、自贸区等新兴市场开发上，力争挖掘市场潜力，拓宽营销渠道。同时，我们还要强调，要切实确保传统市场不丢失。如果相关区域市场出现大幅波动或长期开拓不力，总公司相关部门要牵头调研，与分支机构一起研究解决扩大市场、应对竞争的办法。

三是加强资源共享。实现总公司各部门与分支机构在保税库、目录信息、马克数据加工、平台数据信息、现货、巡展和会展等资源的共享。总公司各部门和各分支机构要充分利用出版物专用保税库的独家资源优势和即将开展的按需印刷，积极改进进口业务流程。图书进口中心牵头建立中图集团进口图书现货信息数据库，实现总公司与分支机构互通有无。总公司各部门和各分支机构要充分利用巡展、会展平台，加强宣传，扩大营销。

5. 加强纵向管理，创新考核方式

中图的集团化建设起源，就是为了要做强做大进口业务。为此，总公司与分支机构有业务分工、区域分工、流程分工，各自的职责相对明确。但随着内外部形势的不断变化，集团化管理没有跟上发展要求。主要表现在两个方面：一是总公司各业务中心的管理功能没有充分发挥；二是同质化内部竞争不时出现。要形成合力，必须要解决这两个问题。

在集团化管理方面，我们将重点做两方面工作：

一是明确纵向管理职能。即明确总公司报刊进口中心、图书进口中心、外籍人员服务部、音像部对本类业务具有集团内部纵向管理职能，负责集团内部本板块业务的市场研究、招投标设计、市场拓展、对外谈判和定价等。各部门要认真研究，切实从有利于开拓市场、提高竞争力的角度，制定相应的管理办法，建立规范的工作机制，充分发挥总公司和分支机构两个积极性和两个资源优势。

二是实行纵向考核。目前，总公司对各部门和分支机构的考核是单纯财务指标的考核，既没有传统进口、数字业务、出口等大板块的分类考核，更没有进口业务各板块的细分考核。这既不利于总公司掌握真实业务情况，更是发展决策的盲点。2014 年开始，我们要开展业务板块的纵向考核。总公司将制定进口、出口等大板块的考核体系，以及报刊进口、图书进口、外籍进口、音像进口的考核体系。比如对图书进口中心、外籍部和音像部的考核，不仅要考核本部门的经营指标，还要考核全集团本板块的业务经营指标。这需要总公司各部门切实加强管理，分支机构也要做出相应调整，明确各业务板块的经营数据划分，定期上报经营数据。

　　坚持挺拔传统进口主业，既是我们的现实选择，也是未来长远发展的战略选择，关系到公司的生存，是数字化转型的基础。大家要高度重视，加强内部协同发展，深挖市场潜力，不断做强做大。

中国学术出版物的国际营销*

中国图书进出口（集团）总公司是我国出版业最大的进出口企业，其中学术出版物的进出口比重也最大。在此，我结合中图公司的情况，谈谈中国学术出版物的国际营销。

一、国际学术出版物在中国的营销

相比中国学术出版物的国际推广，国际学术出版物在中国的营销起步早，市场化、国际化、数字化水平也高。因此，分析国际学术出版物在中国的营销，可以为中国学术出版物在国际上的营销和"走出去"提供借鉴。

首先，进口出版产品中，多数是学术出版物。

2012 年，全国出版物进出口企业累计进口纸质书、报、刊 30121.65 万美元（3138.07 万册〔份〕），进口电子和数字出版物

★　2014 年 1 月 7 日，在 2014 中国学术出版年会暨社会科学文献出版社经销商大会上的演讲。

16539.85 万美元，共计 46661.5 万美元。数字出版物的进口占到总进口的 35.34%。这些进口产品，主要是大专院校、科研院所的专业图书馆和公共图书馆采购的。其中，纸本书、刊多数是学术类的；期刊数据库和电子书则几乎全是学术类的。

其次，经过 30 多年的发展，国际出版商在中国的营销已基本实现本土化。

20 世纪 70 年代末开始，培生、爱思唯尔等国际大型出版商，就通过中国的出版物进出口企业，进入中国出版市场。

20 世纪 90 年代以来，培生、爱思唯尔、汤姆森·路透、威科、威利、施普林格等全球出版 50 强中，已有 2/3 在中国设立了各种形式的"代表处"或相关机构。国际出版商进军中国市场的途径有三个：一是发掘中国作者，比如施普林格在中国成立作者学院，爱思唯尔也通过在中国开展语言润色服务，发掘了大量的中国作者。二是开展项目合作，包括出版项目、教育服务项目，比如培生与商务印书馆、外研社合作，出版《朗文英语辞典》《新概念英语》《当代大学英语》，比如收购戴尔国际英语、华尔街英语、环球雅思等英语培训机构。其中，学术出版的合作也是重要内容，西方各类经典和新近的学术译丛不断涌现。三是开展平台和渠道合作，比如爱思唯尔、施普林格、威利、英格拉姆等，已与中图公司这样的进出口企业和京东商城这样的电商合作，在中国建立了数字平台和产品营销队伍。

当前，国际出版商在中国的营销，主要是推广数据库、电子书等数字产品，并与国内出版社开展学术出版物的合作出版。其中，数字产品的营销是他们的重点业务。这是因为，国际大型出版商尤其是学术出版商，已经基本上完成了数字化转型，建立起了各具特色的期刊、电子书数据库和数字营销平台。比如，早在1996年施普林格就推出首个期刊全文数据库——Springer Linker，2000年爱思唯尔也推出 Science Direct 在线数据库等。2012年全球出版50强中，数字业务收入已占到总收入的41%。

从以上分析可以看出，国际学术出版物在中国的营销有两个鲜明特点：一是数字产品营销已经成为国际学术出版物进入中国市场的主要方式。二是无论是传统产品还是数字产品，无论是直接进口还是合作出版，其在中国的营销都是通过与中国本土进出口企业和出版社的合作，以实现渠道嫁接、队伍建设和本土化营销的。

二、中国学术出版物国际营销的现状

根据中图公司多年的经营经验和市场研究，中国出版"走出去"的市场主要有两大类：一是国外政府机构、大学图书馆和公共图书馆；二是海外华人群体、孔子学院、汉学研究者等。其中，尤以大学图书馆和公共图书馆等科研机构所占比重最大，采购的也主要是学术出版物。

在学术出版"走出去"方面，尤以实物出口和数字产品出口规模较大，合作出版也在加快发展。

实物出口方面，2012 年全国出口书、报、刊 7317.02 万美元（2061.77 万册〔份〕）；出口数字产品达到 2157.96 万美元；总出口 9474.08 万美元，其中数字产品占到 22.78%。这些出口产品中，学术出版物占有越来越大的比重。

合作出版方面，国内各出版机构都在加快对外合作。比如社会科学文献出版社近年来已与欧美、东南亚、日韩等国家和地区的 50 家学术文化和出版机构建立了长期稳定的合作关系，这其中有著名的剑桥大学出版社和荷兰的 BRILL 出版公司。上海交通大学也已与爱思唯尔、施普林格、圣智、剑桥大学、麦克米伦、德古意特等国际学术出版商建立了全面的战略合作伙伴关系，共同策划了近 100 种原创高水平英文版学术著作，如《钱学森文集》，以及"大飞机出版工程""光物理研究前沿系列""东京审判""江泽民学术著作系列"等。这些，都是中国学术出版物通过合作出版实现国际营销的最新案例。

三、中图公司在推进中国学术出版物国际营销中的作用

中图公司是以渠道服务、国际营销为主业的进出口企业。

近年来，我们借鉴国际学术出版物在中国的营销模式，在与国外出版商和渠道商合作以开展数字化营销、借助会展服务以搭建国际学术与版权交流平台、扩大学术出版物出口和开展本土化

外向型出版等 4 个方面（两个平台两个通道），有所突破。在推进中国学术出版物进入国际市场方面，我们可以提供两个平台两个通道。

1. 易阅通数字化营销平台

在 2013 年的北京国际图书博览会上，我们推出了中图国际数字资源交易与服务平台——易阅通（CNPeReading），以"一个平台、海量资源、全球服务"为定位，集聚合、加工、交易、服务于一体，具有数字资源进口和出口双重功能。

考虑到国际出版商的数字资源相对丰富营销模式相对成熟，易阅通平台的建设采取了先国际合作再国内合作的思路。我们一是与国际数字技术商（英国出版科技集团〔PT〕）合作，完成技术平台的设计开发；二是与国际上数十家主要的出版商（威利、威科、牛津大学出版社等）签订协议，聚合了各类数字资源（数据库和电子书）150 万种；三是借助自有渠道并通过与国内外数字分销商（超阅〔OverDrive〕、道森图书〔Dawson Books〕、英捷特〔Ingenta Connect〕、京东等）合作，打通了销往海内外 4 万多家图书馆和海外 100 多万个人用户的营销渠道；四是对已聚合的国际数字资源进行本土化加工，实现交易。目前，国内已有中科院、社科院、吉林大学、云南大学等 20 多家单位开通试用易阅通平台并进行交易。相应地，用于高端个人客户的"易阅客"等专项服务平台也已推出。与易阅通配套的按需印刷公司，也已完成论证、即将开业。

有了这个中国最大的国际化的数字营销中盘,我们再回过头来聚合国内数字资源、开展中国出版的国际营销,就有了牢固的平台、资源、渠道基础。目前,我们已与中华书局、人民文学出版社、法律出版社等国内 20 多家品牌出版社以及江西、贵州、陕西、宁夏等出版集团达成合作协议,聚合了 5 万种电子书、数字期刊等数字资源,重点是集聚中国的学术类数字出版物,打造中国古籍、法律、社会学、科技、文学等专业数据库,将其营销到国际市场,营销到前面所说的海内外 4 万多家图书馆和海外 100 多万个人用户。

易阅通平台按照国际数据加工标准、国际定价原则和国际交易方式,通过资源聚合和国际渠道合作,有针对性地解决了当前中国数字出版存在的格式不统一、定价较低和出口渠道狭窄的问题,从而显著提高了中国数字出版物的国际传播水平,实现了以实物出口为主向数字资源出口为主、以华人文化圈销售为主向国际主流社会销售为主的突破。

2. 国际会展服务平台

中图公司创办并承办的北京国际图书博览会,主要功能是版权贸易、专业交流,已经成为国际四大书展之一。展场规模和参展商数量位居世界第二,仅次于法兰克福书展;达成的版权贸易数量位居世界第三,仅次于法兰克福书展和伦敦书展,已经成为在家门口开展国际营销、实现"走出去"的重要平台。同时,中图公司还承办每年一届的海外书展中国主宾国活动,以及近 20

个国家和地区的中国代表团组团参展服务。

近年来，我们通过不断创新办展形式、丰富办展内容、巩固和打造系列品牌论坛等措施，使得这些会展平台在促进中外出版交流和交易方面，发挥着越来越重要的作用。比如 2013 年的北京国际图书博览会，我们着力于版权贸易和数字出版交流，巩固和打造了一系列品牌论坛，包括：北京国际出版论坛、北京国际版权贸易高级研修班、中欧数字出版论坛、中英国际出版论坛、中国图书馆馆长与国际出版集团高层对话论坛，以及中国与阿盟、美国、德国、阿根廷、新加坡等国家和地区的 6 场 10+10 国际出版人论坛等。同时，为了更好地促进国内外参展出版商的版权洽谈，我们将版权贸易洽谈区改为独立的活动区域，面积扩大了一倍（达到 $400m^2$）。2005 年以来，为了表彰在介绍中国、翻译和出版中国图书、促进中外文化交流等方面作出重大贡献的外国翻译家、作家和出版家，当时的新闻出版总署设立了中华图书特殊贡献奖，已经举办了 7 届，其中有很多获奖者都是汉学家或从事学术出版的出版家。

今后，我们将根据中外学术出版交流的特点，不断创新会展形式，为中国学术出版的国际推广搭建更有针对性的平台。

3. 学术出版实物出口通道

实物出口方面，中图公司年出口量约占全国的 35%。其中在海外大学图书馆和公共图书馆，我们占有很大比重。目前，我们已经与美国国会图书馆、大英图书馆等公共图书馆，以及欧美很多大学中的"东亚图书馆"建立了良好的合作关系。针对国外公共和专业图书馆的采购特点，我们建立了完善的书目信息库，能在第一时间将国内最新的学术出版物出口到国外的专业机构。

4. 本土化外向型出版通道

在海外出版方面，中图公司近年来发展较快，通过独资和合资的 9 家海外出版社，以及与国际出版商的合作，实行以进代出，每年输出版权和合作出版的图书都超过 200 种。

近年，我们更加注重学术出版在海外的推广营销。比如近期，我们与上海交通大学出版社和中央编译出版社合作，历时三年翻译审校完成了江泽民同志《论中国信息技术产业发展》和《中国能源问题研究》的泰文版，即将在泰国曼谷举行首发仪式。

借此机会，我们希望，中图公司能在数字化、会展、实物出口和海外合作出版等方面，与国内学术出版机构开展深度合作，为中国学术出版物的国际营销提供渠道、开拓市场，为提高我国学术出版物的国际影响力作出贡献！

挺拔主业　转型创新　深化改革　提升效益★

一、2013 年主要工作成效

2013 年，中图图书进出口（集团）总公司全体员工，认真落实"三六构想"和"56119"改革发展思路，团结奋进、敢于创新、勇于拼搏，圆满实现了六大战略"突破年"的发展目标，超额完成了中国出版集团公司下达的各项任务，营业收入和利润再一次实现双超 10% 和跨台阶增长。全年共实现营业收入 39.21 亿元，完成全年预算任务 30.56 亿元的 128.28%，较 2012 年的 27.80 亿元同比增长 41%；实现利润总额 8472 万元，完成全年预算任务 8098 亿元的 104.62%，较 2012 年的 7362 万元同比增长 15%；资产总额达到 31.59 亿元，同比增长 6.07%；所有者权益达到 11.59 亿元，同比增长 4.65%。中图集团对国家的贡献：上缴国家税收 5828 万元。中图集团对中国出版集团的贡献率：2012 年，中图

★　2014 年 2 月 12 日，在中图图书进出口（集团）总公司 2014 年度工作会议上的报告。

营业收入占出版集团 68.8 亿元的 40.4%，利润占出版集团 5.58 亿元的 13.2%；2013 年，中图营业收入占出版集团 80.82 亿元（剔除商务馆 9 亿元后）的 48.5%，利润占出版集团 8.03 亿元（剔除商务馆 3.9 亿元后）的 10.5%，上缴出版集团 2012 年资产收益 776 万元。因业绩突出，中图集团获得了中国出版界的最高奖项——第三届中国出版政府奖先进单位奖。

一年来，我们所取得的工作成效主要包括以下四个方面。

（一）坚持把社会效益放在首位，保障国家文化安全，保证公司改革发展有良好环境

总公司和各分支机构牢记"社会效益是公司生命线"的宗旨，实现了进口内容审查、承办会展和组团参展的安全零事故。一是建设完成中图数字内容审查平台，实现了内容审查方式的升级。二是进一步加强纸本和数字出版物内容审查，全年共扣发代销报刊 24.48 万份，承担直接经济损失 856.95 万元。三是严格执行"八步审查法"并加强安全保卫工作，确保了北京国际图书博览会、伊斯坦布尔国际书展中国主宾国活动等十几个重要国际会展的文化安全、人身安全和活动安全。因贡献突出，总公司会展中心荣获团中央、国家安全监管总局颁发的"全国青年安全生产示范岗"称号。文化上的安全，为中图的改革发展营造了良好环境。

（二）坚持挺拔主业，加快创新发展，实现六大战略的突破性发展

1. 出版物进口实现规模突破

坚持挺拔主业不放松，通过加大营销增收奖励，加强投标竞标等措施，深挖市场潜力，开发进口增量，有效应对数字出版和行业竞争加剧的冲击，全年共实现出版物进口收入 17.19 亿元，同比增长 12%，基本实现了年初制定的增长 2 亿元的目标。总公司报刊进口中心、图书进口中心和上海公司、广州公司，均实现了进口业务的高速增长。

进口的突破点主要有 5 个：一是总公司报刊进口中心收入突破 9 亿元，达到 9.38 亿元，同比增长 10%。二是图书进口突破 5 亿元，达到 5.28 亿元，同比增长 22.8%；其中总公司图书进口中心达到 3.04 亿元，同比增长 15.18%，图书馆配和教材增长同比均超 30%。三是通关保税实现监管政策突破，成为全国唯一的数字化"关企合作"企业，实现了全品种通关，完善了保税库"整进整出""整进零出"功能，节约了到货时间，为进一步发挥独家政策优势奠定基础。四是外籍业务实现营销渠道拓展，开始由宾馆酒店拓展到航线，有效开拓了国航等 5 大航空公司 30 个机场贵宾室和 200 多条航线。五是音像业务呈恢复性增长，乐器、耳机等相关产品得到开发拓展。

表1　出版物进口收入表（按部门、单位）

总公司中心、部门；子公司	金额（万元）	同比增长
报刊电子出版物进口中心	93,755	10%
图书进口中心	30,408	15%
外籍人员服务部	8,528	−16%
音像部	3,653	−4%
版图公司	420	−13%
中图上海公司	27,741	51%
中图广州公司	5,057	42%
中图西安公司	5,604	1%
中图深圳公司	4,612	−10%
中图大连公司	1	
进口总额	179,779	12%

2. 出版物出口实现渠道突破

坚持以拓展渠道带动出口规模增长，全年实现各类产品出口收入 2.9 亿元，同比增长 45%，其中出版物出口收入 8062 万元，同比增长 32%。深圳、广州、上海、西安公司和总公司出口中心，均实现了出口业务的超高速增长。

出口的突破点主要有 3 个：一是通过参加国际图书馆年会、加强沟通和提供增值服务，密切了与国外机构客户的关系，拓展了图书馆等团体客户；二是通过加强与国内对外汉语教材专业出版社的合作，实现汉语教材出口同比增长 20%，覆盖 30 多个国家，拓展了出口品种；三是通过海外图书巡回展和参加新加坡华文书市、中国香港书展等国内外书展，有效拓展了加拿大、印度、俄罗斯、韩国、日本、中国香港等国家和地区的市场。

表 2　出版物出口收入表

总公司中心；子公司	金额（万元）	同比增长
出版物出口中心	5,017	21%
中图上海公司	1,174	43%
中图广州公司	878	58%
中图西安公司	459	36%
中图深圳公司	535	98%
出口总额	8,062	32%

3. 数字化转型实现运营模式突破

实施"全球数字资源聚合与服务工程"，制定《中图集团数字化转型发展规划（2014—2018）》，全面加速数字化转型，实现数字产品销售收入 4.09 亿元，较 2012 年的 3.35 亿元同比增长了 22%，占中图出版物进口的 23.79%，约占全国数字产品进口的 30%。

数字化转型的突破点主要有 4 个：一是在数据存储上，完成北京数据存储中心（一期）建设，为数字化转型奠定了物理运行基础。二是在资源聚合上，为开展信息服务奠定了庞大的资源基础。国外，与爱思唯尔、威利、道森图书等数十家出版商和渠道商达成合作，聚合了 160 万种电子书、7800 种数字期刊、500 多万篇专业文章，并采集免费电子资源 100 万种；国内，与中华书局、法律出版社、作家出版集团等 23 家出版机构达成合作，聚合了 6 万多种电子书、4 个大型数据库、1 万小时有声书，并实现文档本地化 4.1 万种。三是打造了数字资源交易与服务平台——易阅通（CNPeReading）、数字阅读高端服务平台——易阅客（Reaker），并于 2013 年 8 月底正式启动运营，为开展数字化服务提供了商业平台。四是实现从代理进口的商业模式向自主经营、提供进出口双向服务的新的商业模式转变。在上游，与出版社构建起了销售分成的共赢商业模式，并通过平台对接、资源互换、渠道共享，打通了销往海外 4 万多家图书馆和几百万个人用户的营销渠道；在下游，开始对团体机构进行商业服务，目前已有中科院、社科院、云南大学、吉林大学等 20 家单位开通运营"易阅通"平台，给予广泛好评。此外，版图公司《现代阅读》杂志的"读家网"和上海公司的"桥东网——数字出版公共服务平台"也已上线运营。

4. 会展服务实现品牌价值突破

以完善会展服务体系为目标，实现了办展为进出口主业服务向办展本身是主业之一的转变。

会展服务的突破点主要有 4 个：一是在新展开拓上，发挥会展中心优势、用好会展品牌价值，成功开拓承办首届中国（武汉）期刊交易博览会，并在海外馆组展和重要论坛举办方面得到新闻出版广电总局和湖北省政府等主办单位高度评价，取得良好的双效益，成为中图集团继图博会之后又一国际会展品牌，并通过机制创新与湖北新闻出版局成立合资公司，实现当年盈利。二是在办展规模上，北京国际图书博览会品牌功能进一步提升和完善，参展规模、成交规模又创新高，参展国家和地区达到 76 个，海外展商增加 8%，版权贸易达到 3667 项、同比增长 11.2%，其中输出版权达到 2091 项、同比增长 12%。三是在品牌国际影响上，在圆满承办 7 个中国主宾国活动基础上，出色完成第三十二届伊斯坦布尔书展中国主宾国活动的总体设计、61 项活动策划和 212 名参展人员的组织、承办、服务工作，中国主宾国活动品牌国际影响力得到提升；并成功组团参加巴黎图书沙龙、伦敦书展等 11 个海外书展。四是在会展领域拓展上，成功组团参展、主办和承办国际动漫博览会、第十四届台北祖国大陆书展、香港书展、全国书博会、上海国际音响视听展、南国书香节国际馆等国内书展。进一步形成了涵盖展会策划、国内外招展、活动组织、团队接待、展品运输、内容审查等较为健全的会展服务体系，形成了以出版物为主、动漫和音响为辅的会展服务内容，形成了总公司与分支机构、国内与国外相结合的办展机制，名副其实地成为中国出版业最大的会展服务机构。

5. 国际拓展实现布局和规模突破

实施"中国出版国际营销工程"，加快版权贸易和大文化贸易发展步伐，2013 年共实现版权输出 210 多项，实现收入 14 万元；大文化贸易收入达到 19.09 亿元，同比增长 96%，版图公司增长巨大，上海、广州等子公司也有很大贡献。

国际拓展的突破点主要有 2 个：一是全球布局有新的进展，与印度 UBS 和阿联酋海湾新闻集团达成进出口合作意向，国际布局在"一南一中"（南亚、中东）有所突破；香港现代大众图书有限公司 2013 年实现利润分红 61 万元；中国出版东贩有限公司首次实现盈利。二是中国作家海外翻译版权代理取得进展，已与迟子建等 30 多位当代重要作家签署代理协议；与上海交通大学出版社、中央编译出版社合作出版的江泽民同志《论中国信息技术产业发展》和《中国能源问题研究》的泰文版，于 2013 年 9 月正式出版，引起关注；与新疆美术摄影出版社、土耳其出版社合作出版的《天上人间》《图说新疆古今》等，在伊斯坦布尔国际书展主宾国活动期间正式发布，引起中土双方关注。

表 3 大文化贸易收入表

总公司中心、部门；子公司	金额（万元）	同比增长
总公司	3,630	2317%
版图公司	167,671	101%
中图上海公司	12,349	53%
中图广州公司	6,394	14%
中图西安公司	66	
中图深圳公司	734	
中图大连公司	24	−91%
收入总额	190,868	96%

注：西安、深圳两公司 2013 年开始经营大文化贸易。

表 4 进出口收入表

总公司、子公司	金额（万元）	同比增长
进 口	255,234	25.49%
出版物进口	171,926	12%
大文化贸易进口	83,308	67%
出 口	28,983	45%
出版物出口	8,062	32%
大文化贸易出口	20,921	55%
收入总额	284,217	27.24%

6.资产经营实现多元发展突破

通过加强战略投资、资本运作、房产物业经营以及稳步推进产业园建设，有效提升了资产运营效益和资本运作水平，全年新完成投资840万元，实现资产和资本性收入7006万元、利润2567万元。

资产经营的突破点主要有3个：一是加强战略投资，以在中南地区布局设点为目标，2013年6月与湖北省新闻出版局下属公司合资成立"湖北中图长江文化会展有限公司"，中图出资200万元，占股67%。中图长江会展公司通过服务首届中国（武汉）期刊交易博览会，当年实现营业收入818万元、利润192万元，做到当年投资当年收益。与此同时，以完善数字服务和进口产业链为目标，与北京建宏印刷有限公司合资成立"中图数字印刷（北京）有限公司"，中图出资640万元，占股80%，目前正在注册。二是提高资本运作水平，深圳市兴中图投资有限公司在大盘不稳的背景下，坚持稳健投资策略，实现扭亏为盈，收益309万元；总公司实现理财收益2066万元；总公司还积极配合了国泰君安证券和申银万国证券的上市工作。三是房产物业经营实现较快增长，2013年出租7万平方米，收入6188万元，同比增长19.68%。上海蓝桥文化创意产业园成功引进中华书局上海有限公司，园区配套设施和服务功能不断完善。北京通州国际出版交流基地和西安西郊文化产业基地因政策环境影响，推迟开发，但仍在积极推进。

表5　房产物业经营收入表

单　位	收入（万元）	同比增长
总公司	761	27.44%
版图公司	284	4.73%
中图上海公司	2,206	34.3%
中图广州公司	1,296	18.36%
中图深圳公司	200	9.85%
中图西安公司	725	2.52%
中图文化艺术有限公司	3	−93.33%
北京世图印刷厂	349	5.19%
上海竟成印务有限公司	299	43.06%
中图读者俱乐部有限公司	62	−33.19%
收入总额	6,185	19.68%

7. 集团化经营有新亮点

各分支机构坚持特色发展，经营上各有很多亮点，增长潜力进一步凸显。

中国出版对外贸易总公司注重加强风险管控，积极开发新项目，营业收入达到17.04亿元，同比增长99%，占大文化贸易收入的87.84%，为中图集团营业收入整体增长作出了突出贡献。

中图上海公司注重创新发展，注重传统进出口业务挖潜开发，实现出版物进口收入2.77亿元，同比增长51%，占中图集团进口总收入的16.14%，出版物出口收入达到1174万元，同比增长43%，占中图集团出口总收入的23.4%；蓝桥园区建设着力产业集聚和提升园区服务；房租收入达到 2206 万元，增长 34.3%，占中图集团房租总收入的 35.65%；大文化贸易 1.23 亿元，同比增长 53%。上海公司在多年经营的基础上，进一步巩固提升了中图集团在上海地区的市场影响力。

中图广州公司顺利完成负责人交接，加强干部人才队伍建设，圆满承办南国书香节国际馆，出版物进口收入达到 5057 万元，同比增长 42%；出版物出口收入达到 878 万元，同比增长 58%；大文化贸易达到 6394 万元，同比增长 14%；房租收入达到 1296 万元，同比增长 18.36%。

中图西安公司坚持"一体两翼"发展战略，注重西部地区市场开发，图书进口和教材进口取得大幅增长，出口业务持续增长。

中图深圳公司坚持精细化运营，小语种图书进口成为特色品牌，音像进口同比增长 158%，香港书展实现出口 220 万元，积极开展澳大利亚、古巴国际贸易出口，房产盘活存量、开发增量，实现了稳健发展。

中图大连公司顺利完成负责人交接，经营管理正在捋顺。

中图读者俱乐部完成中图外文书店装修，已经试营业。

香港中图发展有限公司和广汇企业有限公司顺利完成负责人交接，坚持服务进出口主业，为中图集团海外采购、香港公共图书馆中文图书标驻馆服务和英文期刊标服务作出了贡献。

中国图书美国有限公司发挥北美进口采购转运基地作用，加强业务操作系统开发，注重提高订单执行和转运能力，实现报刊订单 2.97 万份、图书音像订单 6238 份，转运货物 4300 万美元，并完成多项外事接待任务。

中图英国代表处注重提高订单执行能力，实现订单 6706 份，并努力做好英国图书馆客户和新华书店工作。

中图德国代表处完成负责人工作交接，加强了与总公司各业务部门沟通，捋顺了进口工作流程，完善了规章制度建设。

中图日本代表处和中国出版东贩有限公司，在合作出版、中文图书进入东贩营销渠道、加强中日出版交流等方面取得了新的进展。

（三）强化管理，为加快改革发展提供保障

1. 完成总公司组织机构调整，加强中图集团中高层管理团队建设

以加快实施"56119"改革发展思路为目标，适应行业发展需要，开展机构改革和业务重组，加强干部队伍建设。总公司管理架构整合为 5 个业务中心、5 个业务部门、5 个职能部门，以及业务中心下设的 14 个二级业务部；撤销了市场销售部，新设了数字发展中心、资产管理与审计部，完善了报刊、图书、出口等中心机构设置和资源配置。同时，以公开竞聘和组织考核相结合的方式，完成 41 个中层管理岗位、98 个助理级和科级管理岗位的聘任。

加强子公司、分公司、代表处领导班子建设，完成 31 位分

支机构班子成员的调整、聘任工作，调整了 5 个子公司、2 个代表处的主要负责人：因工作需要，调整了版图公司、中图广州公司、香港中图发展有限公司和广汇企业有限公司 4 个机构的主要负责人；因年龄等原因，调整了中图上海公司的两位主要负责人的岗位；因经营问题，调整了中图大连公司主要负责人；因任期等原因，更换了英代处和德代处的负责人。

通过运行总公司新的管理架构、加强集团中高层管理队伍建设，实现进口与出口、传统业务与数字业务、总公司与子公司的资源优化配置，进一步提升了管理水平，激发了经营活力，促进了业务发展。

2. 完善运行机制，规范经营管理

不断加强制度建设，完善总公司领导班子工作规程、绩效考核、外事出访、会议活动、招投标等管理制度；加强房产物业调研，清理已售房产，建立了中图集团房产物业经营管理信息库。不断激发经营活力，实行双 10% 增长特别奖励、营销增收专项奖励、数字化业务倍增奖励、出口奖励等一系列奖励办法。不断完善库存管理制度，重点加强长期库存的清库减库，2013 年总公司减库224 托盘，以"库销、账销、案存"为原则销毁了长达 20 年之久的"美乃美"库存。

3. 加强审计工作，有效防范经营风险

配合分支机构负责人调整，先后完成德代处、中图广州公司、版图公司、香港中图发展有限公司、中图大连公司、中图上海公司6位负责人的离任审计工作。重点加强对国内子公司班子的薪酬福利、房租、对外投资、职工薪酬等专项审计，先期完成了对大连、西安的专项审计工作。完成了对国证信息管理技术有限公司的清算审计工作。通过离任审计和专项审计，及时发现了子公司经营管理中存在的问题，提出了整改措施，为中图集团健康发展起到了保驾护航作用。

4. 加强重大项目申报，积极争取政策资金支持

2013年是中图集团政策和资金申请力度最大、成效最大的一年。一是"全球数字资源聚合与服务工程"继续被列入2013年中央文化企业国有资本经营预算支出项目，获得第二期财政资金支持1725万元，较前年增加近一倍。二是"中国出版国际营销工程"被列入财政部文化产业发展专项资金支持项目，获得财政支持资金2000万元。三是积极申请财政补贴，获得商务部全国重点出口企业和重点项目补贴106万元；多次向新闻出版广电总局争取内容审查损失补贴，2013年获得120.19万元，较2012年提高近10倍。四是积极争取财税政策落实，向北京市争取到前三年的出口退税金额600万元。两大项目的成功申请和多项补贴的提高、落实，为中图集团加快转型发展提供了政策和资金动力。

5. 着力实施职工成长计划，激发干部员工活力

2013年，中图集团有15人入选中国出版集团公司后备干部，占总入选人数的15%，在下属单位中比例最大；有23人入选中国出版集团"三个一百"人才，其中营销人才12人、数字化人

才 4 人、国际化人才 7 人。完善培训体系建设，先后组织营销人员、进口人员、新员工等 300 多人进行专业培训，并在总公司推行全员网络培训（E-learning），共有 493 名员工参加。加强评优活动，总公司加强优秀员工评选，并提高奖励金额。

6. 加强党建和企业文化建设，努力营造创新舒心的工作氛围

总公司和分支机构注重发挥党纪工团作用，开展各种内联外联活动，扩大了社会影响力。同时，开展多种文体活动，加强企业文化建设，为职工工作和生活营造舒心氛围。总公司设立了中图文化室，集中展示中图的发展历史和社会贡献，凝聚企业精神，弘扬企业文化；组织了"快乐生活　健康工作"健康月活动，开展广播体操培训、比赛和乒乓球比赛等。中图上海公司荣获第十六届上海市文明单位。中图广州公司承办南国书香节国际馆得到业界好评。中图西安公司借成立 20 周年之机组织了征文比赛等丰富多彩的文体活动。中图深圳公司荣获"广东省最佳诚信企业"荣誉称号。

（四）认真开展党的群众路线教育实践活动，着力强化整改落实

开展党的群众路线教育实践活动是全党政治生活中的一件大事，也是中图集团全体党员干部政治生活中的一件大事。

根据中央部署和中国出版集团公司要求，总公司成立了教育实践活动领导小组和办公室，于 2013 年 7 月 15 日召开了党的群众路线教育实践活动动员大会。2014 年 1 月 27 日，召开了活动

总结大会，圆满完成了活动的各项要求。

中图集团开展群众路线教育实践活动有两个突出特点：一是我们的员工基数大、业务板块多、分支机构多、管理层级多、决策链条长，相对于其他小单位，我们的党员干部尤其是总公司领导班子成员，更容易滋生脱离群众、脱离基层、脱离实际的情况；二是我们负有维护国家文化安全、彰显国家形象的使命，进口内容审查和重要会展承办具有特殊性、敏感性和复杂性等特点。开展群众路线教育实践活动，结合贯彻中央八项规定，不断改进工作作风，对我们中图集团而言，很有必要，也很切合工作实际。

活动的开展以为民务实清廉为主要内容，以领导班子和领导干部为重点，以贯彻落实中央八项规定为切入点，突出作风建设，着力反对形式主义、官僚主义、享乐主义和奢靡之风，着力解决职工群众反映强烈的突出问题。按照"照镜子、正衣冠、洗洗澡、治治病"的总要求，活动分三个环节顺利完成：第一个环节是学习教育、听取意见；第二个环节是查摆问题、开展批评；第三个环节是整改落实、建章立制。

在学习教育、听取意见环节，向全体党员发放征求意见表，设置意见箱；领导班子集体学习和自学了有关材料；班子成员深入联系点进行调研，听取意见；召开分支机构党委书记和党办主任、民主党派代表、离退休支部书记和支部委员代表等17次多种形式的座谈会，接触干部群众317人次。通过征求和听取意见，我们搜集归纳了36条意见和建议，梳理了25个突出问题，并通过召开职代会，收集各类提案 38 件。

在查摆问题、开展批评环节，总公司领导班子成员对征求到的意见，自觉对号入座，结合学习，一对一反复谈心，认真撰写并多次修改了公司领导班子对照检查材料和个人对照检查材料。11 月 11 日，公司召开领导班子民主生活会。会上，班子成员以集体谈心的方式，坦诚开展了批评和自我批评，尤其是从"四风"方面分析存在问题，形成了解决问题的共识。

同时，国内六家子公司在总公司领导小组指导下，也分别成立了领导小组，按照教育实践活动各环节要求进行了动员、测评、征求意见和民主生活会等工作，总公司领导班子成员根据联系点分工，分别参加了各分支机构的动员大会、民主测评和民主生活会。

在整改落实、建章立制环节，领导班子根据征求上来的意见，提出了有效的整改措施。按照集团督导组要求，完成了"两方案一计划"，即整改方案、专项整治方案和制度建设计划。

在活动开展过程中，我们始终坚持两手抓、两促进，坚持从解决群众最关心、最直接、最现实的问题出发，一边发现问题、检讨不足，一边整改落实、建章立制，既有效解决了问题，更通过解决问题促进了经营管理水平提升和业务的快速增长。

在落实"八项规定"方面，制定《关于加强外事出访管理和严格控制出差、会议、集体休假等费用的通知》，着力精简会议活动，严格外事出访，所有内部会议均在公司召开，节约了内部会议费支出。

在提高员工收入方面，以构建和谐企业为目标，制定实施《中图总公司员工收入增长计划》，总公司在为全体职工普调两格基本工资的基础上，加强老员工、新入职员工、专业人才、低收入重体力劳动员工的补贴，并着重强化绩效考核奖励；修订《中图总公司员工休假及补贴办法》，提高休假及相关补贴；提高了退休老干部共享补贴。相应地，国内各子公司的员工收入也有所提高。

群众路线教育实践活动虽然告一段落，但活动的认识成果、制度成果、实践成果需要不断巩固提高。今后，我们要坚持收尾不收场，继续结合公司实际，进一步抓好落实整改，并建立健全长效机制。

二、认清形势 坚守目标

（一）认清形势

党的十八大以来，尤其是十八届三中全会以后，中央实行了一系列全面深化改革的新举措。作为大型国有文化企业，中图集团要根据十八大以来所擘画的新前景，抓住新机遇、适应新要求，把中央的政策与企业的改革发展深入结合起来，积极深化内部机制改革，加快创新发展，加速战略转型。

1. 新前景——努力实现"中国梦"

党的十八大以来，习近平总书记提出了"中国梦"的伟大构想。他指出，"实现中华民族伟大复兴，就是中华民族近代以来最伟大的梦想。""中国梦"，就是要走中国道路，弘扬中国精神，凝聚中国力量，实现人民的梦想和中华民族的伟大复兴。这为我们党和国家的发展指出了新的前景。作为实现中国梦的重要组成部分，文化产业、出版产业大有可为，更要大有作为。作为国有文化产品进出口主渠道，我们要进一步巩固提升产业地位，为实现"中国梦"作出应有贡献。

2. 新机遇——全面深化改革

2013 年 11 月召开的十八届三中全会，通过了《中共中央关于全面深化改革若干重大问题的决定》。其中，关于经济体制改革，明确了市场在资源配置中的决定性作用，提出了推动国有企业完善现代企业制度的要求；关于文化体制改革，明确要求加快完善文化管理体制和文化生产经营机制，建立健全现代公共文化服务体系、现代文化市场体系，推动社会主义文化大发展大繁荣，提高文化开放水平。2013 年底和 2014 年初，中央又成立了全面深化改革领导小组和 6 个专项小组，深化改革已成为我国各层面改革发展的主题。全面深化改革为我们提供了新的改革发展机遇，在政府与市场关系的转变中，我们一方面要进一步加强现代企业制度建设；另一方面也要通过市场化水平的提高，寻求政府和政策改革的红利。

3. 新要求

2013 年 8 月 19 日，习近平总书记在全国宣传思想工作会议上发表十分重要的讲话，明确指出要充分认识意识形态工作的极端重要性，强调在全面开放的条件下，宣传思想工作的一项重要任务是引导人们更加全面客观地认识当代中国、看待外部世界。这为我们加强推动中国文化"走出去"和做好国外先进科技文化成果的引进、消化、吸收提出了新要求。尤其是，习近平总书记指出，宣传思想单位承担着十分重要的职责，必须守土有责、守土负责、守土尽责。这为我们顺应形势变化，确保国家文化安全提出了明确要求。

（二）坚守目标

适应形势发展，勇于创新实践，是中图集团实现可持续发展的根本。在60多年的发展历程中，我们经历了几个大的发展阶段：

在新中国成立初期到改革开放前的约30年间，以服务国家科技、国防、军事为主，形成了以科技类出版物为核心的进口业务，时至今日也是我们的核心业务。

在改革开放后到20世纪末的约20年间，我们的业务范围由进口拓展到出口和会展，完成了企业化转型，建立了集团化管理架构，成为我国出版业最早开展跨国、跨地区经营的企业。

在进入21世纪以来10多年间，我们在出版业市场化、国际化、数字化的大背景下，积极参与新的市场竞争，加大"走出去"力度，并将传统的进出口业务不断拓展到相关多元的大文化贸易领域。

2012 年 7 月，我们开始实施"56119"改革发展思路，提出了数字化、多样化、专业化、规模化、国际化的"五化"战略定位；实施了进口业务领先战略、出口业务争先战略、数字服务优先战略、会展服务占先战略、国际拓展率先战略、资产效益提升与支持战略等"五先一支"六大发展战略；明确了新的战略目标，即到 2015 年营业收入和资产总额双双达到 40 亿元，利润达到 2 亿元，员工人均收入达到 13 万元。我们的最终目标，是要顺应形势，创新发展，实现中图集团的再次转型，由以进出口产品提供为主，转型为以数字化为依托、以进出口主业为支撑的，涵盖综合文化贸易和相关文化产业的多元发展的，行业领先、跨国经营的全媒体综合信息服务商。

"56119"改革发展思路经过大家一年多的努力和实践，成效显著，说明战略思路是适应形势发展要求和切合实际的。我们要坚守目标，按照既定的战略部署，扎实推进。

具体来看，我们的营业收入到 2015 年达到 40 亿元的目标已经基本实现，资产达到 40 亿元目标还需要加快步伐，员工人均收入达到 13 万元的目标也能按期实现。据初步统计，中图集团 2013 年薪酬支出 11815 万元，员工平均收入达到 11 万元左右。总公司和部分子公司的人均收入已经达到或超过 13 万元。其中，版图公司最高，人均收入为 14 万元。但利润总额达到 2 亿元的目标，实事求是地讲，压力还很大。

总公司与子公司、总公司的各个业务板块之间，发展并不平衡，个别子公司经营不善、严重亏损；总公司的收入增长在一些业务方向、一些部门遇到瓶颈，增长速度减慢，还有个别部门业务开始下滑；各子公司的销售收入之和已占全中图集团的 62%，但利润只占全集团的 24.57%，盈利能力仍然普遍不高，需要深挖潜力、提高经营绩效。

同时，经营成本费用也在高速攀升，2013 年营业成本增加了 46%，达到 34.82 亿元；销售费用增加了 9%，达到 1.38 亿元；管理费用增加了 10%，达到 2.28 亿元。营业成本的不断加大，说明我们的业务盈利空间的缩小。

表 6　成本费用支出表

成本费用项目	金额（万元）	同比增长
营业成本	348,246	46%
销售费用	13,780	9%
管理费用	22,849	10%
财务费用	−1515	62%

六大发展战略的实施也需要持续深入推进。进口业务要继续强化内部资源整合、管理与共享，确保中图集团的市场地位，并为转型发展争取更长的时间。出口业务要继续加强渠道拓展，有效提升盈利能力。数字转型有了较好的基础，但要加强集团一盘棋推进，尽快取得经济效益。会展服务需要在进一步提高服务质量和能力的基础上，加快业内拓展和相关会展拓展。国际拓展取得了一些成果，但离真正的跨国经营、参与国际竞争还有相当距

离。资产效益有所提升，但整体资产收益和支持主业发展能力需要大幅提高。尤其是，我们的现代企业制度建设还有待完善，企业化、集团化管理水平需要进一步提升。我们要在坚守目标的基础上，进一步深化改革，向管理改革要效益、向转型创新要效益、向资产提升要效益。

三、2014 年主要工作

2012 年是中图集团的"规划布局年"，我们明确了改革发展思路、调整了管理结构、完善了经营机制、奠定了新的改革发展基础。

2013 年是中图集团的"创新突破年"，我们在进口、出口、数字化、国际化、会展业务和资产经营等主要业务方向，都有所推进、有所突破。

2014 年，将是我们中图集团的"深化改革年"。新的一年，我们要深入贯彻落实党的十八大精神，尤其是十八届三中全会关于全面深化改革的精神，继续做好群众路线教育实践活动的整改落实，以"三六构想"和"56119"改革发展思路为指导，以"挺拔主业 转型创新 深化改革 提升效益"为主题，以全面深化经营管理机制改革为主线，巩固六大发展战略突破发展成果，坚持挺拔主业不放松，坚持创新发展促转型，加强"三个坚守"，着力"五个推进"，确保可持续发展，有效提高中图集团整体效益水平，全面带动由产品提供商向综合信息服务商的转型。

2014 年，中图集团要按照中国出版集团公司的总体要求，继续坚持双 10% 增长，实现营业收入达到 43.51 亿元、利润总额达到 9320 万元。

（一）挺拔主业　守住优势

我们所说的主业，包括报刊进口、图书进口、外籍人员服务、音像进口、出版物出口、会展服务、大文化贸易、资产经营与资本运作八大业务。八大业务既是我们收入和利润的主要来源，也是中图之所以为中图的核心产业和品牌。在转型发展过程中，我们要始终坚持挺拔主业，加强"三个坚守"，不断提高主业的经济效益和社会效益水平。

1. 坚持导向，守住阵地

这是中图集团作为国有文化企业的首要责任，也是发展的前提。结合我们的业务开展，要在以下三个方面进一步加强导向建设。

一是加强进口出版物内容审查，确保国家文化安全。进一步完善内容审查领导机制、工作机制，加强审读队伍建设，完善传统进口出版物内容审查流程和数字资源内容审查平台建设，确保文化安全零事故。

二是加强会展活动组织的安全。强化国际性会展组织服务的安全管理，确保北京国际图书博览会等国内会展、中国主宾国活动及国外会展的组团参展工作，确保展场安全、展品安全、人员安全和活动安全。

三是加强国际化拓展，为推动中华文化走向世界、扩大国际影响力作出贡献。全方位、多渠道地拓展国际经营发展空间，切实发挥中图集团作为中国出版"走出去"主力军作用，不断提升中国文化产品的国际存在，提升中国文化企业的国际存在，提升中国声音、中国模式、中国道路的国际存在，提升中华文化的国际影响力。

2. 光大品牌，守住市场

传统主业是中图集团经过 60 多年发展积累的核心竞争力。其中，进口业务是我们主业中的主业。2013 年，总公司报刊、图书、外籍三大部门贡献的收入是 13.63 亿元，占中图集团总收入的 35%；贡献的利润是 11355 万元，也是总公司各部门和各子公司中仅有的利润过千万的三个部门。出口业务是我们贡献国家的主要社会效益指标。会展服务是朝阳产业，已经成为中图品牌的重要组成部分，收入和利润水平也在不断提高。因此，要以"光大品牌、守住市场"为目标，不断提高主业的品牌影响力并确保市场占有率。这是中图集团可持续发展的前提、创新发展的基础、转型发展的核心。

2014 年，进口主业要确保营业收入达到 19 亿元：其中总公司报刊进口中心收入要达到 10 亿元，图书进口中心收入要达到 3.5 亿元，外籍人员服务部收入要恢复 1 亿元水平。出口业务要继续保持 10% 以上的增长。数字业务要从以聚合资源为主向市场营销和聚合资源并重转变，集团收入要快速增长，达到 5 亿元。会展服务要在着力加强国际会展服务体系建设基础上，扩大品牌影响力，继续拓展业务领域。

需要强调的是，2013 年全集团进口收入总体呈增长态势，但也要清醒地认识到数字出版冲击进一步加剧，招投标带来利润进一步下滑，外资企业、外籍人员（尤其是日资企业）大量撤资致使集团外籍业务收入同比下滑 16.7%。我们要高度重视，认真总结经验教训，分析存在问题，确保主业稳步发展。

3. 集团协同，守住效益

效益是我们改革发展的最终目标。2013 年底，我们召开了中图集团进口业务及数字化推进工作会议，对进口业务和数字化转型，提出了加强资源整合和集团化管理、加强整体推进和形成合力的要求。2014 年还将召开国际化工作会议，对发挥总公司和分支机构优势，加快国际化拓展作出部署。

中图过去的发展得益于集团化的布局。在数字化、国际化、市场化的新形势下，集团化管理需要顺势更新，要重点加强分工协作、完善纵向管理和考核机制，保证集团利益最大化。

总公司报刊电子出版物进口中心、图书进口中心、外籍人员服务部、音像部，要分别制定实施各进口业务板块纵向管理办法，统一对外谈判、统一争取政策、统一销售定价、统一对外竞争，着力提高各业务板块在市场研究、招投标设计、市场拓展以及内部资源集约、共享与服务的水平。总公司出版物出口中心和国际会展中心也要加强板块业务的纵向管理，实现内部资源共享和外部协同拓展。总公司计划财务部和人力资源部要根据纵向管理要求，制定各业务板块的纵向考核办法和 2014 年的考核指标。

在加强集团协同的同时，总公司各部门和各子公司要重点做好以下工作。

总公司报刊电子出版物进口中心要加强报刊进口市场研究，巩固提高纸本市场份额，扩大数据库市场份额，加快文献业务发展。图书进口中心要巩固提升馆配业务，教材业务要在达到 1 亿元的基础上继续突破发展，并重点做好儿童图书和大众市场渠道开拓。外籍人员服务部要在加强机场、航线、酒店渠道开发基础上，重点做好银行、商会、高铁等新市场开拓，确保业务止跌回升。音像部要继续做好现有古典音乐市场开发，加强现代音乐、音像相关产品、音像视频、教育视频及相关产品的开发和渠道开发。通关配送部要着力加强物流配送体系建设，做好综合保税仓建设，实现全集团共享，大幅提高保税库进口规模，实现保税进口超过 2000 万美元。出版物出口中心要继续扩大实物出口渠道，巩固海外图书馆和发行渠道，完善出口平台，提高实物出口市场占有率。会展中心要在承办好第二十一届北京国际图书博览会和 2014 年塞尔维亚贝尔格莱德国际书展中国主宾国活动的基础上，着力做好巴黎图书沙龙上海主宾城市、全国书博会、北京图书订货会、中国（武汉）期刊交易博览会等新承办会展项目的组织工作，以及 2015 年美国书展中国主宾国活动的筹备工作。

版图公司要保持营业收入持续增长，加强风险防范，提高效益水平。

中图上海公司要着力做好上海地区图书、外籍和音像产品的开发，扩大营销渠道，继续提升上海国际音响影音视听展的品牌影响力。中图广州公司要着力加强队伍建设，有效提高所辖地区进口业务的市场份额，提高南国书香节国际馆的办展水平和地区影响。中图西安公司要继续加强地区招投标，加大教材、少儿读物的市场开发，做好数据库进口市场，并探索开展国际会展服务。中图深圳公司要继续发挥深圳的区位优势、物流优势，加强小语种图书、音像制品进口的开发，借助香港书展和东盟博览会等提高会展服务能力，扩大实物出口。中图大连公司要切实恢复和提高东北地区的市场占有率，提升业务规模。中图长江会展公司要重点做好中国（武汉）期刊交易博览会的服务，继续提高行业影响力，并加快中南地区出版物进口和出版人才服务市场的开发。

（二）奋力创新 转型发展

1. 从资源聚合与加工向数字产品提供与服务推进，进而向塑造未来核心竞争力推进

中图集团数字化建设的总体目标是要实现由产品提供商向综合信息服务商的转型。2014 年，总公司各部门和各分支机构要按照 2013 年底召开的数字化推进工作会议的总体部署，按照统一规划、分步实施的要求，以完善聚合、加工、信息投送、按需印刷、保税进口为一体的数字服务体系为目标，实现数字资源总体销售

达到 5 亿元，在继续做好资源聚合与加工的基础上，着力推进以下三个方面的建设。

一是加大"易阅通""易阅客"平台的集团化营销推广力度，扩大数据库市场份额，加强打造专业化的特色产品线，提高数字产品提供和服务的个性化、专业化水平，提高数字资源的收益水平。2014 年，"易阅通"资源聚合目标要达到 200 万种电子书、1 万种数字期刊数据库、700 万篇文章，实现较大的营业收入；"易阅客"要聚合国内外数字报刊 50 种；开发数字音频资源交易与服务平台。

二是加快中图数字印刷（北京）有限公司的技术改造、设备升级和国际合作，通过技术创新、工艺创新和流程优化，进而实现国内外出版物单本按需印刷；发挥保税库综合保税仓功能，配合按需印刷，改进进口流程，节约运营成本，提高服务质量，实现按需印刷收入达到 4000 万元，成为中图集团数字化转型的核心竞争力之一。

三是打造中国出版专业数字资源库，实现国内数字资源聚合达到 10 万种，加快数字资源国际营销渠道合作和市场开发，切实实现数字资源"走出去"的突破。

2. 从布局与设点向重点突破与提高管理推进，进而向实现跨国经营推进

国际化建设既是我们贡献国家的社会效益指标，也是我们企业发展的内在需求。经过 30 多年的发展，我们在海外建立起了进口、出口、海外出版和发行等各类分支机构，但这些分支机构

多是传统进出口主业的附属、配套机构，没有发挥出海外桥头堡的地缘优势和资源优势。2014 年的国际化拓展要着重加强海外出版发行体系建设，在继续实施"三南一中"布局的基础上，着力推进以下三个方面的建设。

一是尝试在澳大利亚投资成立实体公司，实现重点突破。与澳大利亚多元文化出版社合资购买房产，着力通过提供教育旅游服务，带动出版和文化"走出去"。

二是加强现有海外出版发行机构的管理，捋顺产权关系，制定管理办法，加强海外市场开拓。中国出版东贩有限公司要进一步借助东贩资源优势，加大中日合作出版和会展组团力度，加强中图与东贩在日营销渠道合作，加快中文出版物在日本亚马逊的上线营销。海外拓展部要在完成其他海外出版公司在商务部的申请手续基础上，完善投资关系，加大与国内开展版权输出和合作出版力度，打造本土化特色品牌。加强与现有海外发行公司和书店的合作，确保实物出口数量增长。

三是加快海外分公司、代表处的功能转型，加强中国图书美国有限公司、英代处、德代处经营管理，加强考核力度，发挥其区域桥头堡优势，增强订单执行力和转运能力，提高信息化建设水平，实现总公司与海外分公司、代表处业务操作系统的实时对接。

3. 从出版物进出口向产品链与产业链拓展推进，进而向实现规模扩张推进

加强资源整合既是巩固现有业务的需要，更是拓展产品链和

产业链，促进多元化发展的需要。在专业化发展中，我们要加强进出口配送体系建设和国际会展服务体系，着力推进以下三个方面的建设：

一是加强进口与出口的资源整合。加强进出口配送体系建设，由总公司通关配送部牵头，相关部门配合，整合总公司与国内外分支机构现有进出口报刊、图书、外籍、音像等国内派送渠道，实现各进出口板块配送的集团化、标准化、信息化。加强以进带出，发挥上游进口资源优势，以与日本东贩发行渠道合作为范例，加强与欧美重要出版发行集团的合作，扩大出口规模；发挥海外分公司和代表处区位优势，提高出口服务能力。

二是加强专业出版产品与相关产品的资源整合。继续加快大文化贸易拓展，切实提高风险防范水平，实现大文化贸易收入达到 20 亿元；注重增强中图外文书店、现代书店连锁店的体验功能，加强动漫、玩具、音响等相关产品的开发，加强与电商合作，加大网络营销渠道拓展，加快大众市场开发，扩大中图社会影响力。

三是加强内部产业链整合，实现产品与版权，版权与会展，办展、组展和巡展相结合，提高产业服务价值含量。2014 年，整个中图集团承办、主办的展会有近 10 个，组团参展的有 10 多个，各业务部门举办的巡回展有 100 多个。

在产品与版权、版权与会展相结合方面，重点做好中文版权和作家代理业务，进一步发挥好香港公司和海外出版公司的优势，打造集版权代理、海外出版和发行为一体的产业链；借助北京国际图书博览会、中国主宾国活动以及相关国际组团参展平台，加强版权代理和版权输出。

在办展、组展和巡展相结合方面，总公司各部门和各分支机构已较好地利用北京国际图书博览会开展业务洽谈、版权合作、实物营销，今后要重点整合办展、组展与巡展的资源优势。目前，进口业务已较好利用各类展会开展营销，出口业务要重点加强利用组团参展的展会，扩大出口。

表7　会展服务表

	办　展	组　展	巡　展
总公司	北京国际图书博览会；中国（武汉）国际期刊交易博览会；中国主宾国活动；全国书博会；北京图书订货会；国际动漫博览会（北京）	巴黎图书沙龙上海主宾城市、伦敦书展等10多个国际书展	图书进口国内巡展100多次；报刊进口巡展3次；出口中心海外巡展、参展3个
中图上海公司	上海国际音响影音视听展		
中图广州公司	南国书香节国际馆		
中图深圳公司		香港书展	

（三）深化改革　提升效益

1.从传统粗放型企业管理向现代企业集团管控模式推进

在国家深化改革和产业发展变革的大背景下，我们要积极加快现代企业制度建设，完善现代企业集团管控模式，着力推进以下三个方面的建设。

一是完善集团化管控机制。目前，中图的集团化架构为扩大规模发挥了重要作用，但整体盈利能力、利润水平不高。中图集团整体利润率为 2.16%，相对偏低。收入超过 700 万元的企业中，利润率最高的是新成立的中图长江会展公司，为 23.51%。收入过 7000 万元的 5 个企业中，利润率最高的是中图深圳公司，为 7.41%；其次是总公司，为 4.28%；中图上海公司、中图广州公司相当，不到 2%；中图西安公司为 1.21%；版图公司因大文化贸易的业务性质，利润率客观上最低，为 0.30%。2014 年的重点管控目标是提高成规模的子公司的收益水平。

为此，我们将进一步完善效益考核指标体系。2014 年的年度考核指标中，将着重增加利润率和预算实现率指标，着重提高资产收益率指标的比重，这 3 个指标与营业收入、利润总额、成本费用、速动比率共同构成 7 大考核指标，年终进行经营管理水平评价，落实考核奖励。三年任期考核指标中，着重增加国有资产保值增值率和贡献增长率的比重，与营业收入增长率、利润总额增长率、资产负债率、经营产生的现金净流量、存货增长率构成 7 大考核指标，任期结束时进行考核，落实考核奖励。

通过完善考核指标体系，进一步加强资产、资本、资源的统筹开发和有效使用，强化总公司作为一个资本主体和一个投资主体的作用，发挥总公司和子公司作为两级法人和两个效益中心的积极性，在实现效益增长的同时，提高市场占有率、拓展市场空间和改革空间，实现合理的协调性增长。

二是完善风险防范机制。风险防范包括决策审批和事后审计。目前，我们的审计制度主要有每年的决算审计和法人离任审计。近两年我们实行了一系列的专项审计，及时发现了各子公司经营管理中存在的问题，并做出纠正。今后，要将年度审计、任期审计和离任审计正常化，提高时效性，审计工作要在一个月内完成；对于重大项目、重大投资的专项审计，要主动化、常态化；2014 年要开展国内 13 个三级以下企业的摸底调研，掌握成立情况、投资情况、发展现状和发展预期，并根据调研情况决定是否保留，甚或加大投资、加快发展。这里要明确两点：第一，年度审计、任期审计、离任审计结果是考核各级领导干部的重要依据，并按照审计结果兑现奖惩。第二，各公司凡重大项目、重大投资等重要事项，均需事前向总公司请示，如审计时发现未经请示事项，将追求相关责任人的责任。

三是创新用人机制。继续实施好干部梯队建设计划、员工成长计划、员工收入增长计划。

干部梯队建设计划的重点，一是加强总公司中层、分支机构的领导班子队伍建设，进一步提高中层管理人员的专业化水平。二是提高总公司部门和分支机构的用人自主权，总公司部门科级岗位由各部门提名，经人力资源部履行干部选拔考核程序后，报总经理和主管副总批准，由部门聘任；分支机构总经理助理，由分支机构按干部管理条例要求进行选拔，事前报总公司批准。三是制定有效办法，加强业务领军人才和特殊人才的引进。

员工成长计划，要在做好现有英语培训、进口人员培训、新员工培训等基础上，重点做好 E-learning（在线学习）在全集团的推广，着力增强培训的专业化和针对性，制定奖励政策，鼓励干部员工参加继续教育和社会培训；加强子公司用人计划报备和全集团新员工统一培训。

员工收入增长计划，要通过完善针对各部门、各子公司的绩效考核体系，加强子公司工资总额管理和领导班子绩效、薪酬管理；要完善全集团员工岗位考核体系，强化绩效考核执行力度，切实提高重点部门、重要岗位、重要人才业绩效考核的奖励水平。

2. 从房产物业经营向资产经营、资本运作、兼并重组推进，进而向提升资产效益推进

目前，我们有 17 万平方米的房产，出租面积 7 万平方米，金融投资成本 15954 万元，资产和资本经营已经成为企业发展的重要支撑。但总体上看，中图集团的资产经营和资本运作还相对粗放，今后需要着力推进以下四个方面的建设。

一是提高资本运作能力。加强现有国泰君安证券股份有限公司和深圳市兴中图投资有限公司的资本运作，兴中图公司要在 2013 年扭亏为盈的基础上，做好 A 股主板市场和新三板市场投资，重点关注自贸区和文化媒体领域投资，实现年收益 400 万元，确保稳步发展。

二是加强资产管理与经营。资产与审计部要建立中图集团房

产物业经营管理信息库和专项考核指标体系，加强房产物业出租收入管理，推动各单位实现由简单出租向经营与租赁相结合，确保经营收入稳步增长。

三是加强四大基地建设。上海蓝桥数字出版基地建设要进一步形成集聚效应和品牌效应，打造上海数字出版特色基地，提高效益水平。西安西郊文化产业基地确保上半年破土动工。北京通州国际出版交流基地上半年完成土地出让手续等启动手续，做好土地开发规划、图纸设计、资金筹备、运营计划等，争取下半年破土动工。中图南方文化艺术创意综合体项目完成项目报批，争取早日开工。

四是加快相关多元业务的兼并重组。以完善产业链、拓展产品链为目标，以湖北中图长江文化会展有限公司、中图数字印刷（北京）有限公司的合资经营为范例，加快对国内外相关优质企业的兼并重组，为主业发展提供有力支持。

（四）凝聚力量 和谐奋进

加强党建和企业文化建设，立足实际，深入学习贯彻落实十八届三中全会精神和全国"两会"精神，切实将"十八大"等一系列重要会议精神贯彻到企业经营管理中，继续营造风清气正的企业氛围。

1.继续巩固提高群众路线教育实践活动成果

坚持收尾不收场，继续结合公司实际，进一步抓好落实整改，并建立健全长效机制。

2. 坚持文化凝聚力量的主线，重视加强企业文化建设和精神文明建设

塑造"开放、创新、和谐、奋进"的企业精神。按照中国出版集团党组要求，做好"香山论坛 中图分论坛"的组织筹备工作；做好优秀党员、优秀党务工作者、先进基层党组织以及星级员工和星级办公室的评选工作；注重关爱员工，提高员工福利，增强员工归属感，增强企业凝聚力和创造活力。

3. 加强和改进对党员干部的廉洁自律教育，做好党内监督和反腐倡廉工作

坚持以中央纪委十八届三中会议的精神为指导，按照中共中央关于《建立健全惩治和预防腐败体系 2013—2017 年工作规划》要求，加强对各级干部特别是党员领导干部的教育、监督，落实反腐倡廉责任制，抓好对各项规章制度的监督检查，从源头上预防、治理腐败，将反腐倡廉教育作为一项重要内容纳入中心组学习计划，纳入干部教育培训计划，增强各级党员领导干部廉洁从业意识，为公司业务工作健康协调发展提供保证；认真做好群众来信来访工作，及时调查核实举报案件并抓好整改检查工作。加大对损害职工利益的突出问题和群众反映强烈的突出问题的查处力度。

4. 加强工会组织建设，维护职工合法权益，构建企业和谐稳定

贯彻落实《企业工会工作条例》，进一步规范工会工作；抓

好《劳动合同法》的贯彻落实，切实维护职工的合法权益，引导职工正确处理个人利益和集体利益的关系；认真组织好职工代表大会；"以人为本、真情关爱"，继续深入开展"送温暖"工程，为职工办实事、做好事、解难事；组织职工开展健康向上的文娱健身活动，增强公司内部和谐、凝聚。

5.继续支持并重视做好团委、女工委、民主党派和老干部工作，凝聚力量，和谐奋进

团的工作要在继承中创新，要结合公司业务特点，按照集团团委的要求，有计划地组织开展适合青年特点的主体活动，不断提高公司团员青年的凝聚力和战斗力；女工委组织开展适合女职工特点的活动，继续发挥工作主动性和积极性；继续组织好民主党派座谈会，鼓励建言献策；坚持老干部通报（气）会制度，加强有效沟通，和谐奋进，促进公司改革发展。

2013年，中图集团各单位、各部门的领导，尽职尽责，团结带领干部员工，克服经营困难、顶住市场压力，努力实践集团总体部署，为完成"六大突破"任务作出了重要贡献。

2014年，是中图集团改革发展承前启后的关键一年。希望大家以"挺拔主业 转型创新 深化改革 提升效益"为目标，继续发扬风格、发挥才智、发掘潜力、发奋创新，带领各单位、各部门，做好三个坚守、加强五个推进，为实现中图集团转型发展作出新的更大贡献！

出版国际化：中国出版集团的自觉选择★

　　加速出版国际化，加快文化"走出去"，提升中国文化的国际影响力，是实现中华民族伟大复兴的中国梦的现实需要。出版国际化，也是造就具备国际视野、参与国际竞争、影响国际出版格局、形成国际影响力的跨国经营的出版集团的内在要求。中国出版集团通过版权输出、实物出口、数字产品出口、国际会展与交流活动平台、海外网点建设这 5 条路径，努力弘扬中华文化、传播中国声音、占领国际市场，为提高中国出版的国际竞争力和国家文化软实力作出了贡献。

★　2014 年 9 月 1 日，在 2014 年第十二届北京国际图书节以"中国出版'走出去'论坛"上，作"走向国际市场的五条路径——以中国出版集团的实践为例"为题的演讲，后载于 2014 年 10 月上期《中国出版》。此后应约扩充修改为《出版国际化：中国出版集团的自觉选择》，载于《科技与出版》2015 年第 1 期。

一、出版国际化是实现国家发展战略的现实需要

加速出版国际化，加快文化"走出去"，提升中国文化的国际影响力，提高国家文化软实力，是实现国家发展战略的现实需要。

党的十八大确定的国家发展目标，是到 2020 年国内生产总值和城乡居民人均收入在 2010 年基础上翻一番，全面建成小康社会；到 21 世纪中叶，建成富强民主文明和谐的社会主义现代化国家，实现中华民族伟大复兴的中国梦。中国梦的本质是国家富强、民族振兴、人民幸福；就世界范围而言，是和平、发展、合作、共赢。实现中国梦，要全面推进经济建设、政治建设、文化建设、社会建设、生态文明建设这五大建设协调发展。其中，文化建设是国家发展战略的重要组成部分。

经过 30 多年的改革开放，我国的综合国力、国际地位不断提升，已经作为世界第二大经济体，日益走向国际舞台的中心。随着我国的"块头"不断壮大，发展遇到的战略压力和外部风险挑战也越来越大，"成长的烦恼"也越来越多。国际社会特别是西方世界对我国的认知，在经历了"中国崩溃论""中国威胁论"的喧嚣之后，也逐渐趋于开明、开放，中国理念、中国模式、中国道路，日益受到关注和重视；但与此同时，国际文化传播西强我弱的格局依然存在，美国等西方国家把中国道路的成功视为对他们的挑战，借助其强大的技术优势、传播优势、话语优势，加

紧对我国的围堵与遏制。在此背景下，加快文化"走出去"，提高国际传播能力和国际话语权，建设社会主义文化强国、着力提高国家文化软实力，关系到"两个一百年"奋斗目标和中国梦的实现，是国家文化发展的战略要求。

习近平总书记 2013 年 12 月 30 日在中央政治局第十二次集体学习时阐述了国家文化战略思想。其目标，是要努力夯实国家文化软实力的根基，努力传播当代中国价值观念，努力展示中华文化独特魅力。其重点，是要塑造我国良好的国家形象——历史底蕴深厚、各民族多元一体、文化多样和谐的文明大国形象，政治清明、经济发展、文化繁荣、社会稳定、人民团结、山河秀美的东方大国形象，坚持和平发展、促进共同发展、维护国际公平正义、为人类作出贡献的负责任大国形象，对外更加开放、更加具有亲和力、充满希望、充满活力的社会主义大国形象。其方法，是要努力提高国际话语权——通过加强国际传播能力建设，精心构建对外话语体系，发挥好新兴媒体作用，增强对外话语的创造力、感召力、公信力，讲好中国故事，传播好中国声音，阐释好中国特色，对内引导我国人民树立和坚持正确的历史观、民族观、国家观、文化观，对外增强做中国人的骨气和底气。

在整个文化产业格局中，出版产业具有这样一些特点：一是产品内容的广泛性。出版物既是文化的重要组成部分，也是传播价值观念、伦理道德、思想学术、文学艺术等其他文化的重要载体。二是传播方式的多样性和兼容性。出版产品能比较容易地与其他产品嫁接，比如说文学、电影、电视。三是企业化运作的普适性。出版企业相对于其他文化机构而言，更能适应于一般经济企业的运行规律。四是受众的普遍性。出版消费属于纯内容消费，比如，我们看演出、看电影，要去剧院、电影院，剧院、电影院要具备相应的舞台、座位、声光电设备等外在的环境条件；但无论是传统阅读还是数字阅读，只要一卷在手、一机在手，便可如培根所说，"足以怡情，足以傅彩，足以长才"。五是影响的持久性。出版产品具有更持久的社会影响力。这些特点，使得出版相对于新闻、广播、影视、艺术表演等产业而言居于基础性地位，是推动文化"走出去"的基础行业和主力军。

提高出版国际化水平，加快"走出去"步伐，使得更多的中国图书、报刊、数字出版物，能像华为的电信产品、阿里巴巴的电子商务、海尔的智能家电等"中国创造"一样称雄于国际市场，是建设文化强国的重要体现，是提高国家文化软实力的重要途径。

二、出版国际化是建设国际著名出版集团的内在要求

出版国际化，对于中国出版集团而言，既是国家赋予出版"国家队"的使命，更是建设国际著名、国际一流出版集团的内在要求。

当今世界出版业发展的两个重要特征，一个是国际化，一个是数字化。国际化的实质，是不同国家和区域的市场加快融合，

形成更多的合作与竞争、更大的发展空间、更强的文化影响力；数字化的实质，是不同媒体、相关产业加快融合，形成新的生产和传播方式、新的发展模式、新的发展能力。国际化改变的是出版业的世界版图，数字化改善的是出版业的内生动力。国际化水平，会因为数字化水平的提升而提升。

出版国际化的标志是什么？一是能够生产在国内外有强大影响力的精品图书、精品出版物；二是能够大量输出和引进世界上的优秀出版物，使国内市场与国际市场高度融合；三是具备在国内外有强大竞争力的跨国企业和国际服务平台；四是具备在国内外有强大号召力的大作者、大出版家、大出版商。这四条，归根结底，就是要造就具备国际视野、参与国际竞争、影响国际出版格局、形成国际影响力的跨国经营的出版企业。

一个企业，就其产品和服务的辐射范围来说，可以划分为4个层级，第一层级是区域性企业；第二层级是全国性企业；第三层级是国际化企业，就是以国内业务为主、兼做国际业务，一定程度上参与国际分工、国际竞争；第四层级是跨国企业，就是面向国际市场、开展跨国经营，全面参与国际分工、国际竞争，国际业务在其总业务量中占有较大比重。

目前，我们的出版企业中，有开展国际化经营的企业，但还没有一家形成为跨国企业。在全球经济一体化和我国文化体制改革不断深入的背景下，中国出版企业的国际化经营乃至跨国经营，已经成为提高企业核心竞争力和增强国家文化软实力的必然要求。

国际化经营，从中国出版集团目前的实际看，主要包括版权贸易、产品贸易、服务贸易和资本经营几个方面。其中，版权贸易、产品贸易为传统意义上的出版国际贸易，当下，版权贸易还与国际合作出版、交换出版、按需印刷等紧密关联；产品贸易也已经从过去的书、报、刊、音像、电子出版物，发展到数字化、全媒体产品，发展到乐谱、乐器、印刷器材、纸张等出版的关联产品，发展到艺术品、有文化内涵的消费品等非出版产品——我们称之为"大文化贸易"；服务贸易主要指国际会展服务、国际组团服务、印刷服务等，现在还包括国际会议服务、国际活动组织、国际信息服务，还包括国际组稿、国际编辑、国际印刷、国际物流、国际招投标、国际营销，等等；资本经营是建设国际化出版企业、提高国际竞争力的重要内容，包括海外投资和海外企业经营，包括项目投资、实业投资和股权投资。与此同时，随着国际出版数字化进程的加快，需求的专业化和渠道的多样化也成为中国出版企业开展国际化业务的方向标，为出版企业的国际化建设提出了新的要求。

中国出版集团以争做国际著名出版集团、增强国家文化软实力为己任，近年来坚持实施"走出去"战略，有所努力，也有所收获。集团已经连续两年入选全球出版业 50 强，2014 年从第 22 位上升到第 14 位，继续名列中国出版企业之首；2014 年还入选了"亚洲品牌 500 强"，名列第 396 位，是国内唯一入选的出版企业。整体实力的提升，使得集团加快"走出去"、加速国际化有了更好的机遇和现实条件。

三、中国出版集团的国际化战略及其实践

中国出版集团作为中国最大的大众出版和专业出版集团，有着深厚的文化积淀和学术传统。集团拥有商务印书馆、中华书局、生活·读书·新知三联书店、人民文学出版社、人民音乐出版社、人民美术出版社、中国大百科全书出版社、中国对外翻译出版公司等二十多家知名出版企业，其图书零售市场占有率长期保持在8%左右；拥有中国图书进出口（集团）总公司这个中国最大的出版物进出口企业，进口、出口总量分别占全国的 2/3 和 1/3 以上；还拥有 300 多年历史的艺术品经营企业荣宝斋。出版、进出口和艺术品经营，构成了我们的三大主业，是我们加快"走出去"、加速国际化的基础优势。

实现国家发展战略的现实需要、建设国际著名出版集团的内在要求，加上良好的资源禀赋和整体实力的较快提升，决定了中国出版集团的国际化步伐应当走得快点、走得远点；但另外，集团旗下的老企业、大企业也有创新进取的内在动力不强，"走出去"压力大的问题。有鉴于此，中国出版集团提出了近期做响、中期做开、长期做强、总体做实的国际化战略，着眼于欧美传统市场、新兴国家市场、周边中华文化圈市场这三大市场，着力于内容创

新、媒体创新、平台和渠道创新这三个创新，在版权输出、实物出口、数字产品出口、国际会展与交流活动平台、海外网点建设这五条路径上有所作为。

1.加大版权输出，弘扬中华文化，讲述中国故事，传播中国声音

版权输出是走向国际市场最直接最便捷的方式。在版权输出方面，集团抓住中国传统文化的现代阐释、中国当代精神生活的生动展示和中国特色发展道路的学术化出版这三个基本点，从政策上、资金上鼓励各出版社通过内容创新、研究国际市场、加强中外交流等，不断加大版权输出。

2003～2013 年的 11 年间，集团共实现版权输出 2937 项，列全国之首。在《2013 中国图书世界馆藏影响力报告》中，集团所属中华书局在海外图书馆的馆藏数排第 1 位，人民文学出版社排第 3 位，商务印书馆排第 11 位，生活·读书·新知三联书店、中国大百科全书出版社、人民美术出版社、华文出版社也都进入了前 100 名。

用现代语言阐释中国古代经典与传统文化方面，代表性的作品是中华书局的《于丹〈论语〉心得》，签订了 32 个版权输出合同，涉及 28 个语种、34 个版本，是中国传统价值观通过出版走向世界的典型案例。孔子是中国也是世界上最伟大的思想家之一，《论语》是中国传统文化和智慧的结晶。《于丹〈论语〉心得》在世界较大范围的推广，对于塑造文化悠久、底蕴深厚、传承有序、

和谐进取的文明大国形象，具有积极意义。

这方面的"走出去"作品有很多。中国大百科全书出版社的《中华文明史话》丛书、《传统故事美绘本》，人民美术出版社的《漫画中国历史》《水浒传（连环画）》，分别以通俗简明的语言和绘画等生动活泼的形式，向国外读者介绍了中国传统文化、中国历史和经典故事。人民音乐出版社的《中国音乐史图鉴》《中国音乐百年作品典藏》，荣宝斋出版社的《收藏三十讲》系列、《荣宝斋珍藏》、《荣宝斋画谱（古代部分）》、《荣宝斋藏册页选》，中华书局的《建筑的意境》《故宫藏美》，向国际读者展示了中国音乐、美术与建筑艺术的精华，体现了人类无限的智慧和对于美的共同追求。其中荣宝斋的作品，在输出法国、意大利、英国等版权的基础上，合作方的英国图片吧（Image Bar）数字出版公司，还负责出版数字阅读画册；合作方的法国菲（Les Editons fei）出版公司还将与爱马仕合作，进行装饰画、女士丝巾等多元商品开发。

中国语言既是传统文化的重要载体，又是当代文化的重要传播工具，是传统文化中最鲜活的部分。为适应国际上中国语言学习与教学的需要，商务印书馆出版了47个语种的《图解汉语词典》；新型的汉语—民族语—英语三种语言对照的图解式语言工具书，包括《汉维英图解词典》《汉哈英图解词典》《汉哈英图解小词典》，则为中外学习者提供了全景式中国语言文化体验。华文出版社的《书法（教材）》输出了7个语种、9个版本。

讲述中国故事、展示现当代中国人精神生活方面，集团输出

了一系列的文艺作品与非虚构读物。人民文学出版社的《山楂树
之恋》是代表性作品，目前已输出到英国、法国、意大利等 18
个国家和地区。《山楂树之恋》是美籍华人艾米根据好友静秋的
亲身经历和回忆录写成的爱情故事。故事发生在 20 世纪 70 年代，
异常凄美，被称为"史上最干净的爱情小说"。小说出版畅销后，
由著名导演张艺谋改编拍摄成电影，产生了极大反响。清新明亮
的场景和不断涌现的揪心细节，在亲历者充满悔意的反复追忆下，
呈现了一个绝无仅有的"完美情人"，令读者、观众心酸落泪，
令女人魂牵梦萦，具有不同凡响的艺术魅力。美好的心灵总是相
通的，小说输出版权后，在国际上也引起了强烈共鸣，客观上也
展示了人民纯美、情感优美、山河秀美的东方大国形象。

人民文学出版社贾平凹的《带灯》、张炜的《古船》、格非
的《隐身衣》、阿来的《尘埃落定》和《空山》，生活·读书·新
知三联书店的《鲁迅箴言》，华文出版社的《人民语录》等作品
的版权输出，向欧美、中东、东亚等地区的海外读者介绍了中国
当代著名作家的好作品、好故事，展示了当代中国人的生存状态、
生活状态和精神状态，为中外读者的精神互通提供了良好的范本。
其中，贾平凹的最新力作《带灯》，法语版以初版版税 1 万欧元
的高价售给阿谢特出版社，创造了中国版权输出的版税纪录，央
视《焦点访谈》进行了重点报道。商务印书馆介绍中国文化政策、
规划和发展趋势的《中国语言生活状况报告》，也由德国著名的
德古意特出版社出版。

反映当代中国学术成果、改革成果、发展经验与社会状况，阐述中国道路、中国观点，传播中国声音方面，集团也积极策划并输出了一批优秀的学术出版物。生活·读书·新知三联书店的《重启改革议程》，反映了对中国新时代改革的深刻思考，已输出英文版和中文繁体字版；《伤痕》，再现了日本侵华真相，已经输出法文、英文、德文等 10 个语种的版权。中国对外翻译出版公司的《中国报告（英文版）》丛书，其第一辑遴选了近年来的 13 部优秀报告文学作品，反映了伟大变革时代的社会百态。

中外合作编辑出版、双边同步销售大型学术性出版物，是集团传播中国声音的重要方式。中国大百科全书出版社的《中印文化交流百科全书》，得到中印两国政府的支持，历时三年，于 2014 年 6 月在中国、印度同时推出中、英文版。2013 年李克强总理访问印度时确定的《中印经典与当代作品互译工程》，计划用 5 年时间互相翻译出版中印两国的作品各 25 种，已经由中国大百科全书出版社启动。以出版科普、百科、生活等图书畅销全球的英国 DK 公司与中国大百科全书出版社达成长期合作协议：该公司今后出版的各种百科全书中，凡是有关中国的百科条目，均委托我方撰稿提供。

中国出版集团公司整体策划的大型外向型学术丛书《中国近现代文化经典文库》，遴选了近代以来中国人文社科和文化领域的 318 种经典著作，试图努力提高中国学术理论在国际文化格局中的话语权。丛书有四个特点：一是联合剑桥大学出版社、杜克大学出版社、纽约大学出版社等国际著名出版机构，用英文出版，面向哥伦比亚大学东亚图书馆、杜克大学东亚图书馆等一批著名大学图书馆销售；二是邀约全球顶尖的专家学者组成国际学术委员会暨编辑委员会，邀请国外知名汉学家担任翻译；三是兼顾纸书和数字版，融合新媒体；四是丛书项目实施公司化运作，在美国成立专业公司，选聘本土人员担任高管，专门负责合作出版事宜。

此外，集团各出版社还承担了中印、中沙、中阿等多国经典的互译出版工程；商务印书馆、中华书局打造的"一路一带"系列丛书，配合了国家丝路书香工程；世界图书出版公司出版的东南亚小语种系列教材，成为周边国家外交经贸战略的重要实施项目。

这些努力，对于塑造坚持和平发展的负责任大国形象，以及更加开放、更加自信、充满活力的社会主义大国形象，具有积极意义。

2. 加大实物出口，占领国际市场

最近，法兰克福书展生意人俱乐部发布了由国际著名出版研究专家鲁迪格·威辛巴特（Ruediger Wischenbart）撰写的《2014全球出版趋势报告》，从西方传统出版强国与新兴经济体、传统出版与数字出版等方面，介绍了全球出版业的现状和趋势。报告认为，全球出版市场中，美国仍占据头把交椅，英国仍然在图书出口上最为强劲；新兴经济体正经历良好增长，中国已取代德国成为全球书业第二大市场。一国书业市场的规模主要由两部分组成，一部分是本国出版物的生产销售规模，一部分是进口出版物的销售规模。中国出版集团以其遥遥领先的图书零售和进口销售，为中国书业市场规模的扩大作出了贡献。

集团所属的中图公司是国内最大的出版物进出口公司。近年来，在保持进口快速增长的基础上，坚持以进带出，不断拓展"走出去"渠道，实物出口每年均保持20%以上的增长速度。2013年实现出版物出口1617.39万美元，同比增长32%；连同出版物在内的大文化贸易出口5794.03万美元，同比增长55%。

出版物出口的拓展与国家外交经贸战略紧密相关。在新的外交战略与新一轮对外开放中，有三个值得出版界关注的"走出去"机遇：一是"西进"，即通过"丝绸之路经济带"和"21世纪海上丝绸之路"这"一带一路"，实现与西面邻国、其他中亚国家、阿拉伯世界的"利益共同体"和"命运共同体"；二是"东跃"，即在传统的东亚市场基础上，跃过太平洋而发展与拉丁美洲的关系，有分析认为中国两年之内就可能超过欧盟成为拉美第二大贸易伙伴，最终可能超过美国成为第一伙伴；三是孔子学院的全球推广，目前全球已有123个国家和地区建立了465个孔子学院和713个中小学孔子课堂，其对汉语教材的需求处于增长期。

集团所属中图公司近年来紧扣国家外交经贸的三个现状，积极拓展出口贸易，实现了实物出口的四个突破：一是通过参加国际图书馆年会等学术活动，密切了与欧美传统机构、图书馆客户的关系，拓展了西亚、中东、拉美等海外客户。二是配合孔子学院等海外汉语教学机构的需要，实现汉语教材出口同比增长20%，覆盖30多个国家，拓展了出口品种。三是每年举办十几个海外巡回书展，并参加新加坡华文书市、香港书展等国内外书展，有效拓展了周边国家和地区的市场。四是通过与国外零售商合作，进入海外零售主渠道。中图公司与新加坡大众书局合资成立的香港现代大众有限公司，使得中国书刊进入了大众书局在东南亚的200多家连锁书店。中图公司还与英国最大的史密斯（WH Smith）连锁书店合作，设立中文图书专柜；通过与日本最大的连锁书店纪伊国屋书店合作，在其20多家门店设立中文书专柜，进入了日本的主流销售渠道。

3. 开辟数字出版国际传播渠道，提高国际竞争能力

数字出版，在生产流程上，促进了出版行业内部的垂直整合；在技术创新和阅读拓展上，促进了行业内外的广泛融合；在平台、渠道和传播方式上，促进了国际与国内两个市场的无缝连接。数字出版与全球出版、与出版"走出去"，紧密相关。

中图公司近年打造的"易阅通"（CNPeReading），是中国最大的国际数字资源交易与服务平台，与其配套的"易阅客"是高端个人客户阅读平台。"易阅通"在国际上，已与100多家出版商、集成商合作，聚合了170万种电子书、8000种数字期刊、500万篇论文；在国内，已与18家出版集团及200多家出版社合作，聚合了20万种电子书、4个大型数据库和1万小时有声书。从"走

出去"角度看，这些数字产品的销售渠道通向国外4万多家图书馆等机构用户和几百万个人读者；并且，通过在北京自建按需印刷中心，以及与全球最大的按需印刷商英格拉姆合作，可以实现在全球的24小时直供纸本。"易阅通"具有国际化、全过程、全品种、全市场、资源集中度、咨询反馈能力强、按需印刷配套的特点，"一个平台、海量资源、全球服务"。上线运营一年多，已实现销售4.1亿元，其中出口数字产品9000万元。

中国对外翻译出版公司打造的以语言翻译为核心的云服务平台"译云"，将世界领先科技引入语言服务领域，用创新技术全新定义语言服务，并通过股份制改造和资本运营建立新的语言服务实体，在此基础上实现了语言翻译服务的数字化转型，建立了新的面向全球服务的"译云"在线即时翻译平台。

此外，中国大百科全书出版社的百科术语数据库和百科在线平台，荟萃了80余万条的百科术语，除向全球用户提供服务外，还与比利时根特大学合作，定向开发了百科术语的欧洲版。商务印书馆的工具书数据库和工具书在线平台，荟萃了100余种中外文精品工具书，涵盖汉、英、俄、德、法、日、西等20多个语种，有360余万条词目，3.5亿余字，并融入了音频、视频等多媒体技术（真人发音朗读、汉字动态笔顺等），具有强大的检索功能，已面向全球用户提供商业服务。中华书局的中华经典古籍库，第一辑收录了260余种中华书局出版的整理本古籍图书，涵盖经史子集各部，包含了二十五史、通鉴、新编诸子集成、清人十三经注疏、史料笔记丛刊、古典文学基本丛书、佛教典籍选刊等经典系列，总计约1.5亿字，也向全球读者提供服务。

4.发展国际会展，搭建国际交流与合作平台

会展经济是现代经济的重要组成部分，书展是出版界的风向标和基本的交流合作平台。对中国出版界而言，中国出版集团中国公司承办的北京国际图书博览会作为世界性书展，被中国出版界称为"家门口的'走出去'平台"，是讲好中国故事、传播中华文化、发出中国声音的平台。通过积极拓展，2014年的第二十一届北京国际图书博览会，展览面积5.36万平方米，是当年美国书展和伦敦书展的3倍；参展国家和地区78个，分别是美国书展和伦敦书展的2.38倍和1.47倍；参展商2162家，分别是美国书展和伦敦书展的3.2倍和1.44倍，其中的海外参展商1228家，是国内参展商的1.3倍；达成版权贸易协议4346项，同比增长18.5%，其中输出2594项，同比增长24%，引进与输出版权之比为1:1.48，输出进一步增长。这些数据表明，北京国际图书博览会实际上已经成为世界四大书展中仅次于法兰克福书展的第二大书展，已经成为中国作为出版大国的重要标志。

为办好各种国际书展，中图公司大力拓展会展业务，形成了北京国际图书博览会、重要国际书展中国主宾国活动、一般国际性书展组团参展、其他国内书展承办等会展组织服务体系，为国内出版单位搭建了重要的"走出去"平台，有力地推动了中国出版的国际化。

　　中国主宾国活动已成功举办了巴黎图书沙龙、莫斯科国际书展、首尔国际书展、法兰克福书展、萨洛尼卡国际书展、开罗国际书展、伦敦书展、伊斯坦布尔国际书展、斯里兰卡书展等9场，目前正在筹办塞尔维亚书展中国主宾国活动。

　　从2012年开始，中国出版集团还先后举办了驻华使馆文化参赞联谊会、国际著名出版机构驻京高管联谊会、国际出版高峰对话等活动，搭建"走出去"平台，并取得显著成效。2014年8月，集团在青岛举办"首届中外翻译出版恳谈会"，来自欧美、亚洲、非洲等多个国家和地区的30多位海外汉学家，海外知名出版机构高管和著名版权代理人，以及中国著名作家张炜、迟子建、毕飞宇、王刚、崔曼莉等应邀参会。恳谈会以"中国文化国际传播"为主旨，下设"国际视野下的中国文化与学术""中国文化的翻译与海外接受""使馆互译项目与跨文化交流""数字化环境下中国文化的国际传播"四个专题，探讨了如何突破国际化工作的瓶颈，更有效地通过项目推动"走出去"，更好地将中国文化传播出去。

　　5.建设海外网点，支持"走出去"落地生根

　　中国出版集团已有驻港和海外机构31家，其中，驻港机构4家，海外分公司（代表处）6家，海外出版公司9家，海外发行公司和书店12家。这些海外网点，或服务于进出口业务，或服务于版权输出、海外出版，或服务于海外零售，大小不等，作用不同，但在推动出版国际化方面都发挥了积极作用；特别是在耕

耘国际市场，促进当地本土化出版方面，越来越发挥着重要的作用。

为了进一步加强海外出版和国际化经营能力，集团目前已投入资金、招募人员，并与美国杜克大学、哥伦比亚大学、纽约大学和英国剑桥大学合作，积极筹建美国国际出版公司，以《中国近现代文化经典文库》为基础，实现中国学术著作在海外大规模的本土化出版。集团还将投入巨资，收购一家国际著名的出版数字技术公司，提升集团乃至中国出版业在数字化、国际化两个方面的整体水平。

加快中国出版的国际化，努力使中国出版企业成为国际著名的跨国企业，在国际上广泛传播中国文化、中国立场、中国声音，显著增强中国的文化软实力，目前还任重而道远。作为出版国家队的中国出版集团，当会继续努力，有所作为，有所贡献。

守土尽责　创新为先★

一、中图的地位和取得的成绩

2014 年，作为中国出版集团的重要组成部分，中图公司贡献了近一半（46.5%）的营业收入、十分之一（9.7%）的利润，资产占五分之一强，数字业务收入占 90%，对出版集团贡献很大。而且，中图承办的北京国际图书博览会、主宾国活动已经成为出版集团乃至中国出版界最响亮的品牌。可以说，中图的发展，为整个中国出版集团的跨越式发展提供了有力支撑。这些成绩的取得，除了各级领导班子过硬，广大职工能吃苦能拼搏之外，我感觉主要还有以下三个原因。

1. 始终把社会效益放在首位，创新形式，服务国家大局

中图是国家出版物进出口的主渠道。2014 年，我们进口了1400 多万册 / 份各类出版物，对促进国内外学术交流、提升国家

★　2015 年 2 月 3 日，在中国图书进出口（集团）总公司 2015 年度工作会议上的讲话。

科研水平起到了巨大的推动作用。与此同时，我们也肩负着"国家文化安全卫士"的光荣使命，严格执行内容审查，确保了图博会、书博会等各大展会的展品安全，全年因审查撤扣直接承担经济损失1200多万元，做到了守土有责、守土负责、守土尽责。此外，北京国际图书博览会和国际书展中国主宾国活动，相关出口部分，也都紧紧围绕服务国家外交大局，在推动中国出版物"走出去"方面作出了重要贡献。

2. 始终把改革创新放在首位，持续增强企业竞争力

三年前，中图制定实施了"56119"改革发展思路，确定了改革发展的定位、战略和举措。根据这一思路，实施了六大发展战略。2014年，中图进一步加强服务创新、市场创新和政策公关创新，有效稳固了进出口主业的龙头地位；坚持推进融合发展，加快构建数字中盘，启动按需印刷，创新运营模式，为今后发展奠定了坚实的基础；创新、开发渠道，做响会展品牌，"走出去"取得新突破。此外，在特色多元发展方面，大文化贸易、房产物业、金融投资等业务的开展，也为未来发展开启了新的路径。这些改革创新的具体举措，适应了新常态，进一步提升了我们的发展能力、市场应变能力和抗风险能力，增强了企业的竞争力。

3. 始终把队伍建设放在首位，不断增强凝聚力、创新力

企业要发展，最终的落脚点是人。没有好的队伍，所有发展目标都是空谈。2014年，中图顺利完成了新老班子平稳过渡，进一步优化了老中青相结合的干部梯队；扎实推进人事分配制度改

革，进一步强化了绩效考核，有效调动了员工的积极性；各项培训制度不断完善，文化活动更加丰富多彩，不断增强了企业的凝聚力和创新力。可以说，这几年，中图的队伍建设一步一个台阶，形成了好的企业文化，打造出了一支能吃苦、能战斗的队伍。这是我们未来发展的希望所在，源泉所在。

二、今后的工作任重而道远

2015 年 1 月，中国出版集团以"适应新常态、力争新进展，努力实现新三年任期目标开好局起好步"为主题，召开了 2015 年度工作会议。会议进一步明确了集团特色发展道路的原则要求，提出了实现"六个新进展"的工作总要求，实现年度营业收入和利润双增 8%、三年累计双增 25% 的目标。

下面，结合出版集团 2015 年度工作会议精神，我就中图 2015 年的工作提出几点意见：

1. 注重坚持正确导向，创新营销方法，力争在挺拔主业上取得新进展

中图是我们进口国外出版物的主渠道。进口资质的后面，是国家赋予的崇高使命，是中图人应有的担当，是中图赖以生存的命脉。因此，在内容审查把关方面，来不得半点马虎，一定要牢牢把握好正确的政治方向，始终把社会效益放在首位，不断完善审查流程，努力做到万无一失，确保国家文化安全。政治关、导

向关把好了，才谈得上挺拔主业，才能专心致志地直面市场挑战，分析新形势、采取新办法，不断提升营销能力、服务能力、创新能力，巩固提升市场份额，确保行业龙头地位。

2. 注重创新企业制度，力争在集团化建设上取得新进展

中图有很多分支机构，是出版集团这个母集团下面的子集团。新的一年，希望中图在抓好集团化建设方面取得新的进展：一是建立有文化特色的现代企业制度，做到该管的管住、管好，该放的放开、放活；二是深化内部人事分配制度改革，建立适应现代文化企业制度的激励性薪酬体系；三是不断提高企业重大决策和经营管理水平，为集团股份上市做好准备；四是加强内部资源有效整合，增强外部扩张能力和市场传播合力；五是大力推进重大工程，以重大工程带动业务发展，实现提质增效。

3. 注重扩大品牌影响，力争在品牌营销上取得新进展

要在图博会成为中国书业第一会展品牌的基础上，进一步做响以"易阅通"为核心的数字产品品牌，和以中图外文书店、现代书店为核心的零售品牌。一是借助集团资源、借助新媒体力量，做好品牌宣传工作；二是抓住中图成立65周年契机，开动脑筋，借重上级和互联机构力量，开展一系列品牌营销工作。三是积极推进品牌业务的聚合、重塑，努力实现品牌的重组扩张。

4. 注重构建新型出版业态，力争在加快转型融合发展上取得新进展

"易阅通"已经聚合了大量的国内外数字资源，实现了销售突破，数据库销售也已经占到全国一半的市场份额，发展势头非

常好。下一步，要在做好资源聚合的基础上，重点做好三个方面工作：第一，专业化服务，开展专业化数字服务，打造中图新的品牌形象；第二，商业化运营，要加快完善商业模式，扩大营销力度，进一步提高营业收入能力，带动进出口业务的融合发展；第三，个性化用户要加快研究由机构用户向个人用户过渡，通过有效措施改善用户体验，提高产品的吸引力，尽快黏住有效用户。

5. 注重搭建有效平台，力争在"走出去"上取得新进展

在推动"走出去"方面，中图有很多天然的优势。第一，我们和众多国际知名出版公司保持着多年的良好关系，由于"易阅通"、按需印刷等项目的开展，这种联系越来越紧密、合作越来越坚实；第二，图博会是我们办在家门口的国际书展，已经办了20多届，影响越来越大，效果越来越好；第三，中图在海外有自己的分支机构，熟悉海外市场，可以做很多工作。下一步，我们要用好优势，在推动"走出去"方面作出更大贡献。抓住三个重点，做好三个"走出去"：一是做好全球按需印刷布局，与国内出版社尤其是集团内出版社的优质出版资源结合，加大推介力度，做好中国出版物"走出去"工作。二是优化办展参展功能，要着眼国家外交大局和文化"走出去"工作需要，认真承办好美国书展中国主宾国活动和北京国际图书博览会，策划好各项重要参展活动，进一步发挥好书展的版权签约、营销宣传、战略合作和品牌传播等实效功能。三是策划更多优质选题，利用海外分支机构，把更多优秀中国出版物推向国际主流渠道。

6. 注重从严治党治企，力争在队伍和作风建设上取得新进展

中图在新班子的带领下，整个队伍呈现出蓬勃向上的面貌。这是中图发展的新机遇，大家要珍惜当下，心往一处想，劲往一处使，合力打造中图的美好明天。要做好四个建设：一是以更严的要求、更高的标准，切实加强党的建设。二是以选好、用好、管好干部为原则，切实加强干部队伍建设。三是以坚决落实"两个责任"为核心，切实加强廉洁从业建设。四是以凝神聚力为目标，切实加强企业文化建设。

2015年，是全面深化改革的关键之年，是全面推进依法治国的开局之年，是全面完成"十二五"规划的收官之年，也是制定"十三五"规划的谋划之年。就中版集团和中图集团而言，还是新一轮三年任期的开局之年。这一年，"一带一路"规划将正式落地、深化新闻出版改革方案将正式实施、融合发展进入更深层次，我们的客户、读者的消费习惯也将继续发生深刻的变化。我们要认真学习贯彻中央精神，坚持不懈地走好特色发展道路，以做大企业、大事业的气派，以"不改革就要落后，不发展就是萎缩"的认知，继续挺拔传统主业，强力推进数字化、国际化，为实现"重塑核心竞争力"的目标，凝聚新力量，取得新进展，作出新贡献！

数字时代

重视信息化建设　加快集约化经营★

一、信息化建设情况

当前出版业发展的一个基本要求，是要建立以信息网络为基础的出版电子政务与电子商务体系，逐步实现出版行业的无纸化办公，推进办公自动化，促进信息流通，推进出版业管理、生产、消费的信息化和现代化。我们在集团化建设过程中的一个基本任务，就是通过全集团信息资源的统一开发、建设和利用，促进人事、财务、资源的"三统一"，促进集团的整体发展。根据国家信息化建设的总体要求和出版行业的特点，按照国家信息化领导小组以及新闻出版总署关于进一步推进出版信息化建设的部署[1]，结合中国出版集团的实际情况，我们制定了信息化建设规划，部分工作已开始着手进行。

★　此文撰于 2004 年 5 月。

1　中办发 [2002]17 号文件。

1. 总体要求

集团成员单位具有丰富的信息资源，但这些信息在成员单位之间流通不畅；集团从外部获取信息的方式也比较原始；几家单位都在搞数据库，大家都搞财务软件、发行软件；各成员单位共办有 14 个网站，大多影响不大。这些情况都要求我们重新布局信息资源建设，逐步投入资金，加快以内部局域网为基础、以开放的客户服务网络为支撑的信息化建设。集团信息化建设的总体要求，就是通过规划、开发、整合各单位信息资源，促进以信息流为基础的多种生产要素的流通，基本实现办公自动化，实现生产管理和对外服务网络化，推动出版工作现代化。

2. 长远规划

集团要在 3 个层面上实现信息化：

一是建立全集团的办公平台、管理平台和财务平台，保证集团内信息流通、信息共享。

二是支持成员单位建成与传统出版发行业务相结合的业务平台，整合已有的 14 个客户服务网站，建成和完善集团网站，使之成为集团对外交流和服务的窗口；整合成员单位现有的各个专业数据库，如整合现有的百科术语数据库和商务词典语料库，实现联库运行，以此为基础继续扩大库容，做到集团内资源共享，并尽快对外开放和开展经营性服务。

三是尽快建成中国可供书目数据库，进而扩充为对国内外开放的世界华文书目数据库；加速建设集团出版物内容数据库，占有出版发行大市场的数据优势和资源优势，提升信息交换和服务水平；同时，大力发展网络出版和电子商务。

3. 近期计划

（1）完善集团网站

集团目前有一个网站，但很不完善。为增加信息量与功能，集团网站将增设书讯、书评、书库、作家在线、电子图书、读者论坛、集团社区、新书信息、电子邮箱等栏目。

目前，网页风格的改版已基本完成，只需进行功能性的改造和信息发布的维护与管理。

（2）建立集团网络办公平台

即内部办公与出版管理系统。这套系统将具有如下功能：①信息发布功能，如公告、规章制度、通知、活动简讯、工作动态、财务信息等；②文件流转功能，如公文的签批、收发、办理、流转，文件的分级阅看，人事、财务资料的分级审阅等；③办公管理功能，如人事、外事、文档管理，办公用品、用车、会议管理；④出版管理功能，按出版社工作流程设计，主要放在出版社的网页中，进入此页需进行用户名和密码认证等；⑤其他服务功能，如在线娱乐、电子邮件服务（用统一的中国出版集团 E-mail 域名）、短信服务（可对集团所有人员点发或群发）等。

（3）统一集团财务信息平台

集团已进行基础调研，将由技术部与计财部一道，在各单位配合下进行。

（4）建设可供书目数据库

目前正在组建专门的中版通（北京）数据信息有限公司，运作这个项目。

二、集约化经营情况

实现集约化经营，是整合资源、提高企业整体竞争能力的重要内容，也是集团化的重要内涵。集团集约经营的总体思路，是以资本为纽带，通过市场的办法、企业的行为和股份制的手段，陆续成立一批专业经营公司，对那些可以集约起来的综合性业务，开展统一经营和服务，降低成本，提高效益，增强竞争力。

2003 年以来，集团在深入细致的调研工作的基础上，完成了北京中版联印刷物资有限公司和中版通（北京）数据信息有限公司的调研、可行性论证、招股、文件起草、名称核准等筹备工作。目前，中版联公司已完成注册登记，中版通公司正在办理注资和登记手续，这两个公司的初期业务已陆续开展起来。此外，中版信国际版权贸易有限公司的筹建工作也已展开。

1. 北京中版联印刷物资有限公司

（1）公司组建

2003 年 12 月 15 日召开股东会（组建会议），确定由集团总部和 12 家出版社共投资 2000 万元，组建公司。2004 年 2 月 27 日召开董事会，确定董事长、监事会召集人、常务副总经理和顾问。2004年3月28日领取营业执照、正式成立。目前已办完地税、国税登记证，银行开户等手续，并在高新技术开发区申报享受"三减三免"优惠政策。已经开展有关业务，计划2004年6月份正式营业。

（2）经营思路

公司先集中精力开展纸张业务，以后再逐步开展纸浆、油墨、器材等关联业务。公司的工作人员，除少数从集团外聘用的外，主要从成员单位现有的业务人员中考虑：先借用，再有选择地聘用。经营的基本思路，是统一招标、降低成本、保证质量、提高效益和服务水平。

（3）业务开展情况

公司在组建的同时，有目的地对市场情况进行了解。对国内重点造纸厂商、机械厂、代理商进行了市场调查，派员参加有关交流会，对前一段纸张价格大幅波动的影响进行了调研和分析，初步做到心中有数。

公司的第一笔业务是为《中国文库》提供纸张。在没有占用流动资金的基础上，供应纸张403吨，总金额270万元。在国内纸张价格连续上涨，部分品种涨幅高达1000元／吨以上的情况下，公司积极争取纸厂和供应商的理解和支持，保持了纸张价格不变，为集团降低了出书成本。

（4）下步工作设想

为使纸张供应工作平稳过渡，公司力图在以后的工作中做到

"两个整合，四个不变"。

两个整合是：人员管理整合；纸张供应整合。

四个不变是：原有的管纸人员基本不变；原有的进货渠道基本不变；原有的进货价格折扣基本不变；原有的结算周期基本不变。

公司将强化资本运作意识，加快资金周转次数、提高资金使用效率，利用银行贷款和应付票据及其他金融工具，加快资本运作、做好理财工作。

2. 中版通（北京）数据信息有限公司

（1）公司组建进度

2003 年 12 月 15 日召开股东会（组建会议），确定由集团总部和 4 家公司共投资 1000 万元，组建公司。目前已经完成下列工作：

2004 年 1 月由西城区工商局核准公司名称；参股的公司均已签订入资协议书，确定了派出的董事、监事人员；已开立入资账号，部分入资款已入账；拟定了公司章程和基本架构；填好了注册申请表。

至此，公司注册的手续已准备就绪，只待人员到位和投资全部到位，即可向工商局正式递交申请，完成注册登记。

（2）一边筹组、一边建设可供书目数据库

中版通（北京）数据信息有限公司的主打项目是可供书目数据库，其社会效益显著，建成后可成为中国与国际书业数据交换的主渠道，使中国书业数据与国际书业数据接轨，进而扩大文化产品的交流。其经济效益的产生，主要源于数据标准的建立及推广、数据的下载与使用、数据交换；同时，在对特殊书、刊的推荐等方面亦会产生一定的效益。但由于该项目完成需有持续的资金投入，经济效益的产生与投入相比相对滞后，因此集团正在申请国家立项。

该项目的进展情况：

① 2003 年已与新闻出版总署图书司达成一致，图书司将协助并促进该项目的实施，提供原始图书，协调出版社按标准格式提供数据。

②已完成向国家申报"中国可供书目数据库"立项及申请专项资金的报告。

③ 2004 年 3 月与英国较大的 BOOK DATA 数据公司洽谈，就中国数据与国际接轨的可行性交换了意见，并就未来的合作达成初步意向。

④目前正在组织分析并研究国际间数据交换的 Onix 标准，研究如何与中国图书馆目前所采用的 Marc 格式所遵循的 Z39.50 标准接轨，为数据库的建立以及基础平台的搭建做技术准备。

⑤已进行相关单位数据转换及接口的开发工作。

3. 中版信国际版权贸易有限公司

筹建工作已经展开。版权公司的建立，将有助于加大集团的版权开发力度，提高版权贸易能力和对外开放水平。

待上述专业公司运转起来、积累经验之后，集团将进一步成立其他集约经营的公司，集中开展专项业务，提高集约水平，形成规模优势，提高整体竞争力。这是减少重复、降低成本、实现化学反应的必由之路，集团将坚定不移地走下去。

为集团的生产、管理和服务提供信息技术保障★

科技发展和信息化建设本身不是集团主体业务，而是实行现代企业管理的技术保障，直接关系到企业生产、管理、服务的效率和效益。

按照《国家信息化领导小组关于我国电子政务建设指导意见》[1]、《全国政府系统政务信息化建设 2001—2005 年规划纲要》[2]等文件精神，以及新闻出版总署关于进一步推进新闻出版政务信息化建设工作的部署，结合集团改革与发展的实际需要，我们提出了集团信息化建设的总体目标，据此推进了 2004 年的工作，提出了2005 年建设规划。

★　2005 年 2 月 24 日，在中国出版集团 2005 年度工作会议上做信息化建设专题报告。

1　中办发［2002］17 号。

2　国办发［2001］25 号。

一、总体目标与任务

中国出版集团信息化建设的总体目标是：充分发挥信息技术对集团发展的支撑作用，加快信息化建设步伐，实现办公自动化、管理信息化、对外服务与交流网络化，保证全集团在信息畅通、准确的基础上，生产有序、服务高效、管理有力、决策科学。

总体任务是：进一步完善和拓展中国出版集团信息平台的功能，建立确保集团网络信息保密安全的保障系统；加快推进财务管理、选题信息管理等环节的网络化建设，为集团公司管理决策提供基础依据；分步实施全集团编辑、出版、发行、物流、销售等生产流程的信息管理系统，提高全集团的生产效益水平；实施人力资源信息管理系统，为合理使用人才和绩效考核提供科学依据；以中国可供书目数据库的建设为基础，逐步建立面向全国的图书出版、发行、书目信息平台，提高对外服务水平。

二、2004 年工作情况

2004 年，集团根据年初制定的计划，完成了"中国出版集团信息平台"的建设。该平台按照 4 个模块，建立了共用的、统一的基础档案数据；建立了信息发布系统，具备全面信息管理的功能；建立了内部办公子系统，具备人员管理、物品管理、公文流转、集团上下信息交换、日常办公、移动办公等功能；建立了集团的邮件系统。集团信息平台于 2004 年 6 月开始运行，目前已经正常投入使用，并逐渐成为集团获取相关资源信息的重要途径。

2004 年，各成员单位已全部建成自己的局域网，网内微机数基本在 100～300 台；除了现代教育出版社外，已全部实现宽带接入；13 家单位建有自己的官网。综合来看，商务、大百科、文学社等单位信息化建设程度比较高，人员配备相对来说比较到位，而有些单位还存在资源利用率不高的情况。

2004 年度，全集团共批建 25 个科技项目，批拨资金 3150 万元。其中，集团总部直接管理项目 4 个，资金 1090 万元；成员单位共批新建、续建科技项目 21 个，批拨资金 2060 万元。

截至 2004 年 12 月底，新华书店总店的"全国出版物发行信息网"、商务印书馆的"辞书语料库系统"、中图公司的"中图书苑平台建设"等项目通过了验收；版图公司的"中文报刊网络发行系统"、中译公司的"翻译语料库系统"正在进行试运行，预计近期将开展验收工作；其余单位的大部分项目还在后期建设中，也将陆续完成验收工作。

三、2005 年信息化建设规划和设想

2005 年，集团的信息化建设要围绕转企改制后的发展需要，提供更切实有效的技术支持和服务。这里面有相互关联的双重任务：第一，信息化建设必须成为集团管理的重要手段，以企业的

财务、人事、设备、行为等管理活动为对象，实现管理计算机化，从而为管理者提供各种有效的分析报告，辅助管理者制定财务计划，进行会计核算、人事安排和设备调度等，提高企业各项管理活动的水平。第二，要利用信息技术，改造和提高传统出版产业，促进产业结构调整和升级，促进电子出版和网络服务，使之成为新的经济增长点。

基于以上考虑，2005 年度，全集团计划建设 23 个科技项目，拟批拨资金 3325 万元。其中，集团公司（总部）计划建设 4 个项目，拟批拨资金 1795 万元；成员单位计划新建、续建 19 个项目，拟批拨资金 1530 万元。以上项目以财政部最终批复的为准。

从 2005 年度科技项目的预期效果来看，成员单位的项目建设主要是解决产业结构的调整和升级，优化企业资源，降本增效，提高服务能力；集团公司信息化建设的重点是优化管理，提升监管水平，提高信息交换效率，提高决策的快速性和准确性，扩大中国出版集团的社会效益和影响力。

（一）2005 年集团公司科技项目的建设规划

1. 中国出版集团财务管理信息系统

建立一套新的集团财务管理信息系统，是转制后建立新的、完善的财务管理体系的需要，是加强集团内部运营管理水平的需要。

本系统建成后，成员单位的各级明细账动态汇总到集团公司，有关生产成本、管理费用、现金流动、收入利润、资产负债等情况，在集团公司可一目了然。集团公司和成员单位的管理人员，可以通过本系统，随时察看本级以下各单位的财务状况和经营状况，快捷、准确、明细，可极大提高集团公司对成员单位、成员单位对下级企业的监管力度，为企业决策提供有力的保障。

财务管理信息系统由集团技术部和计划财务部组织实施，计划在 2005 年上半年进行系统选型，做实施方案，进行招标工作，争取在年中分步骤在各成员单位实施，年底完成系统初验。

2. 中国出版集团信息管理平台与网络安全建设项目

这个项目是目前的集团信息平台的延伸，建设的重点放在以下几方面：人力资源管理，外部网站的改造，集团公司与各级单位的互联互通，全网安全系统的建立。

①互联互通工作。目前，集团与各成员单位的互联互通正在进行，已经与商务、百科、中华书局等七八家单位连接成功，剩余几家单位因为网络地址冲突的技术问题尚未解决，目前还在调试过程中，预计全部联网工作将在 2005 年上半年完成。

②人力资源管理系统。这是 2005 年重点建设的一个项目。转制后，各级人员的系统管理与分级考核成为集团在新体制下运转的重要手段。特别是分级考核制度，集团公司要考核各成员单位领导班子成员，就必须拿经营指标说话，把薪资体系和经营业绩联系起来。换句话说，人力资源系统并不是一个孤立的系统，在考核管理方面，它要与经营和财务系统相连接；在人员培训选

拔方面，它要与内部办公平台相连接；在人员公开招聘管理方面，它要与外部网站相连接，因此，它是一个配套工程。集团技术部和人力资源部通过初步调研，感觉目前市面上人力资源管理系统非常多，2005年上半年的重点工作是选择一套先进的、适合集团需要的人力资源软件。

③集团官网。集团官网的改造也是2005年上半年重点工作之一。集团官网 www.cnpubg.com 是中国出版集团对外宣传的门户，于2003年开发完成，目前的界面和功能都很简单，在使用功能上已远远不能满足集团发展的需要，与集团作为中国出版业龙头企业的形象也不相称。在官网的改造中，要从界面风格、功能实用性入手，将网站做成宣扬企业文化、介绍出版业务、发布业界新闻、交流文化信息、企业资源共享等功能的综合平台；同时，要在各大搜索引擎中加入相关链接，提高集团网站的知名度，让它真正成为社会各界和集团联系的纽带。集团技术部将在2005年上半年做出网站的改造规划，力争在年中完成规划建设。

④信息安全。在信息安全方面，随着信息技术的不断发展，如果只是通过防火墙、防病毒这些单一的网络安全产品，已经不能抵御来自企业内外网的威胁。目前网络安全的威胁70%以上来源于企业内部，而集团部署的防火墙只能起到防护外网的作用，对来自内部人员的非法访问、攻击集团网络和主机资源等情况，还没有有效的察知、防范手段，特别是集团各单位联网形成一个大网络后，这个问题将日显突出，亟须解决。

网络安全防护项目的总体目标就是提高集团整体的网络信息安全的管理水平，完善安全管理体系，提高安全级别，为出版业务信息化的顺利开展奠定安全基础。在安全系统的建设上，集团公司将统一规划、统一部署、统一实施，将面向国内外知名的网络安全提供商进行招标；集团技术部将进行相关工作准备，计划在2005年下半年完成整个安全系统的构建工作。

3. 中国出版集团海外发展建设项目

为了把中国出版集团建成对外文化交流的重要窗口，集团提出了出版物营销业务"两翼齐飞，中间开花，四通八达"的思路，并在2004年7月和8月分别构建了海外和国内两个连锁经营网络，争取实现海外业务和国内发行业务的同步、快速发展。

为了实现这些要求，就要加大对海外机构的投入，包括技术投入和支持，使海外网络真正能够连通起来，使海内外的人流、物流、商流、资金流能够通过信息流真正流转起来。

海外发展建设项目主要由集团技术部和新华发行集团总公司研究确定方案，由技术部组织实施。

4. 中国可供书目数据平台

可供书目数据平台的建设，在集团成立后不久的2002年8月即由集团党组正式提出。经过一年多的调研、准备，2004年6月，集团决定将可供书目数据库交由新华书店总店来完成。2004年11月底，总店已报来组建中版通公司、建设中国可供书目数据库的工作方案，目前公司筹备组已开始运作。建立可供书目的运作机制，就是从供应到分销再到市场的正向信息传递。

对于成员单位的信息化建设，凡是在集团公司批复的 2005 年科技基金范围内的，在系统方案选型设计、承建合同签订、项目验收等几个重要环节，需要提前将草案上报集团公司技术部进行审批，必要时技术部应当到工作现场实地了解和审核，防止项目出现偏差，在此基础上安排科技资金的拨付与管理工作。

（二）各成员单位内部资源的优化配置与运用

成员单位的信息化建设大部分起步比较早，多数单位完成了一些系统建设，基本上有了自己的编、印、发信息系统，有了较完备的财务管理系统，大百科、商务、中华书局等单位还建立了自己的数据库、语料库，取得了初步成效。

但是，我们也注意到，这些系统目前还存在以下几个方面的问题：①各单位的系统建设各自为政，系统孤立，资源不能共享。②有些单位内部的出版、发行、财务系统之间相对独立，没有统一的信息平台，数据流不能贯穿于整个经营活动中，造成生产环节之间的脱节；某些系统数据混乱，缺乏真实性。③有的系统功能陈旧，不能为转制后全集团的发展提供有效的支持，这主要表现在系统的管理控制，如一些权限的控制，选题、印制等生产操作流程的严格性；以及数据统计分析，如对成本、费用、产品生产流通周期、现金周期等方面的分析。④信息化建设中，真正有助于管理的结构化数据严重匮乏。举个简单的例子：集团总部要统计本年度各社的图书获奖和销售排行等情况，目前还要依据人力手工统计汇总，费时又费力。倘若信息资源能够合理地整理利用，利用计算机网上查询应当只是几秒钟的事情。

要解决上述这些问题，必须站在全集团的角度上通盘考虑，统一运作，单靠某一个单位的力量是办不到的。目前正在进行集团总部（集团公司）同各单位的互联互通工作，目的就是要解决资源共享的问题，对各种有用的资料（如经营数据，出版、发行信息，文字、语料、术语等知识库）进行汇集，以供整个集团使用。各级管理人员只要点点鼠标就可以及时了解成员单位的经营活动状况，合理利用全集团的各种资源。当然这里面还存在一个安全问题：技术上的安全问题通过全网安全系统来保证；使用上的安全问题通过采用分级授权的方式进行，保证系统的安全性和保密性。

针对经营活动中各系统的衔接问题，集团财务管理信息系统的应用实施，将是一次对各单位业务和财务信息流进行整合的好时机。通过整合，不仅对财务管理是一个提升，在统一接口、优化配置、降低成本等方面也都会有一个全面的改进。

各成员单位内部资源管理中存在的另一个比较突出的问题就是效益问题。各单位花费了大量的人力、物力建成的各类知识系统，目前来看还远远未达到当时所预期的目的，有些系统连内部人员都很少使用，这是一个很大的浪费。为了利用好这些资源，产生其应有的价值，我们设想：①加大宣传推广，将一些知识库推向市场，使其逐步成为使用者查询相关领域知识的首选，在此基础上逐步实现有偿服务。②加强与各图书馆、高校、社会团体的合作，进行有偿知识转让和服务，对部分用户可以采用会员制形式长期合作下去。③充分利用各单位现有知识资源和知识库，积极开拓网络出版业务。④开展电子商务活动。集团各成员单位作为"业界龙头"，非常有必要建立自己的电子商务平台，为图书出版发行提供信息，进行网上交易、物流、结算等全流程服务，降低营销成本，提高经营效率和效益。

四、科技资金管理和科技人才建设

科技项目资金是经集团批准、用于促进科技建设和高新技术产业发展的专项资金，应当专项管理和使用。

各单位要健全科技专项资金的管理、使用、监督机制，使有限的资金发挥应有的作用；集团公司（总部）将对已批拨资金的项目加强检查，必要时会同审计部门或委托会计中介机构进行财务审计。

2005 年度，拟批拨各单位科技专项资金 1530 万元。作为调控成员单位信息化建设的重要手段，集团公司（总部）将改进这部分资金的发放办法。①成员单位在申请拨付这部分资金时，要向集团技术部提交项目建设方案和资金使用说明，由集团公司进行审批。②计划 2004 年完工的资金项目，未通过集团验收的，原则上不予拨付 2005 年的项目资金。③项目资金原则上按项目建设阶段，分批次发放；在每次发放前要检查前一阶段建设是否达到预期目标，未达目标的将延后暂不发放。④结合集团整体经营战略，适时调整科技专项资金的发放方式与额度，强化集团公司的监管与调控。

集团转制后，对科学管理、对管理的技术手段的要求提高了，对科技人才的需求也提高了。目前，集团内对依靠信息技术科学地管理企业还缺乏足够的认识，一个重要的原因是科技人才匮乏。有的单位"网络建好了没人用，设备买来了没人动"，资金浪费了，而工作效率并没有实质性提高。

集团公司今后在组织集团各级领导和业务骨干到国外大型出版企业进行业务考察时，要把信息技术管理作为一个重要内容，既要学习其先进的管理理念，也要掌握其先进的管理技术手段。集团公司拟拿出一部分科技专项资金，作为进行科技考察的专项费用。

集团公司还计划对集团在职人员组织几次信息技术使用培训。

大力培养科技人才，不断提高对信息化建设的认识，不断加快信息化建设步伐，目的就是要为集团的生产、管理和服务提供有力的技术支持和保障，提高全集团的生产效率、管理能力和服务水平。

信息化建设是趋势也是基础★

自从 20 世纪 70 年代末以来，英国和中国的出版业就展开了长期的合作与交流，中国出版集团出版了许多英国著名作家，如莎士比亚、乔叟等大家的文学作品；特别是进入 21 世纪以来，两国业界之间的互访、学习和交流活动不断增加，出版合作不断升级，比如中国出版集团人民文学出版社出版的《哈利·波特》系列丛书就在中国读者中引起了巨大的反响。

借此机会，我愿意向各位介绍一下中国出版集团的基本情况，特别是在信息化建设方面的情况。

一、中国出版集团的基本情况

（从略）

★　2005 年 8 月 10 ~ 16 日，访问英国尼尔森图书集团、英国出版商协会、培生教育集团、布莱克威尔书店、爱思唯尔集团、斯特林大学出版研究中心等机构时所作的报告。

二、中国出版集团的信息化建设

中国出版集团认为，信息化建设是出版业的趋势，也是基础。

有鉴于此，中国出版集团确定信息化建设的总体目标是：充分发挥信息技术对集团发展的支撑作用，加快信息化建设步伐，实现办公自动化、管理信息化、对外服务与交流网络化，保证全集团在信息畅通、准确的基础上，生产有序、服务高效、管理有力、决策科学。

（一）集团信息化建设的三个方面

1. 建立为全集团的生产、经营、管理、决策、业绩考核服务的信息支持和保障工作系统

包括四条线索：

第一条线索是进一步完善和拓展中国出版集团信息平台的功能，建立确保集团网络信息保密安全的保障系统；

第二条线索是加快推进财务管理、选题信息管理等环节的网络化建设，为集团公司管理决策提供基础依据；

第三条线索是分步实施全集团编辑、出版、发行、物流、销售等生产流程的信息管理系统，提高全集团的生产效益水平；

第四条线索是实施人力资源信息管理系统，为合理使用人才和绩效考核提供科学依据。

2. 建设主要面向发行商、书店、图书馆、读者等客户的数据库系统

包括两条线索：

一条线索是由集团公司负责建设"中国可供书目数据库"，进而建成"世界华文可供书目数据库"。以可供书目数据库为依托，占有出版发行大市场的数据优势和资源优势，提升信息交换和服务水平。

另一条线索是由各子公司分头建设专业数据库——如百科术语数据库、多语种翻译资源数据库，以及中文语料库、中华古籍库、文学名著库、报刊出口平台、海外书刊平台等，进而实现联库运行和对外开放→建设出版物在线内容库→推出网络出版物→实现电子商务和个性化订阅。通过各个专业数据库的建设与整合，做到集团内资源共享，并且对外开放和开展经营性服务。

3. 主要面向集团内部、出版发行行业和普通读者的信息管理系统

也包括两条线索：

一条线索是构建集团局域网，链接子公司的 14 个客户服务网站，使之成为集团对外交流和服务的窗口。

另一条线索是同时搭建集团的信息管理平台，保证集团内信息灵通、信息共享，形成全集团的信息管理系统，提高经营管理的效率和效能。

我们认为，信息化建设要围绕企业发展的需要，提供更切实

有效的技术支持和服务。这里面有相互关联的双重任务：

第一，信息化建设必须成为集团管理的重要手段，以企业的财务、人事、设备、行为等管理活动为对象，实现管理计算机化，从而为管理者提供各种有效的分析报告，辅助管理者制定财务计划，进行会计核算、人事安排和设备调度等，提高企业各项管理活动的水平。

第二，要利用信息技术，改造和提高传统出版产业，促进产业结构调整和升级，促进电子出版和网络服务，使之成为新的经济增长点。

目前，集团完成了"中国出版集团信息平台"的建设，在全集团建立了一套数字办公系统，极大促进了信息的交换效率。集团各成员单位已全部建成自己的局域网，并已全部实现宽带接入；各单位建立了自己的官网。多数单位完成了一些业务系统的建设，基本上有了自己的编、印、发信息系统，有了较完备的财务管理系统，中国大百科全书出版社、商务印书馆、中华书局等单位还建立了自己的语料库，取得了较好的社会效益和经济效益。

（二）集团信息化建设的几个重点

1. 中国出版集团财务管理信息系统

建立一套新的集团财务管理信息系统，是集团转企改制后建立新的、完善的财务管理体系的需要，是加强集团内部运营管理水平的需要。系统建成后，可极大提高集团公司对成员单位、成员单位对下级企业的监管力度，为企业决策提供有力的保障。

2. 国内连锁经营网络信息系统

建设以批销中心为重点的出版物国内连锁经营网络信息系统，同时建立起一套批发、分销到零售的完备的物流体系。系统建成后，将加强中国出版集团的发行能力，扩大本版图书的市场覆盖率和影响力。

3. 中国出版集团海外发展建设项目

为了把中国出版集团建成对外文化交流的重要窗口，集团提出了出版物营销业务"两翼齐飞，中间开花，四通八达"的思路，争取实现海外业务和国内发行业务的同步、快速发展。

4. 中国可供书目数据平台

建立可供书目的运作机制，就是从供应到分销再到市场的正向信息传递。参照国际出版集团建设可供书目数据库的管理手段，从服务全国出版业、整合全国出版物资源出发，建设全国性可供书目数据库，以方便集团自身的出版物乃至全国出版物的快捷、准确和有效流通，同时以有偿服务形式赢得经济效益。

5. 海外图书采选系统（PSOP）

PSOP是由集团所属中国图书进出口（集团）总公司开发的海外图书信息化采选系统，是目前业界公认的最好的信息系统。这一为图书馆量身打造的采选系统，成为国内图书馆采选海外图书的个性化工作平台，引起了国内图书馆界的普遍关注，目前在国内已有包括国家图书馆、北京大学、清华大学、中科院文献情报中心等 270 多家图书馆获得正式使用权。海外书商也投以极大的热情，支持平台的开发与书目数据库建设。

6. 网络办公与管理平台

整合集团目前已经基本建成的网络平台，以及集团各单位现有的 14 个网站，建立集团统一的办公信息平台，实现网上公文传输与处理、信息发布与查询、事务管理、互联互通等功能；为集团公司的财务、人事、出版、发行等信息，提供一个企业内部专用网络，保证集团内部信息网络化、办公智能化；建设综合业务数据库管理系统，实现各单位数据库的授权互访；建设出版物内容数据库并实现资源整合与合理共享；支持并组织所属企业建成与传统出版发行业务相结合的业务信息平台。

7. 出版网站（ICP）

以集团出版发行资源、资源数据库和信息平台为基础，建成以出版业为核心内容的、拥有先进技术标准和完善数字化出版方案的多功能综合网站，成为中国出版业具有代表性的、最大的出版业门户网站。该网站不仅具备对外展示集团形象、信息发布、图书推介、出版与读者互动等功能，同时提供国内外出版业最新资讯，并进行图书版权、销售交易，目标要达到 2 万种数字图书储存，60 万种书目信息，年 10 万册的图书交易量；此外，以该网站为依托，大力发展网络出版，包括向平面媒体提供网络图书，向电子产品运营商提供电子图书内容，开展网上图书销售等。

中国出版集团对于信息化建设是非常重视的，投入也是巨大的，每年约有4000万元人民币（500万美元）用于信息系统的改造和建设。我们认为，只有不断加快信息化建设步伐，才能为集团的生产、管理和服务提供有力的技术支持和保障，提高全集团的生产效率、管理能力和服务水平。

英国是一个拥有良好的文化教育传统，并具有悠久出版历史和很大出版规模的国家。在英国，图书质量好，为读者服务周到，经济效益高，特别是计算机和信息网络技术已广泛运用于出版管理、编辑、生产和营销等各个方面，基本实现了出版全系统的动态管理。这些方面都是值得中国出版业借鉴和学习的。

我们衷心希望能够和你们建立良好的合作关系，也十分愿意在双方的交流合作中，分享彼此的经验和体会。

加强管理协调　优化资源配置　推进信息化建设★

我们中国出版集团在 2003 年 11 月就成立了信息技术部，从事技术管理和信息化建设工作，各成员单位大多也有相应的部门，从事这方面的工作。这几年，大家共同做了不少工作。

信息化建设是集团实行现代企业管理的技术保障，关系到集团经营、管理、服务的效率和效益。这是抓当前、管长远的事，是抓在现期、见效在长期的事，是一个集团、一个企业的战略发展问题。

根据集团建设和发展的需要，我们确定了集团信息化建设的总体目标和总体任务。

总体目标是：充分发挥现代信息技术对集团发展的支撑作用，加快信息化建设步伐，实现办公自动化、管理信息化、对外服务与交流网络化，保证全集团在信息畅通、准确的基础上，生产有序、服务高效、管理有力、决策科学。

★　2006 年 4 月 19 日，在中国出版集团信息化工作会议上的讲话。

　　总体任务是：完善和拓展中国出版集团信息平台的功能，建立确保集团网络信息保密安全的保障系统；加快推进财务管理、选题信息管理等环节的网络化建设，为集团公司管理决策提供基础依据；分步实施全集团编辑、出版、发行、物流、销售等生产流程的信息管理系统，提高全集团的生产效益水平；实施人力资源信息管理系统，为合理使用人才和绩效考核提供科学依据；以中国可供书目数据库的建设为基础，逐步建立面向全国的图书出版、发行、书目信息平台，提高对外服务水平。

　　通过信息系统的建设，逐步实现集团内各种信息的网络化，做到全面、准确、具体、安全、易查；逐步实现各种公文无纸化传输，实现工作流程电子化、智能化；逐步建立有中国出版集团公司品牌的网上出版、发行、销售、服务系统。

　　下面，我将集团信息化建设的有关情况向大家做一个报告，报告共分为三个部分——集团 2002 ～ 2005 年信息化建设情况；集团"十一五"信息技术规划说明；集团 2006 年信息技术方面的主要工作及思路。

一、集团 2002 ～ 2005 年信息化建设情况

（一）基本情况

　　集团成立以来，一直高度重视信息化建设，并在人力、物力、资金等方面给予了很大的支持与投入。目前，集团公司和各成员

单位已基本建立起自己的软、硬件平台，有些起步较早的成员单位信息化建设已经初具成效，有了较完备的技术队伍，取得了一定的建设经验，在理论和实践两方面都取得了不小的成绩。

集团公司信息技术部近期对各成员单位的信息化建设进行了摸底调查，初步了解了各单位信息技术部门人员及项目建设情况。调查显示，各成员单位已全部建成自己的局域网，网内微机数基本在 100～300 台，并已全部实现宽带接入；13 家单建有自己的官网；各单位均已建成财务、业务系统，绝大部分单位建成了内部办公信息平台。通过本次摸底，集团初步掌握了各单位项目建设、软硬件设施和科技资金使用情况，为今后全集团信息化工作进一步开展奠定了基础。综合来看，商务印书馆、中国大百科全书出版社、人民文学出版社、中图公司等单位信息化建设水平比较高，人员配备相对来说也比较到位；也有些单位还存在队伍配备不齐，资源利用率不高的情况。

（二）专项资金项目建设情况

从项目建设情况来看，2002～2005 年的 4 年中，集团共批建 104 个科技项目，批拨资金 13870 万元。这不是一个小数字，相当于集团 2005 年一年的利润。

2002 年度，全集团共批建 21 个科技项目，批拨资金 3480 万元。其中，集团总部直接管理项目 1 个（可供书目数据库），资金 217 万元。

2003 年度，全集团共批建 37 个科技项目，批拨资金 3915 万元。其中，集团总部直接管理项目 6 个，资金 1290 万元，6 个项目分别是可供书目数据库、财务平台、集团信息化建设、成员单位二级网站、中新联科技改造、连锁信息网络；成员单位共批新建、续建科技项目 31 个，批拨资金 2625 万元，其中新建 18 个、1565 万元，续建 13 个、1060 万元。

2004 年度，全集团共批建 25 个科技项目，批拨资金 3150 万元。其中，集团总部直接管理项目 4 个，资金 1090 万元，4 个项目分别是：连锁经营综合信息系统、集团成员网站建设、集团信息化建设二期、可供书目数据平台；成员单位共批新建、续建科技项目 21 个，批拨资金 2060 万元。其中新建 12 个 825 万元，续建 9 个 1235 万元。这些项目包括：（1）人民出版社——《人物》杂志传记资源网络数据管理系统（新建）；（2）人民文学出版社——"世界文学名著文库"资料数据库（续建）；（3）商务印书馆——辞书语料库及编纂系统（续建）;（4）商务印书馆——出版管理信息系统（续建）;（5）中华书局——古籍语料库（二期，新建）;（6）中国美术出版总社——荣宝斋珍藏书画文玩保管系统（续建）;（7）生活·读书·新知三联书店——电子书刊数据库管理系统（新建）;（8）东方出版中心——印前出版系统（续建）;（9）中国对外翻译出版公司——翻译语料库（新建）;（10）新华书店总店——全国出版物发行信息网（续建）;（11）新华书店总店——全国图书发行连锁网点建设（新建）;（12）新华书店总店——图书商报网站（新建）；（13）中国出版对外贸易总公司——中文报刊世界网络发行（新建）；（14）中国图书进出口（集团）总公司——音像连锁信息管理平台（新建）；（15）中图公司——"中图书苑"（CNP BOOK）平台建设（续建）；（16）中图公司——中图上海业务管理系统（新建）；（17）中图公司——世图总部计算机网络化建设及网络期刊建点（续建）；（18）中图公司——科文音像社梅兰芳京剧资料修复及出版项目（续建）；（19）中图公司——海外书刊资源管理平台（新建）；（20）中图公司——海外出版物物流管理系统（新建）；（21）中图公司——中图广州 CRM 管理系统（新建）。

2005 年度，全集团共批建 21 个科技项目，批拨资金 3325 万元。其中，集团总部直接管理项目 4 个，资金 1795 万元，4 个项目分别是中国出版集团财务管理信息系统、中国出版集团信息管理平台与网络安全建设项目、中国出版集团海外发展建设项目、可供书目数据平台；成员单位共批新建、续建科技项目 19 个，批拨资金 1530 万元。这些项目包括：（1）人民出版社——东方音像电子出版物编辑制作系统；（2）人民文学出版社——编辑排版管理系统；（3）商务印书馆——图书资源管理系统；（4）商务印书馆——辞书语料库及编纂系统；（5）中华书局——中华古籍语料库（第三期）；（6）中国美术出版总社——建设开放式荣宝斋木版水印工艺坊工程；（7）中国美术出版总社——图文数字化处理系统；（8）人民音乐出版社——网站及电子编辑室；（9）生活·读书·新知三联书店——电子书刊数据库管理系统第三期工程；（10）中国对外翻译出版公司——多语种翻译资源数据库及应用系统项目；（11）中国出版对外贸易总公司——现代书店连锁店管理信息系统；（12）新华书店总店——全国图书发行连锁网点建设；（13）中国图书进出口（集团）总公司——建立国外出版社期刊全文镜像站；（14）中图公司——中图链接服务；（15）中图公司——海外书刊贸易资源管理平台；（16）中图公司——世图计算机网络化建设及网络期刊建点；（17）中国大百科全书出版社——百科出版编辑楼防火系统改造；（18）中国大百科全书出版社——知识元数据库及其基础平台建设；（19）中国大百科全书出版社——中国文化遗产多语种知识数据库及其多模式宣传系统。

截至 2006 年 1 月，已通过集团验收的有：新华书店总店的"全国出版物发行信息网"、商务印书馆的"辞书语料库编纂系统"、中图公司的"中图书苑平台建设"和中图链接服务系统一期、版图公司的"中文报刊网络发行系统"，中华书局的"中华古籍语料库"（一、二期）和中华古籍网等项目，其余单位的项目还在后期建设中。根据信息技术部的安排，2006 年上半年将陆续开展剩余项目的验收工作。

（三）集团公司项目建设情况

集团公司项目的建设情况，归纳起来就是"两个平台，四个系统"。

平台一：中国出版集团信息管理平台

该项目是集团信息化建设的基础性项目，建设的重点放在集团办公信息系统、外部网站建设和全网安全系统建设等几个方面。

经过 2004、2005 年集团办公信息系统一、二期的建设，目前已完成了集团内部办公、电子信息传递、信息资源整合、动态论坛等有特色技术的设计开发工作，初步形成有行业新闻、工作动态、企业文化、业务处理等功能的一体化综合办公信息系统。目前，集团各单位的联网正在进行。已经实现了单向访问，下一步的工作是双向联通，做到集团公司同各单位双向交换信息数据。这里面存在一定的技术层面问题，对于连通后的安全也不容忽视，希望集团信息技术部同各单位技术部门共同研究，早日达到这一目标。

外部网站的改造也是 2006 年上半年重点工作之一。外部网站是中国出版集团对外宣传的门户。信息技术部将在 2006 年上半年做出网站的改造规划，届时需要各单位相互配合，统一数据接口，做好各网站之间的无缝链接，力争在 2006 年完成规划建设。

在信息安全方面，网络安全防护项目的总体目标就是提高集团整体的网络信息安全的管理水平，完善安全管理体系，提高安全级别，为出版业务信息化的顺利开展奠定安全基础。在安全系统的建设上，集团将面向国内外知名的网络安全提供商进行招标，开始安全系统的构建工作。

平台二：中国可供书目数据平台

可供书目数据平台的建设是在 2002 年 8 月由集团党组正式提出的。2005 年 10 月 27 日，"中版通（北京）数据信息技术有限公司"成立，专门从事可供书目的建设。中版通公司计划在三年的时间内建成相对完善的中国可供书目，向出版单位、发行单位、图书馆、教育科研单位的资料室以及其他各种购书团体和广大读者提供全面的书目信息服务。随着中国可供书目数据库的建设发展，中版通公司还将进一步向购书搜索平台、市场信息反馈、大型综合市场分析决策系统等方面拓展业务，为中国的出版产业群体提供基于互联网平台的全方位信息服务。

系统一：人力资源管理系统

人力资源管理系统是集团重点建设项目之一。人力资源系统不是一个孤立的系统，在考核管理方面，它要与经营和财务系统相连接；在人员培训选拔方面，它要与内部办公平台相连接；在人员公开招聘管理方面，它要与外部网站相连接，因此，它是一个配套工程。集团信息技术部和人力资源部将于近期着手组织开展此项工作。

系统二：财务管理信息系统

建立一套新的集团财务管理信息系统，是转制后完善财务管理体系的需要，是加强集团内部运营管理水平的需要。

财务管理信息系统由集团技术部和计划财务部组织实施，计划在 2006 年上半年建设完成资金管理子系统，年内启动财务管理信息系统后续项目。

系统三：出版管理系统

该项目是 2006 年集团公司信息技术工作的一个重点，通过出版管理系统的建设，使各出版单位同集团形成统一的工作流，提高报送、审批的效率，形成集约化管理。目前，各相关部门正密切配合做好前期的调研工作，预计年中将正式启动项目的建设。

系统四：中国出版集团海外发展建设系统

为了把中国出版集团建成对外文化交流的重要窗口，集团提出了出版物营销业务"两翼齐飞，中间开花，四通八达"的建设思路。

为了实现这个目标，就要加大对海外机构的投入，包括技术投入和支持，使海外网络真正能够连通起来，使海内外的人流、物流、商流、资金流能够通过信息流真正流转起来，信息技术部将会同集团有关部门进行调研，为项目的启动做准备工作。

集团公司负责建设的信息化项目，将由集团公司信息技术部牵头完成系统选型、招投标工作，由相关使用部门配合完成相应的方案设计，共同完成项目建设、验收。需要指出的是，集团公司负责的项目，是为全集团服务的，因此需要各单位、各部门高度重视，互相配合，共同建设。在建设过程中，应当注意做到归口统一，由集团公司信息技术部统筹安排，统一处理各方衔接问题，防止多头操作。

（四）集团公司项目建设中存在的不足

集团公司项目建设总体上讲是比较务实的，有的项目是有影响力、有实用价值的（例如：大百科的术语语料库，中华书局的古籍网、中译公司的翻译数据库等）。但在建设过程中也暴露出一些问题，主要是：集团整体信息化建设还不完善，功能比较单一；有些科技项目建设不能做到专款专用；项目普遍存在拖期问题；有的单位科技项目建设归口不明确、存在扯皮现象；有些项目在规划招标时没有按照集团规定进行等等。希望大家好好总结，找出自己的不足；需要集团解决的问题，可以提出来，大家一起研究解决。

中国出版集团作为国有资产的出资人，就要使整个集团一盘棋，合理地调配人力、物力及各种资源，但就目前来看，信息资源配置还不甚合理，主要问题表现在以下几个方面：

（1）各单位的信息建设各自为政，系统孤立，资源不能共享，在系统平台上设备接口不统一，互联互通困难。

（2）多数单位内部的出版、发行、财务系统之间相对独立，数据流不能贯穿于整个经营活动中，造成生产环节之间的脱节；某些系统数据混乱，缺乏真实性。

（3）有的系统功能陈旧，不能为全集团的发展提供有效的支持，主要表现在系统的管理控制方面，如一些权限的控制、选题、印制等操作流程的严格性等，在对经营指标的分析、流通周期分析等方面做得还不够深入。

（4）信息化建设中，真正有助于管理的结构化数据严重匮乏。

大部分统计目前还要依据人力手工进行汇总，费时又费力。

（5）未充分利用因特网这一主流网络开展企业的宣传、网上办公等。

（6）各单位的资源数据库相互独立，其实有些内容不一定仅限于单独内部使用，至少可以做到全集团共享。当然，这里有一个开放程序和技术实施手段的问题，大家回去后可以好好研究，争取做到集团资源最大限度的充分利用。

二、集团"十一五"信息技术规划说明

集团"十一五"发展规划中强调：要进一步加强对信息化发展的规范和引导，加快结构调整，培育出版行业新经济增长点，促进集团信息产业持续、健康发展；建设和完善中国出版集团信息管理平台；建设全集团生产管理流程信息系统；建设全国可供书目数据库和中国出版集团门户网站等，逐步实现集团内各种业务、管理信息的数字化、网络化，支持决策科学化；保证对集团出版发行业提供有力、快捷的保障和服务。

基于上述思路，"十一五"期间中国出版集团信息化建设规划包括以下 10 个重点方面：

　　基础平台建设

　　财务系统建设

　　编印发系统建设

人力资源管理系统建设

办公自动化平台建设

对外网站建设

出版资源系统及数据库建设

电子商务建设

网络出版物建设

可供书目数据库建设

以上十个方面的具体规划内容在集团信息化建设"十一五"规划中论述得比较清晰，大家可以进行充分讨论，提出建议、意见，要抓紧修改、完善该纲要，使之成为指导今后工作的纲领性文件。

三、集团 2006 年信息技术方面的主要工作及思路

（一）落实"十一五"规划工作

集团"十一五"规划纲要对今后五年集团的发展作出了全面部署。纲要通过后，大政方针就确定下来，下一步的关键是真抓实干，抓好落实。各单位必须要按照集团的总体部署，紧密结合各单位的实际，安排好各自的发展规划和工作措施。分清主次，有计划、有步骤、有重点地逐步推进工作。

（二）建章立制，加强项目和资金监管

为使集团信息化建设工作健康持续发展，集团公司要加大信

息化管理工作力度。集团 2006 年要陆续制定一批规章制度，出台一系列的文件，如《中国出版集团"十一五"信息化建设规划》《中国出版集团科技项目管理办法》等，指导和规范集团信息化建设工作，提高集团科技项目的管理水平及专项资金的使用效率。

信息技术部在今后的工作中将加大对专项资金项目的建设情况的管理、监督和检查力度，对于专项资金的使用情况会同审计部门或委托会计中介机构进行财务审计。

（三）建立良好的信息传递与分级管理制度，做好信息的发布工作

信息服务是信息技术部门的一个重要任务，信息服务部门要变被动为主动，主动获取其他部门的数据信息，做好分工协作，对数据进行归类、汇总，做到单位内部信息共享；需要上报上级单位和同级单位共享数据的，要理顺信息来源和信息使用渠道，考虑统一数据结构和接口，保证信息服务信息传递的准确、快捷、全面。

信息发布由信息部门协调落实，消除信息只滞留在部门或个人的现象，任何个人和部门无权独占信息资源。对于敏感性信息，在发布时需要报送相关主管部门审批。集团公司今后得有人盯住集团网和各单位网站情况，包括资料更新情况。

（四）抓好 2006 年集团重点项目的建设

2006 年集团的信息化项目建设分为四大类。

一是技术支持项目，主要有集团信息管理平台，集团财务信息管理系统，集团出版管理系统，各单位的专属管理系统等。

这部分系统与集团的管理和核心业务联系紧密，特点鲜明，有基于出版业务的编辑排版系统，也有基于图书进出口的采选系统，还有一些专业的电子编辑，图文数字处理系统等等。因此，各单位在系统选型、项目实施时要充分考虑到自身的业务特点，使用适合自身管理、有助经营的系统，不要盲目地生搬硬套；要注意系统的开放性，预留出相应的接口；系统建设要遵循集团的相关建设办法，项目进行中要做到及时交流，互相沟通。

二是内容项目的建设。主要为各单位的资源数据库建设。

出版资源数据库是大型珍贵经典图书得以持续出版、科学修订、保持长盛不衰的生命力的重要基础。集团所属各类资源数据库，如商务印书馆的语词数据库、人民文学出版社的文学数据库、中华书局的古籍类数据库、中国大百科全书出版社的百科术语数据库、人民美术出版社的美术类数据库、人民音乐出版社的音乐数据库、中国对外翻译出版公司的翻译类数据库、世界图书出版公司的科技类数据库等，都属于集团的重要资源和宝贵财富。集团将在政策、资金、组织形式上采取积极措施，继续扶植出版资源数据库的建设，并设计实现资源共享的管理运作模式，使之在集团及所属出版单位未来的资源整合和新产品开发中发挥重要作用。

2006 年集团共有四个资源数据库，包括商务印书馆——辞书语料库及编纂系统，中华书局——中华古籍语料库（第三期），中国对外翻译出版公司——多语种翻译资源数据库及应用系统项目，中国大百科全书出版社——知识元数据库及其基础平台建设，这些项目得到了集团科技专项资金的支持。这里面既有新建项目，也有续建项目，希望建设单位抓紧落实，完成系统建设。

三是对外服务与增值项目建设，主要为集团及各单位网站建设，可供书目的管理与经营，电子商务与数字出版等新技术的应用。

应当说未来五年高新技术的发展对出版行业影响巨大，在这方面我们要提前起步，认真面对互联网对传统出版的冲击和挑战。集团这两年有些出版社已经开始尝试跨媒体出版，可供书目的建设也已经步入正轨。2006 年在这些方面要继续完善，做好企业网站、电子编排、可供书目等项目的建设。集团公司信息技术部在建设集团外部网站的同时也将考虑电子商务的初步应用，进行网上交易、物流、结算等全流程服务，降低营销成本，提高经营效率和效益。

四是要完成各成员单位内部资源的优化配置与运用，初步达到集团内部资源共享。

内部资源的优化配置与运用是一项涉及整个集团的信息技术工作。我们要打破原来各自为政的状况，在人员配备、资金投入、资源管理等几方面继续优化，逐步构筑一个经济实用、技术先进、功能完善的信息、业务、资源管理的整体平台，形成集团内部的信息高速公路，保证信息流、业务流、资金流的顺畅，推动集团自身的快速发展。

2006 年将在集团信息平台整合的前提下，在信息资源规划的基础上，逐步实现网上政务、业务审批和信息共享的建设。

以上各项目的重要性前面已经阐述过，各个项目也都经过了集团的认可、审批，在经费上也得到了财政部的支持，目前已经制定出比较齐备的建设方案，有些项目已经开工建设。希望大家能够认真负责，充分交流、配合，用好各种资源，花好每一分钱，保证项目的建设能够按时、高质的进行。

中国可供书目数据库要做到全、新、准★

"可供书目"机制在西方出版发行行业已有百余年的发展历史，在我国目前还很不成熟，几乎属于空白。几十年来，我们向读者、向客户提供的，都是新书目，是当前书目。新书目中，有些行业用书、收藏书、定向的专业书乃至部分教辅教参，是一次性发售，不是普遍、长期供给；而另一些长销的图书，如《二十四史》、经典著作、经典文集，是长期可供的，但并不是新书，不在新书目内。因此，对读者来讲，"新"固然重要，"可供"、哪里供给更重要。可供书目正是沟通出版社、读者、销售者之间信息的桥梁和基本工具，是由权威机构提供、能满足读者和供销商现实需要的基础书目。

中国可供书目数据库有三个特点。

第一是全。如果不全，有的查得到，有的查不到，查不到是没有搜集到还是没有这本书呢？那样数据库的价值就大打折扣。

★ 2006 年 9 月 8 日，在中国可供书目数据库评审会上的致辞。

第二是新。即时更新汰废，动态与即时是关键，这就需要强大的数据采集、处理、更新能力，虽然有的单位也在搞，但做到即时更新比较难。

第三是准。数据准确很重要，版本、销售点、数量、价格和折扣是不是准确，关系到能否准确供货、有效供货。

中国出版集团是中国最大的大众出版商，有责任也有能力建设好中国可供书目数据库。在中宣部、新闻出版总署的大力支持下，集团积极投入建设中国可供书目数据库这一行业内的重要系统工程。为了保障专业人员及资金投入，集团成立了中版通（北京）数据信息技术有限公司，专门从事这一工程建设。

我们认为，中国可供书目的建设关键是形成中国出版发行行业商品供应体系中的一整套信息服务机制，沟通产销产品及市场信息，并且要适应行业在网络出版、电子图书方面新的发展。所以，这个项目是一个比较大的综合性信息系统工程。

目前，我们正在进一步完善项目的整体规划。由于项目在行业内有一定的超前性，所以，我们每迈出一步都很谨慎。今天请大家评审的三个子项目是整个项目的开端，是在尊重行业已有应用的基础上，增加了一些新的技术应用。囿于行业整体信息化水平的现状，以及各单位对数据交换认识的不同，这几个子项目仍然带有投石问路的性质，资金投入都不大。

本次项目没有采用招投标的方式，除了节约时间、提高效益的因素外，还有更重要的一点，就是这个项目是开创性的，没有先例可循，没有现成标准，只能主要靠专家的智慧来判断。我们每个子项目选择了一家公司，采取专家评审、集团技术部监督的方式。所选择的开发公司都在相关领域里有过比较长时间的实践。鉴于中国可供书目数据库的重要性，希望专家能够严格评审，不讲情面，不合格的单位坚决淘汰。

目前，我们国家对外放开了图书分销市场，很多出版单位也在进行转企试点工作，出版发行工作面临着巨大的竞争挑战。在这种形势下，中国出版集团作为出版的国家队，更应当积极开拓、创新技术、带动出版发展，继续发挥在行业的领军作用。中国可供书目数据库项目是我们集团实施"十一五"规划的重要一步，是集团在立足自身整体发展的同时，为全行业提供服务、促进全行业发展的重要举措。

我国出版发行行业的技术应用水平与发达国家相比较还存在着较大的差距，我们集团在信息化发展的过程中也遇到了一些问题和困难，有环境的、也有我们自身的。所以，我们希望有更多的专家学者能够以中国可供书目数据库建设为契机，关注出版发行行业、关注我们集团，帮助我们运用技术、融通信息、快速发展。

工具书数字化大有可为★

今天的"工具书在线"一期工程验收会议，专家阵容很强大，有语言文字方面的、辞书编纂方面的、出版方面的、信息方面的、技术方面的专家，可见商务印书馆的准备工作做得十分充分。这次"工具书在线"验收会，不仅是工程实施过程中的一个环节，也是学习、交流、研讨的重要机会。借此机会，我向各位介绍一下自己的想法，供大家参考和批评。

一、出版的信息化和数字化是大势所趋

大家都知道出版产业是内容产业，也有的人认为出版产业首先是服务产业，因为它提供给客户的主要是服务。将这两种观点结合起来，我们可以说出版产业既是内容产业又是服务产业。出版产业与其他产业最大的不同在于，其他产业提供的主要是客

★ 2006 年 9 月 19 日，在商务印书馆"工具书在线"一期工程验收会议上的讲话。

户独自享用的产品，如汽车、冰箱等，购买、拥有此类产品后，只能客户自己享用、别人不好分享。出版业的产品则不同，过去，在没有数字化之前，图书、报刊等出版产品可以通过图书馆借阅等形式，在一定范围内实现一件产品、多人共享；现在，在有了信息技术、数字化技术之后，同一件图书、报刊、音像电子出版物、网络出版物等出版产品可以实现更大范围内的传播、共享，这是出版产业的一个显著特点。这个特点决定了出版工作与信息化、数字化有着极其特殊的关系，两者的联姻、结合有着特殊的现实意义。从目前的发展情况来看，出版的信息化、数字化有如下几个特点。

1. 内容资源的数字化

中国出版集团有着海量的内容资源，这是集团的优势所在。这些内容资源包括：商务印书馆的辞书语料，中国大百科全书出版社的百科术语，中译公司的翻译语料，人民文学出版社的文学作品，中华书局的古籍史料，等等。越是海量的内容资源，越值得、越适合进行数字化处理和运用，越能够通过数字化衍生出新产品、获得新价值。

2. 产品的数字化

产品数字化的形式包括 CD-ROM、手持阅读器、网络出版物等等，这些新的出版产品的呈现方式和阅读方式已经逐渐为大众所接受。现在中国的手机用户已达 4 亿多人，手机、网络、出版三者之间已经形成了特殊的关联与互动。

3. 销售过程的数字化

电子商务、按需印刷、刊物定制等形式，都是销售数字化的新形式，出版社可以根据客户的需要和销售的特点进行个性化的销售服务。比如不久前集团与《天津日报》社合作的通过卫星报纸下载系统进行报纸销售的项目，就是销售过程数字化的体现。

4. 信息交换的数字化

典型的例子是集团目前建设的中国可供书目数据库系统，这一系统可直接反映出出版社当前可以提供的图书的相关信息，同时读者也可以通过这一系统向出版社反馈阅读需求，提示出版社增添新书产品、补充供货数量。

5. 出版管理过程的数字化

出版管理过程通常包括编辑审稿、印刷复制、发行等环节，财务管理、人力资源管理以及物流、商流、信息流等方面，出版企业引进的比较全面的管理系统为 ERP（企业资源管理系统）。出版各环节、各方面的管理，尤其是全方位的 ERP，都离不开数字化的支撑；出版的数字化已经融会、结合到出版过程的各个环节、各个方面。

二、以工具书为代表的出版产品的数字化大有可为

对于出版业的数字化，我们做过一些调查。比如大英图书馆 2005 年年度报告中就预测，到 2020 年，英国 40% 的学术专著将

只出电子版，另外 50% 的学术专著将同时以数字形式和印刷形式出现，仅有 10% 的出版物只以印刷形式出版。虽然这只是一家之言，但是得到了不少业内人士的认同，它至少表明，像科技期刊、学术专著、工具书这类专业性强、检索率高的产品，数字化的趋势更加明显。

我们通常把出版分为大众出版、教育出版、专业出版。其中，专业出版的数字化程度最高，教育出版次之，大众出版中小说等休闲类的纸书则仍然具有传统优势。图书与专业期刊相比，期刊的数字化程度较高；不同类型的图书中，以提供基础信息、主要用于查检的工具书的数字化程度较高，数字化发展的趋势更大、进度也更快一些。"工具书在线"正好体现了这个大的发展趋势。

最近，中国出版研究所做了第四次全国国民阅读率和购买倾向的调查。这类调查从 1999 年开始每两年进行一次。调查显示，全国国民阅读率，1999 年为 60.9%，2001 年降低到 54.2%，2003 年降为 51.7%，2005 年跌到 48.7%。这个 48.7% 是笼统说的，实际是指有识字能力的国民的阅读率，包括图书和期刊，其中图书的阅读率为 42.2%，期刊的阅读率为 51.3%。

但与此同时，网上阅读率却在逐年提高，1999 年网上阅读率为 3.7%，2003 年为 18.3%，2005 年为 27.3%，网络阅读率 7 年中增长了 7.5 倍。有网上阅读习惯的人，平均每年增幅为 40%，这一倾向是很值得注意的。

在纸介质阅读率下降、网络阅读率上升的情况下，我们注意到工具书的在线阅读率需求最大，比例最高。北大方正和《中国计算机报》联合发布的"2006 互联网时代的读者阅读调查报告"显示：在电子图书中，读者需求量最大的是词典等工具书，约占43%；其次是小说、散文、生活指南等休闲类，为40%；期刊为30%。由此可见，网络工具书的发展前景不可限量。特别是，在线工具书能够容纳海量的数据，能够提供多样化的、便捷的、准确的检索方式和途径，因此它的发展前景十分广阔，发展空间巨大。

三、工具书在线项目有很大潜力

商务印书馆的"工具书在线"基于一个基础项目——商务印书馆语料库。商务印书馆成立于 1897 年，已有近 110 年的历史，在此过程中积累了大量语言文字范围的语料、例句、例证等。这些语料库、图片库、书稿库、作者资料库等，本身就具有很高的价值。在这个基础上派生出来的辞书编纂系统、排版系统、工具书在线系统，构成了庞大的商务印书馆数据库系统。整个商务印书馆数据库系统以及一期"工具书在线"工程，既是商务印书馆当前的重点科技发展项目，也是商务印书馆今后发展的重要经济增长点。数据库的建设工作得到了中国出版集团信息技术部的支持和服务。这几年，集团先后以文化发展专项资金的形式拨付支持了近 1000 万元资金，有关合作伙伴、有关方面的专家也一起做了大量的开拓性工作。

"工具书在线"把商务印书馆所出版的精品工具书中的《新华写字字典》《新华正音词典》《新华拼写词典》《中华人民共和国地名大词典》等做成网络版,下一步还要不断补充网络工具书的内容,还有大量的工作要做。大家都知道,商务印书馆的工具书品种很多、影响很大,现在在线的这四本书只是现有精品工具书中的一小部分,对于一般读者来讲确有使用价值,但是对我们出版人来讲却远远不够,有必要尽快充实内容资源,丰富在线品种,满足读者的广泛需求。在2006年9月初的国际图书博览会上,新闻出版总署副署长于永湛说,"在出版行业,谁拥有最丰富的出版资源,谁能够对出版具有最强大的整合能力,他就越具有竞争力,今后越具有对市场的控制力"。从这个角度来讲,今天的工程只是第一期工程,只是走出了第一步,今后还有很大的发展空间,还有很多的工作要做。

四、几点希望

第一,希望商务印书馆继续研究在线出版与传统出版之间的关系,加大对"工具书在线"项目的支持力度。同时需要考虑几个问题,比如,我们把一个产品推到网上去,它固然在网上扩大了影响,但是也难免对原有纸介质读者产生一定的影响。这两者的关系怎么处理?有没有比较好的办法,能够促进它齐头并进,这恐怕需要深入研究。再比如，我们的作品有的是商务印书馆自己编纂的，还有一部分是作者将版权直接卖给商务印书馆的，也有两者共享版权的，怎么处理好版权的问题？另外，商务印书馆传统工具书的读者市场大，不一定意味着网上的市场也一定大，大家要买工具书首先想到的是要买商务印书馆的纸本工具书，但是网上很多年以前就有类似的网络工具书，普通读者辨别不出这些网络工具书是否权威，我们怎样才能让读者认识到我们的网络产品的权威性？这也是一个课题。

第二,希望集团的专家、集团成员单位积极参与"工具书在线"项目,做到内容共建、利益共享。前面提到的几个大的数据库项目,包括网络出版项目，除了集团内项目，集团外也有类似的亮点项目,是不是可以集中到"工具书在线"这个平台来？"工具书在线"这个名字非常好，可以作为一个通名。我们可以把一些大的数据库并库、联库运行,在此基础上把一些主要的、不同类别的工具书,都通过"工具书在线"这样一个窗口来进行有偿的整合，共同取得收益。这个需要商务馆牵个头,集团公司帮着协调。

第三,"工具书在线"这样的项目,不是纯粹的、传统的出版,它涉及技术、信息、文字各个方面，需要各领域的专家予以帮助。根据 2006 年 7 月份的统计，全国的互联网用户已达到 1.2 亿，手机用户达到 4.4 亿，2004 年起国内出现了手机小说，虽然点击量还不是很高，但毕竟作为萌芽状态的手机出版物已经产生了。所以，手机这样一个大家比较通用的工具能不能跟我们的"工具书在线"项目结合起来，是不是也能探讨？

第四，希望商务印书馆"工具书在线"项目，不光在技术上、在运作上取得成功，而且在经济上也取得好的成果。2002～2005年，我们对集团的100多个科技类项目陆续投入近1.4亿元，投入不可谓不多，这个数字相当于全集团一年的利润。这些投入，总体感觉经济效益还不明显，有些项目做得很好，验收时也觉得很好，觉得技术含量高、填补了某一方面的空白，但是经济效益究竟如何，不敢断言。"工具书在线"能不能改进我们的出版工作，能不能为读者、作者提供检索便利，能不能变成有效产品、有效销售，还要进一步观察。希望商务印书馆以工具书、语料库为基础，积极探索在线产品的生产、销售、服务，发挥先导作用，取得经济实效。商务印书馆最近翻译出版了一本叫《蓝海战略》的书，书中把过去已知的市场空间作为红海，把未知的需要探索的还有很大的余地的市场空间作为蓝海，这个观点影响很大。我们希望"工具书在线"作为蓝海里面的一条鱼，能够在这个虽然未知但是很广阔的网络市场空间里尽情遨游，游出精彩，游出效益。

数字出版产业的发展现状及思考★

一、数字出版的概念、特征与形态

随着互联网和高新技术的快速发展，包括图书、报纸、杂志、音像制品等在内的传统出版物近年来在不少国家都出现了经营滑坡的趋势，而互联网媒体则呈现出强劲的发展势头。由于世界范围内数字时代的到来，大众的阅读方式已经不再局限于传统纸质媒体甚至光存储媒体，新兴的数字媒体譬如新闻网站、电子图书、数字杂志、在线音乐、网络游戏，以及以手机为载体的手机报纸、手机小说、手机音乐等众多新的阅读载体和阅读方式正在兴起。

（一）数字出版的概念

国际出版产业的数字化实践大致已有十多年了，但是对于什

★　在2008年11月6～7日举行的第三届香山论坛上的发言。后载于中国出版集团公司战略发展部编：《2008香山论坛：科学发展与出版产业创新》，中国对外翻译出版公司2009年版。

么是"数字出版"仍然没有公认的定义。2007年，在奥地利维也纳举行的第十七届国际数字出版会议上，有学者指出：数字出版是依靠互联网并以其为传播渠道的出版形式。其实，这个定义未必全面。

中国近年来陆续出现过许多与数字出版（Digital Publishing）相关的概念，如电子出版（Electronic Publishing）、网络出版（Network Publishing）、互联网出版（Internet Publishing）、跨媒体出版（Cross Media Publishing）等。

2008年4月，中国出版科学研究所发布的《中国图书出版社跨媒体出版状况调查报告》显示：在中央出版社和地方出版社中，认同数字出版的比例分别为38.5%和33.2%，居首位；其次是跨媒体出版和互联网出版；认同电子出版的比例分别仅为7.4%和10.7%。

（二）数字出版的基本特征

我们对数字出版基本特征的理解是：内容数字化，传播网络化，经营集约化，交易电子化。

（三）数字出版的主要形态

就整个数字产品而言，它经历了4次大的飞跃。

第一次飞跃是视频的数字化。这期间，VCD、DVD等光盘及其播放设备流行，录像带成为历史。

第二次飞跃是图像的数字化。这期间，数码相机流行，胶卷与传统相机被颠覆。随着数字绘画板的推广，图像数字化变得更加广泛和深入，崭新的动漫创意产业兴起，传统的绘画方式受到挑战。

第三次飞跃是音频的数字化。这期间，Mp3 流行开来，传统的"随身听"被替代。

第四次飞跃是图书报刊的数字化。图书报刊的数字化涉及的数字形态最多。早期的数字出版分为电子出版物和网络出版物两大类。电子出版物通过计算机或专用阅读器（如 E-book）读取使用，譬如 FD、CD-ROM（只读光盘）、CD-I（交互式光盘）、Photo-CD（照片光盘）、DVD-ROM（高密度只读光盘）、IC-Card 等，其特征是封闭式的；网络出版物的编、印、发工作和阅读过程都是通过互联网进行的，其特征是开放式的，信息多元，迅速、便利。随着 U 盘、Mp3、Mp5、PSP、手持阅读器等的使用，互联网和手机的普及，各种形态的手持读物、在线读物大量出现。随着电子纸显示技术（EPD）的成熟，以电子纸配合储存芯片的手持式电纸书开始流行。电纸书可以在其电子纸表面显示出如同传统印刷物的黑白图案和文字，看起来与纸张上的效果极为类似，在阳光下没有液晶显示的反光现象，适合人们的阅读习惯。

经过多年的发展，目前，数字出版的主要形态有以下 10 类：电子图书、互联网期刊、按需出版（按需印刷）、电子词典、在线数据库、在线教育、在线音乐、网络游戏、手机出版、移动阅读。

其中手机出版，包括手机彩铃、手机铃声、手机游戏、手机动漫、手机报纸、手机小说、手机杂志、手机搜索等；移动阅读，包括手持阅读器、PDA、Mp3、Mp4、Mp5、GPS、电子纸或称电纸书 EPD 等，也包括手机出版。

二、国际数字出版现状

国际传统出版商已经开始向数字出版商全面转型。近几年的法兰克福书展上，30% 的展品都是数字产品。

目前，全球数字出版物与纸介质出版物的比例，杂志高于图书，专业出版物高于通俗读物；数字媒体与纸介质的比例，专业出版物为 80:20，教育出版物为 35:65，大众出版物为 1:99。从数字出版物的内容分布来看，词典类工具书、百科全书、专业图书、专业期刊占主流，小说及文艺类书刊则还是纸质出版物居多。爱思唯尔、施普林格、汤姆森等公司已初步完成向数字出版的转型，无论是在服务模式、服务效率、服务质量上，还是增值服务的延展性上，都取得了很大成效，数字业务在总收入中所占比重不断增加。

关于数字出版物的定价，工具书和学术专著的数字版比纸质版更贵，大众图书和教科书则不同。牛津大学出版社的工具书数字版定价为纸质书的 150%，学术专著为 135%，大众出版物为75%，而大学教科书仅为 50%。

在美国，大众出版的数字化转型仍然在隧道里潜行，数字产品的收入金额都还没有超过总营业收入的 1%；专业出版是数字化转型中商业模式成功的第一片霞光，已在很大程度上实现了盈利；教育出版已历经 10 年探索，但至今未找到可持续盈利的商业模式。

2007 年，汤姆森集团在出售了旗下的汤姆森学习出版集团后，绝大部分的销售额将来自电子产品和服务的盈利。鉴于这部分目前正处在不断高速增长的状态，汤姆森 2007 年电子化收入所占比例由 2006 年的 69％增长到 80％。

在日本，用手机看小说已成新潮流。2006 年手机小说的销售超过了 8200 万美元（100 亿日元）。2007 年上半年，进入日本 10 大畅销书排行榜的，一半是由手机小说改编的作品。影响最大的手机小说网站 Mahoi-Land，能提供 100 多万部手机小说，已吸纳了 600 多万会员。

在韩国，2007 年包括电子书、电子词典、教育用 CD/DVD、学术论文库、电子杂志、图书正文搜索、数字教科书、Audio Book、Mobile Book 等领域在内的电子出版产业的销售额达到了 5110 亿韩元（约合 36 亿元人民币），并以年 53.7％的速度快速增长。

Google 已进军数字出版领域。2005 年 11 月，"Google Print"测试版正式上线，它实际上是 Google 的"虚拟图书馆"计划。Google 与美国纽约公共图书馆等图书馆合作，将这些著名图书馆的馆藏图书扫描制作成电子版，研发了"Google 学者"搜索引擎，放到网上供读者阅读。读者能够免费搜索到图书的相关数字内容。目前，全球有上万家出版社已经加入 Google 的图书搜索合作项目，如牛津、剑桥学术出版社，美国最大的出版社基本上都是 Google 的合作商。目前，谷歌全球的多语言图书搜索已包括 100 多万本书籍，并已在 20 多个国家推出。

三、中国数字出版产业现状

1. 概况

中国工业和信息化部 2008 年 4 月 23 日发布消息，截至 2008 年 2 月份，中国网民数量达 2.21 亿人，超过美国，居全球首位。

又据中国互联网信息中心（CNNIC）2008 年 1 月发布的第 21 次互联网报告显示，截至 2007 年 12 月底，中国宽带网民数量已达 1.63 亿人，占网民总体的 77.6%。手机上网人数达 5040 万人，占网民总数的近 1/4。

自 1999 年以来，中国出版科学研究所共发布 5 次《全国国民阅读与购买倾向抽样调查报告》，数据显示：中国国民图书阅读率持续 8 年下降，网络阅读率持续 8 年上升。2008 年 4 月发布的最新数据显示：网络阅读率为 36.5%，图书阅读率为 34.7%，网络阅读率首次超过图书阅读率。

中国数字出版的历程虽然比较短，但近年来发展迅速，产业规模迅速扩大。2006 年，中国数字出版产业整体收入为 213 亿元。2007 年，中国数字出版产业整体收入为 360 亿元，比 2006 年增长了 70.15％。其中，互联网期刊和多媒体网络互动期刊的收入达 7.6 亿元，电子图书、数字报纸（包括网络报和手机报）的收入分别达 2 亿元和 10 亿元，博客、在线音乐、手机出版（包括手机彩铃、手机铃声、手机游戏和手机动漫收入）、网络游戏、互联网广告的收入分别达 9.75 亿元、1.52 亿元、150 亿元、105.7 亿元、75.6 亿元。 预计到 2008 年，数字出版产业的收入规模将达到 530 亿元，比 2007 年增长 46％。

关于未来五年中国数字出版产业的发展趋势，专家预测：

① 30%：超过 30% 的手机用户通过手机阅读电子书和数字报；

② 70%：跨媒体出版成为主流，全国 70% 的出版社将实现同步出版；

③ 90%：全国 90% 的报社将推出数字报；

④ 50 亿元：由网民和手机用户带动的电子书、数字报内容销售及广告收入将达到 50 亿元。

2004 年 4 月 1 日，国家统计局印发了《文化及相关产业分类》标准。传媒产业结构分类主要包括 10 大行业：报业（广告、发行）、图书、期刊（广告、发行）、广播、电视（广告、有线电视网）、电影、音像、网络（广告、其他）、移动媒体、广告公司。

2007 年，中国传媒产业的总产值达到 4811 亿元，比 2006 年增长了 13.6%。图书出版是其中产值规模最大的门类，2005 ～ 2007 年连续 3 年产值规模超过 1100 亿元，2007 年产值达 1238 亿元；移动媒体产业（包括手机电视、手机广播、手机短信、手机游戏、移动电视等）2007 年产值为 1053 亿元，位居第二；网络媒体产业（包括网络游戏、网络广告、网络视频、博客、各种下载业务等）产值达 297 亿元。

中国传媒产业内部的组成结构也在发生着迅速变化。从传媒产业比重变化率的情况看，传统传媒产业，除有线电视收费一项外，其他门类收入基本都是呈下降趋势，在传媒产业中占重要比重的门类，如图书出版、电视广告、报纸发行、广告公司等，其占传媒产业的比重下降幅度比较大。

新媒体的迅速成长也使中国传媒产业结构发生了很大变化。2007 年新媒体增长的势头依然不减，在传媒产业中的比重增加到 28.07%，而传统媒体则下降到 71.93%。

在创新阅读形式和传播方式方面，中国在政府层面，大力推进以数字技术和互联网技术为核心的文化生产和传播的新兴行业，加快传统发行业向现代发行业的转换，积极发展电子书、手机报刊、网络出版物等新业态，发展手机网站、手机报刊、IP 电视、数字电视、网络广播、电视电影等新兴的传播载体，这些都已写入国家文化发展纲要当中。在《中国新闻出版业"十一五"发展规划》中，数字出版领域将重点建设 8 个重点工程，即：多媒体研发工程、国家数字复合出版系统工程、中华字库建设工程、国家知识资源数据库出版工程、国家动漫振兴工程、中国古籍数字化工程、国家版权保护技术开发工程、数字化文化传播工程。

中国的数字出版最初是由技术提供商推动的，现在它们已大多发展为数字媒体提供商兼数字内容提供商，在提供技术的同时与出版社合作，购买出版社的内容资源，数字化后再放到自己的内容发布平台上。这些数字媒体提供商主要包括：

传统期刊互联网出版和在线数据库领域：清华同方知网、万方数据、维普资讯、龙源期刊等；

多媒体期刊互联网出版领域：XPLUS、VIKA、ZCOM 等；

数字图书馆或电子图书领域：北大方正、超星、书生、中文在线等；

手机出版领域：数码超智、银河传媒等；

出版类网站：起点中文网、榕树下等，也都是以数字媒体的形式从事数字内容的提供和发布；

百度、Google、新浪、搜狐、网易、盛大、TOM、腾讯、九城等网站或搜索引擎，也开始互联网出版业务。

2. 电子图书

2008 年 4 月 22 日，由中国出版科学研究所和北京方正阿帕比技术有限公司联合发布的《2007 年度中国数字出版代表性产业发展报告》显示：中国正版电子书规模稳居全球第一。截至 2007 年底，全国共有 500 多家出版社开展电子书出版业务，累计出版电子书 40 万种，是全球最大的单一语言电子书库。

而根据 2008 年 4 月 18 日发布的《2007 年中国电子图书发展趋势报告》，中国电子书总量已达 66 万种，比 2006 年增长

24.5%，仍然保持强劲的增长势头；电子书交易册数 4300 万册，实现销售收入 1.69 亿元，分别比 2006 年增长了 13 % 和 14%。

从内容来看，科技、社科类电子图书居前两位，共占总量的一半左右，其次是文学和教育类。

从主要业务类型来看，数字图书馆、收费阅读、手机阅读的销售收入分别为 1.21 亿元、3700 万元、650 万元，各占 71%、22%、4%。

从用户类型来看，图书馆、中小学、企事业单位等机构用户依然是电子书市场的主流消费群体。截至 2007 年底，全球共有超过 3800 家的图书馆等机构采购了中国电子书。

3. 互联网期刊和在线数据库

互联网期刊出版包括传统期刊互联网出版和多媒体期刊互联网出版。在中国，传统期刊互联网出版内容已具规模，生产高度集中。从事传统期刊互联网出版的公司主要有 4 家：清华同方知网、万方数据、维普资讯、龙源期刊，它们几乎垄断了该市场。

以清华同方知网为例，该公司成立于 1995 年，其产品"中国学术期刊网络出版总库"已收录期刊 9059 种，最早回溯年代为 1915 年，全文文献总量达到 2692 万篇。

与此同时，传统期刊互联网数字出版商的出版行为，已经不单单停留在期刊的数字化本身，而是将文献、信息等很多资源进行分析、加工和整合，形成海量信息的在线数据库，已是一种全新的数字出版模式。

还以清华同方知网为例，除期刊之外，还收录了会议论文、博士硕士学位论文、报纸、年鉴、工具书、专利、标准等各类数据库。

4. 数字报纸

相比电子图书，中国数字报纸的出现虽然晚了四五年，但其发展相当迅速。截至 2007 年底，全国数字报纸用户已达 500 多家，39 家报业集团中已实现数字出版有 33 家，占整体比重的 85%。数字出版已经得到国内报业的普遍认同。

5. 移动阅读

2006 年以来，移动阅读逐渐成为一种趋势和时尚。随着手机的普及和手机技术的发展，以无线通信技术为基础的新的网络出版平台出现了，这就是人们常说的第五媒体。中国工业和信息化部 2008 年 4 月 25 日发布的统计数字显示，截至 2008 年 3 月底，全国手机用户数超过 5.74 亿户，这为移动阅读的普及奠定了坚实的基础。

按硬件划分，手机、手持阅读器的应用较为普遍。

按内容划分，以手机设备为例，可分为手机书和手机报两种。据调查，58.9% 使用过移动梦网服务的手机用户表示愿意付费购买自己喜爱作家的手机书。手机报已经成为传统报业继创办网络版、兴办网站之后，跻身电子媒体的又一举措，是报业开发新媒体的一种特殊方式。

按阅读方式划分，现今主要的移动阅读方式为阅读文字内容，随着技术的发展，"听书"的阅读模式也将逐渐流行起来。

手机报运营服务模式日渐成熟，《人民日报》手机报、浙江手机报、《广州日报》手机报等已经形成了有稳定客户群和规模收益的手机报运营服务。今后几年，随着移动通讯基础设施以及终端设施的逐步改善，移动阅读领域必然将有极大的发展空间。

6. 出版类网站

近年来，新的出版类网站不断涌现，已经出现了起点中文网、新浪读书、豆瓣、读吧、17K 等一些领先的"重量级选手"，在电子书收费阅读和原创文学网络出版方面创造了新的商业模式，典型代表是腾讯 QQ 在 2007 年加入该市场，取得不俗的业绩。

7. 传统出版单位开始启动数字出版工作

目前，传统出版社已经意识到了数字出版的重要性，已经开始了数字出版战略层面的考虑和战略规划的制定。据调查，已有 200 多家出版社（约占全国出版社总数的 1/3 强）开展了电子书业务。有些传统的出版单位，设立了数字出版的专职部门，开发自己的数字出版产品。比如：商务印书馆的"工具书在线"、中国大百科全书出版社的"百科在线"、高等教育出版社的立体化教材、社会科学文献出版社的皮书数据库等。

四、中国出版集团的数字化工作

在中国出版业数字化的发展浪潮中，中国出版集团充分认识到信息化和数字化建设的重要性，在组建之初就成立了信息技术部，负责集团信息化和数字化建设方面的工作。成立 6 年以来，为推动和加强集团信息化和数字化方面的建设，共计投入了近 2 亿元的资金，启动了一系列数字化项目。

2007 年以来，集团把信息化建设和数字化工作提到新的战略高度。2008 年 4 月 22 日，中国出版集团数字传媒有限公司成立。该公司由中国出版集团公司投资组建，初期投资 1000 万元。中国出版集团将以此为契机，利用信息技术，改造和提高传统出版产业，整合集团的数字出版资源，推进数字出版，促进产业结构的调整和升级，创造新的业务增长点，实现集团发展的新突破。

1."中国可供书目数据库"和"书业公共数据交换中心"

"中国可供书目数据库"由中国出版集团所属中版通数据信息技术有限公司于 2005 年开始建设。目前，已收录新中国成立以来书目 200 万条，能够及时覆盖国内 90% 以上出版单位的新书品种。2008 年开始正式推出"网上样本厅"系统，实现了传统看样订货流程在网络上的应用。目前正在进行"书业公共数据交换中心"系统的建设。

2."辞书语料库"和"工具书在线"

辞书语料库及编纂系统作为新闻出版总署批准的重点科技项目，由集团成员单位、中国最早的现代出版机构——商务印书馆承建，已投入资金 1000 余万元，是目前中国出版业最大的信息化项目之一。辞书语料库已成为中国最大的语料库之一，已入库各种高质量的语料近 6 亿字。2008 年，"辞书语料库及辞书 / 工具书数字出版系统"代表新闻出版行业申报"国家科技进步奖"。"工具书在线"（www.refbook.com.cn）作为该项目的数字出版产品，2007 年荣获"首届中国出版政府奖——音像电子网络奖"，是三个网络出版奖中唯一来自出版社的数字产品。

3. "中国百科术语数据库"和"百科在线"

"中国百科术语数据库"于 1993 年由中国唯一的百科类工具书出版机构——中国大百科全书出版社承建。该数据库现有百科全书条目及各类术语量达 80 万，在大型综合性术语数据库领域属国内首创，达到国际先进水平。中国百科术语数据库曾获 1999 年度国家科技进步三等奖。2007 年，《中国大百科全书》在线版——"百科在线"，荣获首届中国出版政府奖——音像电子网络奖提名奖。

4. "多语种翻译资源数据库及应用系统

"多语种翻译资源数据库及应用系统"由中国出版集团成员单位、中国最大的国家级翻译出版机构——中国对外翻译出版公司承建，将该公司 30 多年来为联合国和各类大型机构翻译过程中所积累的翻译资源进行有效整合和利用。目前，该数据库已有数百万条记录。

5. "中华古籍语料库"

"中华古籍语料库"于 2003 年由中国出版集团成员单位、中国古籍类图书出版最多的出版社——中华书局承建，目前已完成 2 亿余字的古籍语料的数字化。

6."中国图书对外推广计划网络平台"

"中国图书对外推广计划网络平台"于 2004 年下半年由国务院新闻办公室与新闻出版总署启动，中国出版集团成员单位、中国最大的出版物进出口机构——中国图书进出口（集团）总公司承办，旨在向世界说明中国，让世界各国人民更完整、更真实地了解中国。

五、中国数字出版产业发展的制约因素及几点思考

（一）中国数字出版产业发展的主要制约因素

①观念和认识。传统出版单位在数字出版的概念、特点、发展趋势、对内容优势的认识等方面，存在着许多观念和认识上的误区。

②主导权。现代信息技术正在重组，甚至将来有可能颠覆传统出版产业链，出版单位正逐渐在由传统出版的"强势"地位变为数字出版领域的"从属"地位，面临着丧失主导权的危险。

③战略。目前，中国大型出版单位和出版集团明确提出数字出版战略的还很少，更不用说绝大多数中小出版单位。

④体制机制。出版社的现行体制、运作模式、业务流程、管理机制、人才知识结构、激励机制等等，很难适用于新兴的数字出版产业。

⑤人才。数字出版横跨 IT 和出版、教育、图书馆等多个行业。

而传统出版单位目前的人才知识结构中，既懂信息技术又懂出版业务的复合型人才很少，而集掌握互联网和信息技术、熟悉出版业务、具备企业经营管理经验等于一身的数字出版行业领军人物则更是凤毛麟角。

⑥标准。纵观数字出版的各个环节，从元数据到编码，再到产品格式，都存在严重的标准不统一的问题，仅电子书就有CEB、SEP等20余种格式。

⑦资金。中国出版单位相对于技术提供商和国外出版集团，投入数字出版的资金绝对数字和相对销售收入的比例都很小。

⑧版权。传统出版单位开展数字出版，面临着补签历史出版资源《信息网络传播权授权合同》、盗版侵权、数字版权保护技术不完善等诸多障碍。专业出版网站如文学网站与大型搜索引擎之间，也存在着"先授权，后传播"难以执行的问题，原创作品无法得到保护。

⑨商业模式。传统出版单位的数字出版还很少有成功的盈利模式。目前，只有少数几家出版单位主动探索工具书检索、POD、多媒体数字平台、二维码等新的盈利模式。

⑩法律法规。目前，中国政府已经颁布了《信息网络传播权保护条例》等关于数字出版的法律法规，但相对于技术的高速发展，政府监管的技术手段还相对落后，相关的政策法规还有待完善。

（二）几点思考

①应全方位大力推进数字出版工作。

我们呼吁政府尽快制定并落实促进数字出版产业发展的政策措施；建立和完善科技发展的组织措施；加大对新闻出版业的科技投入；支持行业重大科技项目的研发；健全互联网知识产权保护体系，加大保护知识产权的执法力度；加强新闻出版科技人才培养和队伍建设；加大对科技成果推广和运用的力度；尽快制定数字出版行业标准；建设若干国家级数字出版基地。

②主动探索新的数字出版商业模式。

出版社必须积极应对新技术带来的挑战，由被动接受转向主动求变，主动探索新的数字出版商业模式，加强与搜索引擎公司的合作，密切关注无线技术的发展，加强对出版资源的集约整合，搭建具有一定技术门槛、拥有特色内容的网络出版平台，争取掌握数字出版的主导权。

③资源深度加工和集约整合能力决定了数字出版市场控制力。

从内容和形式的辩证关系来看，数字化产品的形式永远是处于变化当中的，现在数字出版已经出现电子书、按需印刷、在线数据库等多种形态，将来还会出现更多的载体形态，但是万变不离其宗，其根本仍然是数字化的内容资源。出版资源只有经过深度加工，才能够充分发挥出现代计算机和网络技术的优势，满足网民灵活、便捷获取信息的迫切要求。在"内容为王"的时代，谁对内容资源拥有更强的集约整合能力，谁就掌握了数字出版的主导权和市场控制权。

④在数字出版方面加强国际交流与合作。

国际出版界在手机和互联网普及率、使用习惯、移动阅读的发展趋势等方面存在一定的差异，但在数字出版产业的发展和监管等方面都面临许多共同的课题和挑战，应加强各个层面的交流与合作。譬如，召开"数字出版论坛"，加强业务交流；建立数字出版信息定期交流的渠道和机制；深入开展数字出版技术与业务方面的合作；共同完善数字出版知识产权保护的机制，等等。

数字出版与国际传播★

1. 数字出版的一个重要特点——传播的国际化

与传统出版相比，数字出版的重要特点之一就是国际传播与国内传播的一体化。就出版范畴而言，数字出版的产品形态主要包括数字期刊、数字报纸、电子图书、数据库等等。而随着互联网的普及以及以手机和 Kindle、iPad 为代表的阅读器等阅读终端的多样化，数字出版的传播不仅实现了跨地区的国际传播，更实现了国际传播的即时性。

2. 国际传播数字产品的重要特点

主要有三个：信息的海量化、需求的专业化、渠道的多元化。

（1）信息的海量化：信息时代，信息呈碎片化、海量化存在。数字出版商和数字出版营销商均集聚了海量的信息。以亚马逊为例，通过"内容＋平台＋终端"的运营模式，集聚了全球各出版集团的 2600 多万种畅销、常销图书内容，已成为全球最大的网

★ 2012 年 8 月 30 日，在 2012 年北京国际图书博览会"数字出版和文化传播国际学术论坛"上的演讲。

络书店。

（2）需求的专业化：信息时代，信息大爆炸带来知识普及的同时，也带来了越来越专业化的需求。包括学术研究者和学生在内的各行业信息需求都更为专业，希望获得更有针对性的信息。

（3）渠道的多元化：数字出版传播渠道有互联网、手机、阅读器，获取渠道有免费获取、付费下载、数据库、电子书购买在线阅读等多种方式。

3. 数字产品国际传播的重要节点

主要有四个：专业出版、专业集成、专业服务、专业需求。

（1）专业出版：在数字出版细分领域中，发展最快的是专业出版。STM（科学、技术、医学）出版领域，数字产品销售超过总收入的 60%，科技领域普遍占到 70%—80%。五大商业出版社（Elsevier、Wiley-Blackwell、Springer、Taylor & Francis、Wolters Kluwer）的现刊数据库基本回溯至 1997 年，数字化程度几乎都接近 100%，同时各家重点学科、核心刊物的中期和远期的过刊数字化都已基本完成。如爱思唯尔在线全文数据库（Journals Consult）收录了 2500 多种以医学为主的期刊。

（2）专业集成：数字出版的快速发展提出了数字集成的要求。在集成主体上主要有两类：数字出版商和集成商。数字出版商方面，如爱思唯尔推出的全医学平台（Elsevier Clinical Key），集合了期刊、参考书、视频、图片、影像、临床试验、诊疗指南、药物专论等 12 种资源，收录全球 5000 多种医学期刊的 2000 万条医学文摘，500 多种期刊全文，900 多种图书，2500 多个视频，170 万张图片，12 多万个临床试验。在集成商方面，形成了以英捷特、道森图书、iGroup 等为代表的集成商。英国科技出版集团的英捷特（ingentaconnect）平台，拥有 250 多家各类学术科技出版商的 1.6 万多种电子期刊和出版物，超过 500 万篇各类期刊文章，已成为全球三大数字图书馆平台之一。

（3）专业服务：在服务方面，专业化主要体现在专业知识的提供和专业解决方案的提供。在出版商方面，Springer 专注于提供科学、技术、医学等专业服务，爱思唯尔全医学平台（Elsevier Clinical Key）是集中于医学专业的全方位服务。在集成商方面，如道森图书（Dawson Books）也通过集聚的大量学术数字资源，成为欧洲最大的学术图书、电子书专业馆配信息服务商。

作为进出口服务商，中国图书进出口（集团）总公司也面临着从传统产品提供商向综合信息服务商的转型。目前，中图公司已启动了全球数字资源聚合与服务工程建设，初步完成了虚拟化数据中心的建设，并与国内外出版社开展合作，目标在于通过加速对全球数字资源的集聚、存储、加工、管理、交易和服务，打造中国数字资源进出口"中盘"，为中国数字资源引进和国际文化传播作出贡献。

（4）专业需求：用户需求的专业化主要体现在信息资源获取的跨学科性、前沿性、便捷性等方面，即更注重通过信息检索的便捷性，得到跨学科、跨载体的解决方案。

4. 数字产品国际传播运营模式的重要特点

主要有三个：需求与服务的专业化个性化相匹配、交易与服务相匹配、客户与渠道相匹配。

（1）需求与服务的专业化个性化相匹配：数字出版商和集成商都更加注重通过碎片化内容的整合，实现专业化、个性化服务。

（2）交易与服务相匹配：传统出版与数字出版在交易与服务上的差异主要表现在：一次性交易与长期客户锁定、阶段性交易与长期不间断服务。这集中体现在中国数字资源进口方面，2005年后中国数字资源进口快速增长，2011年中国数字资源进口已达15亿元，所占进口总额已超过50%，集中体现了数字出版交易的持续性。

（3）客户与渠道相匹配：体现在客户多样化与渠道功能多样化。目前数字产品的获取已经辐射到计算机、阅读器等终端阅读设备以及其他移动阅读终端。

5. 数字出版与国际传播

（1）数字出版更便于国际传播，更容易产生国际影响力。全球十大出版商（英国的培生、荷兰/英国/美国的爱思唯尔、加拿大的汤姆森·路透、荷兰的沃尔特斯·克卢弗、德国的贝塔斯曼、法国的阿歇特、美国的麦格劳·希尔、西班牙的普兰塔、加拿大/美国的圣智学习、美国的学者），无一不通过数字产品的国际传播产生世界性的影响。

（2）数字出版正在改变出版方式和阅读方式。在改变出版方式上，数字化改变的是出版流程、管理、存储和传播方式；在阅读方式上，据统计，2011 年世界网民数量已超过 20 亿，手机上网用户接近 10 亿；中国网民数量达到 5.13 亿，手机上网人数超过 3.88 亿。数字阅读已经成为一种生活方式。

（3）数字出版最终将颠覆、替代出版行业，对社会文化生产方式和消费方式带来根本性的变化。信息技术作为一种革命性的技术创新，其对传统出版的颠覆不是终结，而是开始。随着数字出版、开放获取、跨媒体融合以及新媒体的加速发展，其最终颠覆的将是社会文化的生产方式和消费方式，文化生产的各种方式将不断融合，而消费方式也将更为综合。

数字出版是只潜力股★

1. 数字出版与传统出版的关系

（1）数字出版与传统出版是互相影响、互相促进的。目前，数字出版是对传统出版有益的补充，是做大出版增量的重要手段；未来，数字出版必然成为出版企业做大做强的重要力量，数字出版和传统出版将融合为一体，形成一种全新的复合出版流程，届时，纸版书、电子书或其他类型出版产品只是这种出版流程的终端表现形式而已。

（2）数字技术改变的不是内容创造和阅读本身，改变的是出版形式和传播方式。无论在什么环境下，出版的本质并没有改变。数字出版的本质或核心仍然是内容的创造和创新，传统出版企业的核心优势是具有丰富优质的内容资源、作者资源、读者认知度和素质过硬的编辑力量，这在数字环境下仍然如此。

★　2012 年 8 月，在中国出版集团数字化战略研讨会上的讲话。

2. 目前中国数字出版面临的主要问题

（1）技术厂商对中国国内出版格局的影响巨大。在数字化转型中，传统的大型出版集团尚不能占据核心主体地位，在移动终端阅读领域，信息技术厂商与电信等非出版企业更是占据了垄断地位。

（2）数字版权问题已经成为影响出版企业数字出版战略的重要制约因素。一些出版单位、作者和读者在数字版权方面还存在模糊认识，不会授权、授权混乱、重复授权的现象经常发生，侵权事件也不断出现，这些都是摆在我们面前亟待梳理和解决的问题。

（3）国内市场的电子图书，定价混乱，价格严重偏低，不利于市场的有序竞争，不利于推动市场的发育、成长。

（4）数字出版服务平台的集约化运营力度普遍偏小，各平台之间的资源共享、信息交换程度不高。

3. 中国出版集团公司数字出版的发展目标

中国出版集团成立 10 年来，一直非常重视数字出版工作，打造了一批精品数字出版工程，如集团公司数字出版资源总库、百科术语数据库和百科在线、辞书语料库和百种精品工具书平台、中国可供书目数据库、海外图书采选平台、中国数字出版网（大佳网）等等。

目前，集团正在制定中长期数字出版的战略规划，我们将以内容资源为基础，以推送平台为支撑，以产品研发为核心，以营销创新为手段，努力实现集团从传统出版向数字出版的新突破，改造和提升传统出版产业，推动集团的产业升级和大发展。

集团计划通过五年左右时间，以股改上市为契机，打造成熟的数字出版生产链、经营链，实现出版物的多元化使用，建设完成国内最大、国际领先的数字出版运营平台；同时，利用新媒体传播方式，打造国际化数字出版资源及新媒体文化的引进和输出平台，使数字出版成为集团公司"走出去"战略的重要组成部分。

国际数字内容传播渠道的合作与共生★

　　在全球化的今天，合作已经成为任何产业发展的必然选择。中外出版业的合作源远流长。尤其是中国改革开放以来，彼此的合作实践已经有 30 多年的成功经验。

　　在传统出版领域，中外出版业在教育出版和大众出版方面取得了很大的合作成果。最典型的案例之一，是《新概念英语》（*New Concept English*）的引进。这套家喻户晓的教材自 20 世纪 70 年代末由中国图书进出（集团）总公司引进中国，1997 年由外研社进一步将其本土化，30 多年来长盛不衰，销量已逾千万册。另一个典型案例是中国出版集团中华书局出版的《于丹〈论语〉心得》，在英国著名版权专家托比·伊迪先生的努力下，先后向欧美等国输出了 28 个语种、33 个版本，其中法语版累计销售超 20 万册，连续 25 周登上法国翻译类图书销售排行榜。另一本《山楂树之恋》，则输出英、法、意、西等 12 个国家和地区。此外，中国图书进

★　2013 年 7 月 4 日，在"中欧数字出版论坛"上的演讲。后载于《中国出版》2013 年第 19 期。

出口（集团）总公司的 8 家海外出版公司近几年累计出版中国内容的外文图书 700 多种。

传统出版的国际合作已经证明，中国广阔的市场、深厚的文化积淀和经济社会的快速发展，为国际出版业与中国出版业的"引进来"与"走出去"提供了坚实基础。

在数字时代，更丰富的资源、更多样的载体、更便捷广阔的渠道，则为中国出版业与国际出版业的合作开辟了更为广阔的空间。实际上，数字产品的合作在专业出版领域早已展开，且发展迅速。

一、国际数字产品的引进

从发展现状和趋势看，国际数字产品的引进与渠道合作，呈现出以下三个主要特点。

第一个特点：引进内容快速增长。

根据《中国出版年鉴》统计，2000 年，中国数字产品进口金额为 383.63 万美元，2012 年则为 16539.85 万美元，13 年间增长了 43 倍，所占出版物总进口的比重也由 6.09% 增长到 32.91%。根据统计表显示，2005 年以后中国数字产品进口量开始持续两位数百分比的大幅增长（见表 1）。

表1　中国出版物进口统计表（2000 ～ 2012）[1]

年份	出版物总进口 （万美元）	数字产品进口 （万美元）	数 字 产 品 所占比重
2000	6293.49	383.63	6.09%
2001	7976.87	659.32	8.27%
2002	10710.26	894.89	8.36%
2003	16880.91	2124.35	12.58%
2004	18390.93	1942.94	10.56%
2005	18351.35	1737.15	9.47%
2006	21172.82	2981.79	14.08%
2007	25445.70	4251.44	16.70%
2008	28618.21	4456.25	15.57%
2009	31032.33	6401.52	20.63%
2010	37391.28	11152.24	29.83%
2011	42508.04	13990.67	32.91%
2012	46807.60	16539.85	35.34%

第二个特点：合作主体不断扩大。

20 世纪 90 年代以来，培生、励德·爱思唯尔、汤姆森·路透、威科、威利、施普林格等全球领先的出版集团纷纷在中国设立代表处。据不完全统计，全球出版 50 强中，已有 2/3 在中国设立了各种形式的"代表处"或相关机构。这些代表处的设立作为国际出版业进军中国市场的标志，发挥着三个方面的主要作用：一是

1　数据来源：《中国出版年鉴（2001—2012）》，中国出版年鉴社。2012 年数据，则根据《中国新闻出版报》7 月 25 日发布的《2012 年全国新闻出版业基本情况》。2012 年统计的数字产品数据分为电子出版物和数字出版物两类，之前的统计数据均只有电子出版物一类，但其中也包括数字出版物。本文所指的数字产品包括电子出版物和数字出版物。

在中国寻求作者，如施普林格在中国成立作者学院，爱思唯尔也通过在中国开展语言润色服务，发掘了大量的中国作者；二是开展出版及教育服务等项目合作，如培生集团与商务印书馆、外研社合作出版《朗文英语辞典》《新概念英语》《当代大学英语》等，以及近年来先后收购了戴尔国际英语、华尔街英语、环球雅思等英语培训机构；三是与中国出版进口企业合作推广数字平台和产品，比如英国科技出版集团与中国图书进出口（集团）总公司的平台合作。

第三个特点：合作的专业化水平不断提升。

20 世纪 90 年代以来，国际专业出版商纷纷推出大型在线数据服务平台，借助内容集成和数据分析，基本完成了由传统出版向信息服务和解决方案提供的转型。如 1996 年施普林格推出首个期刊全文数据库——Springer Linker，2000 年爱思唯尔推出 Science Direct 在线数据库等。根据英国《书商》杂志 2013 年 6 月 24 日发布的全球出版业前 50 家排名显示，2012 年全球十大出版商的数字业务收入已占到总收入的 41%。

国际数字出版专业化水平的提升，带动了中国引进数字产品的专业化水平的提升，目前国内外文数字资源集成服务体系已经基本建立。

比如，中国高等教育数字图书馆（CALIS）已引进来国外 115 个大型专业数据，参加 CALIS 项目建设和获取 CALIS 服务的高校图书馆已超过 500 个。同时，2000 年，CALIS 还启动了"大学数字图书馆国际合作计划"（CADAL），该项目由中美双方共同发起，目前已与美国哈佛大学、德国中央图书馆、瑞典皇家工学院图书馆等开展数字资源共享合作，中国参加的高校也达到了近 40 家，目前已经有 150 万册中外文电子图书实现共享，其目标是实现 1000 万册。

再比如，国际科技图书文献中心（NSTL）的进口数字资源已有 2000 多种，并在全国各地建成了 8 个镜像站和 33 个服务站，构成了辐射全国的网络化的科技文献信息服务体系。

同时，也应当指出，国际数字产品引进的规模和能力还不能满足中国市场的巨大需求，还有很大的拓展空间。主要表现在以下三点。

第一点，进口数字产品在中国的市场潜力巨大。

根据中国互联网络信息中心（CNNIC）2013 年发布的第 31 次《中国互联网络发展状况统计报告》：2012 年，中国网民数量达到 5.64 亿，手机上网用户达到 4.2 亿。其中，大专及以上学历的互联网用户已经接近 100%。中国已经成为世界新兴媒体用户的第一大国。根据预测，2013 年底，中国互联网用户将达到 6.48 亿。

同时，中国目前正在从国家战略角度，大力推进 2952 所公共图书馆和 2409 所高校的数字图书馆建设。而图书馆的服务对象主要是专业研究者。根据国家发布的《专业技术人才中长期发展规划》，到 2015 年，中国专业技术人才将达到 6800 万人左右，从事研究开发的科学家和工程师将达到 200 万人。

因此，随着中国科技文化的普及，无论是大众市场还是图书馆等团体市场，均对国外数字产品有着巨大的需求。

第二点，进口数字产品的结构需要改善。

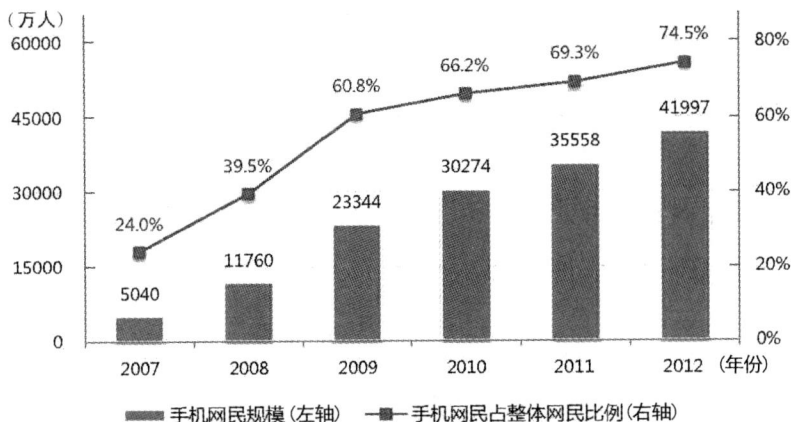

图1 中国手机网民规模及其占网民比例

资料来源：CNNIC中国互联网络发展状况统计调查。

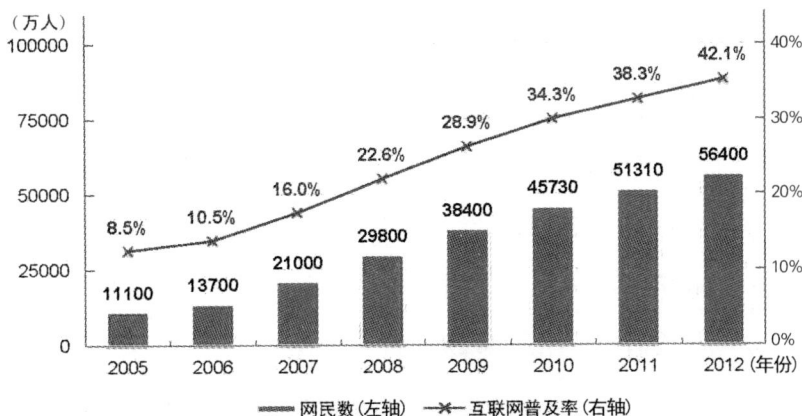

图2 中国网民规模和互联网普及率

资料来源：CNNIC中国互联网络发展状况统计调查。

目前，中国进口的数字产品主要以专业的期刊数据库为主，主体用户是图书馆等团体客户。而在世界上，电子书市场正在快速增长。根据美国出版商协会（Association of American Publishers，APP）报告，2012年美国出版商电子书收入已占总收入的22.5%。但中国对于国外电子书的进口则刚刚起步。根据中国图书进出口（集团）总公司的统计数据，2012年电子书进口只有几百万美元，仅占数字产品进口的1/10左右。因此，在今后的合作中，需要进一步加强电子书的进口合作，尤其是针对大众用户需求的电子书进口合作。

第三点，进口数字产品的运营模式需要改善。

根据中国新闻出版研究院公布的第十次全国国民阅读调查数据显示，2012年有32.6%的18～70周岁国民进行过网络在线阅读，31.2%的国民进行过手机阅读，4.6%的国民在电子阅读器上阅读，手机阅读人群平均每天进行手机阅读的时长超过40分钟，平均每年花费在手机阅读上的费用为23.31元。这表明，数字阅读已经成为一种重要的大众阅读方式。

伴随着数字阅读的不断普及，数字出版产品的传播渠道主要有互联网、手机、阅读器等，获取渠道有免费获取、付费下载、数据库、电子书购买、在线阅读等多种方式。

要满足多样化的市场需求，提升传播效果，就需要将国外数字内容资源与本土传播、获取渠道有效嫁接，实现本土化存放、集成、加工、处理、传播、使用。

二、中国数字产品的国际传播

近年来，中国数字出版保持着快速发展，2012 年数字出版收入规模已经达到 1935.49 亿元。相比数字产品的引进，中国数字产品向国际传播的空间更为广阔。

中国已成为全球第二大经济体。国际社会与中国的接触日益频繁，认识中国、了解中国的需求也不断增多。与中国对国际出版产品的巨大的科技等专业需求不同，中国输出到国际上的产品目前还是以大众产品为主。就整体的国际需求而言，与传统产品一样，中国数字产品国际传播的目标，一是讲好中国故事、介绍中国文化与科技，让世界了解中国；二是讲述中国对世界的贡献，让世界认可中国；三是阐明当代中国主张，让世界理解中国；四是讨论全球共同关心的话题，让世界认同中国，从而平等对话、和平合作。

中国出版产品的国际需求群体，可以细分为：海外图书馆及专业研究群体、贸易合作群体、中国语言文化学习群体、3000 万海外华人群体、外国大众读者群体。这些群体，在了解中国、认识中国、研究中国、把握中国等方面，有着不同的需求。不同的客户需求，对于出版产品的表达呈现方式、阅读获取方式、传播付费方式等，有不同的要求。相对于传统出版产品，数字出版产品恰好更能适应这些差异化要求。

虽然相比国际数字产品引进，中国数字产品的国际传播尚处于起步阶段，但也呈现出两个鲜明的趋势。

第一个趋势：数字产品出口增长较快。

近年来，中国数字产品出口增长较快。根据《中国出版年鉴》统计数据显示，2012 年，中国出版物出口达到 9474.08 万美元，其中数字产品出口达到 2157.96 万美元，已占到总出口量的22.78%。

第二个趋势：数字出版技术水平不断提升。

2011 年，中国著名的专业数据库——知网——的出口收入达到 730 万美元，占到当年数字产品总出口的近 50%。知网的数字出版内容已经进入 40 多个发达国家和地区的 1200 多个机构。中南传媒与华为公司合资成立的天闻数媒科技（北京）有限公司已在海外 15 个国家和地区的手机报局点建立起了数字内容传播通道，覆盖海外用户 3.2 亿户。浙江出版联合集团与日本最大的移动通讯公司 NTT 开展的手机漫画业务，已在日本、美国、马来西亚等 31 个国家上线。中国原创动漫首次以手机漫画形式走出国门。

这些都表明，中国数字出版的技术水平通过跨行业、跨国的合作，正在得到显著提升。

但总体看，相对于数量日益增长的国际需求群体，中国数字产品的国际传播，仍存在着可传播产品少、渠道少的问题。

第一，可传播产品少。

　　中国数字出版 2012 年收入规模已经达到 1935.49 亿元，但除掉互联网广告、网络游戏、手机铃声下载等类型之外，真正属于出版内容产品的电子书、数字报纸、互联网期刊收入只有 57.73 亿元人民币，仅占 2.98%；传播到海外的数字产品只有 2157.96 万美元（约合人民币 1.32 亿元），占数字出版总收入的千分之一还不到（见表 2）。这一数据提供给我们两个信息：第一个是中国出版的数字化仍然处在初始阶段，第二个是适合国际传播的数字产品还非常少。

表 2　中国 2012 年数字出版收入分类表

（单位：亿元）

网络期刊	电子书	数字报纸	博客	在线音乐	手机出版	网络游戏	网络动漫	互联网广告
10.83	31	15.9	40	18.2	486.5	569.6	10.36	753.1

　　第二，可传播渠道少。

　　目前，中国出版物的出口产品仍然主要是传统的纸质出版物，出口的受众市场也主要是国外的图书馆和华人群体，且出口规模长期不能实现有效突破。2012 年数字产品出口虽达到 2157.96 万美元，但与进口的 16539.85 万美元相比，相差 7.7 倍，可谓小巫见大巫。不论是传统出版物出口还是数字产品出口，都还没有普遍进入国际主流传播渠道。

三、数字内容传播渠道的国际合作与共生

当前，中外出版企业已就数字内容渠道建立了初步的合作关系；在未来发展中，其合作与共生关系将更为紧密。

1.加强进口渠道合作，实现数字出版市场共同开发

主要有三种方式：

一是通过大集成、大渠道，开展大合作。

由于目前中国数字进口的主体客户仍然是图书馆等团体客户，所以中外渠道的合作可以首先从集成服务方面开展合作。促进这一合作的方式可以有两种，即渠道本土化嫁接和内容资源本土化存放。

在渠道本土化嫁接方面，中国出版物进口企业既拥有维护几十年的广泛客户资源，更拥有中国本土化经营的丰富经验。中国与国外两个渠道的嫁接，不仅有助于降低国际数字内容进口的本土化成本，更有助于创新营销方式，实现国际数字出版商和集成服务商与国内图书馆客户的共赢和发展。比如按需印刷属于印刷，需要政府许可，这方面开展中外合作就可以有效解决本土化落地问题。

在本土化存放方面，随着中国知识产权保护制度的不断完善，本土化保存不仅有利于国外数字内容在中国市场的开拓，也有利于中国对进口数字资源的战略保存和安全使用，同时还将确保中国读者对数字资源使用的稳定性和可靠性。

中国图书进出口（集团）总公司目前正在实施"全球数字资

源聚合与服务工程"。该项目主要是通过实现全球数字资源的本土化保存，拓宽数字产品进口的渠道，为国内客户提供更便捷的服务。项目实施一年多来，已经完成数据中心建设，存储容量达到了160万GB，与道森图书（Dawson Books）、超阅（OverDrive）等集成商和出版商进行合作，目前已聚集了100多万种海外电子书资源；并与英国科技出版集团（Publishing Technology）合作，完成了"中图书苑"（CNPeReading）[1]服务平台的合作开发。目前已完成本土化加工、可上线使用的品种有30多万种。与此同时，大渠道的建设也为拓展大众市场奠定了基础。

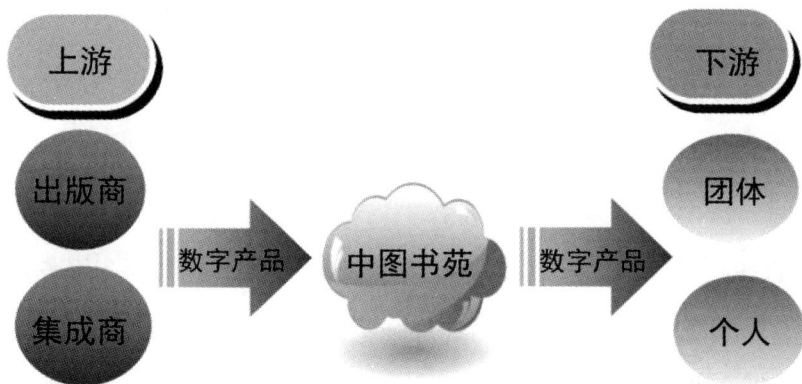

二是通过专业化、针对性服务，开展专业专项合作。

数字出版的信息海量化和即时性特点，在为用户需求带来便

---

1 中图书苑（CNPeReading），在本次演讲后不久即升级、更名为易阅通（CNPeReading），并于2013年8月28日在北京国际图书博览会上正式启动运营。

利性的同时，也为信息提供和获取的有效性提出了挑战。比如，在进口数字资源增多的同时，读者在图书馆的资源使用率却非常低，因为单纯的文献检索传递服务已经难以提高服务能力。如何帮助用户在最短的时间中挖掘出最具价值的信息和知识，成为数字出版商和信息服务商共同的努力目标，这也正是图书馆等专业用户所急需的。

这就需要中外企业在大渠道合作的基础上，通过提升技术水平和分析专业用户的个性化需求，给图书馆和专业研究人员提供更为专业化和更有针对性的专业服务。

以 NSTL 为例，虽然经过 13 年的建设，聚集了大量进口数字资源，但资源建设仍存在学科布局和国别分布不均衡的状况，尤其是边缘交叉学科、重大应用领域及重要新兴领域等资源进口偏低。同时，也由于 NSTL 以文献传递服务为主，在内容深度挖掘分析上比较薄弱。中外数字内容渠道完全可以通过加强与 NSTL 的合作，为完善资源建设和提高服务水平提供专业服务。

中国图书进出口总公司在加强上游数字资源特别是国际数字资源聚合的同时，积极开展下游客户推广工作，提供专业化服务，开展专业化合作。中图书苑平台从 2013 年 1 月上线后，已在北京、武汉、哈尔滨、成都等地组织专题路演，截至目前参加培训的图书馆老师已超过 500 人，同时还向国家图书馆、CALIS、NSTL 等行业先导单位进行专门推广。中图书苑平台"聚合资源，专业加工，本地化交易与服务"的理念，受到了国家图书馆及北京大学等许多高校图书馆的高度认可。

三是通过精细化、个性化服务，提供解决方案。

信息技术作为一种革命性的技术创新，其对传统出版的颠覆不是终结，而是开始。随着数字出版、开放获取、跨媒体融合以及新媒体的加速发展，其所最终颠覆的将是社会文化的生产方式和消费方式，文化生产的各种方式将不断融合，而消费方式也将更为综合。

目前对知识服务的需求已经越来越多。这一需求不仅希望更便捷地获得知识，更需要知识的碎片化整合，以及根据用户个性化的需求提供有针对性的解决方案。

在解决方案提供方面，欧美领先的出版商已经有了很好的实践。比如，爱思唯尔2012年推出了集合其全部医学内容的超级医学平台——Clinical Key，通过实行全新的医学分类法系统，更便捷地为用户提供服务。威科集团已在中国推出了针对专业人士需求的法律信息库、人力资源信息库和财税信息库等，集合了大量的中外文信息资源。威科的法律信息库就整合了与中国相关的中英文法律题材内容，集法律法规、案例、实务指南、新闻、国际条约于一体，能够通过高效检索和及时更新提供法律信息解决方案。

中图公司在中图书苑数字平台海量数字资源的基础上，进行深层次产品分析。为图书馆提供在线推荐、采选、订购、使用与管理等一体化解决方案，汇聚来自读者、专家与图书馆员的偏好信息、订购信息、使用信息等，并在此基础上进行数据挖掘，分析客户实际需求，结合产品特色与客户需求，进行有针对性的推荐。

2.加强出口渠道合作，实现中国数字产品的国际传播

主要有三种方式：

一是借助传统渠道推广数字产品。

2000年，中国开始实施"走出去"战略，出版业也开启了国际化的征程。其间，中国政府和国内出版机构设立了多项鼓励国际传播的资助项目，如中国对外图书推广计划、经典中国国际出版工程、中华学术对外翻译出版项目、中国文化著作出版工程。这些极大促进了中国出版与国际社会的交流，2012年中国版权输出达到9365种。

同时，在渠道建设方面，截至2010年底，中国新闻出版企业在境外投资或设立分支机构有300多个，其中从事出版、发行的约100个。中国图书进出口（集团）总公司已经形成以实物出口、会展服务、海外出版、海外发行网点为主的渠道建设体系，至2013年7月共有29家海外机构，其中海外分公司（代表处）6家、海外独资和合资的出版公司8家、海外书店和发行公司12家。中图承办的北京国际图书博览会和组织国内代表团参加的近20个海外书展已经成为版权交易和实物交易的重要平台。此外，2011年中图开始实施的中国出版国际营销工程，已进入新加坡大众书局在东南亚的上百家连锁书店、日本纪伊国

屋的连锁书店与英国的 WH Smith 书店。2012 年伦敦书展中国主宾国活动期间,中文图书进入 WH Smith 的 50 家书店,实现销售 70 多万元。

我们可以看出,中国出版的国际传播已经初步建立起了包括版权输出、合作出版、会展平台、实物出口、海外出版发行实体在内的国际营销网络。在数字出版国际传播中,我们可以借助现有的传统渠道,进一步增加数字出版的版权输出、项目合作和传播推广。

比如,在书展平台的利用方面,北京国际图书博览会近年来不断扩大数字出版展览展示的比重,目前数字出版展区面积已经达到 1 万㎡,占到总展览面积的 1/5。

二是借助专业渠道拓展专业用户。

随着中国科技文化水平的提高,中国当代的学术成果在国际范围内得到更多关注。根据中国科技信息技术研究所公布的"2011 年中国科技论文统计数据":2002 ~ 2012 年(截至 2012 年 11 月 1 日)我国科技人员共发表国际论文 102.26 万篇,居世界第二位;论文被引用 665.34 万次,排在世界第六位。此外,我国各学科论文在 2002 ~ 2012 年的被引用次数处于世界前 1% 的高被引论文数量,增至 7920 篇,占世界份额的 7.3%,居世界第五位。截至 2012 年 11 月,反映最新科学发现和研究动向的中国热点论文 259 篇,占世界总数的 11.2%,排在世界第四位。

这些数据表明,中国学术成果的国际传播在未来有很大的发展空间。国外数字内容传播渠道可以挖掘现有资源，与国内数据库商开展合作，实现内容和渠道的有效对接，不断拓展专业传播渠道，满足国外政府机构、科研院所对中国政治、经济、科技、文化等专业数字产品的需求。

在这方面的合作，我们可以参考"大学数字图书馆国际合作计划"的建设经验。凭借技术和内容资源优势，中外数字内容提供商和渠道商也完全可以通过商业化的运营模式参与到中外数字图书馆的国际合作之中。

三是借助大众渠道开拓大众市场。

中国各出版集团均在致力于数字化转型。以中国出版集团为例，以大佳网为基础，开展大众平台、工具书平台、语联网平台、音乐平台等专业平台建设，并启动了数字出版资源总库项目，8696 种图书、574 期报刊完成入库工作，其中 2358 种图书资源完成数字转换。大佳网上线以来，已经聚集了 5000 余部电子书、3.5 万幅漫画可供在线阅读；"中国可供书目数据库""《中国大百科全书（1+2 数据库版）》""百种精品工具书""中华经典古籍库"等项目，以及一批基于集团出版资源开发的 iPad 应用类产品，都已上线运营，有的已经实现盈利。中国图书进出口（集团）总公司的中图书苑平台，通过与 Ingenta Connect、OverDrive、Dawson Books 等国外数字服务商签订出口合作协议，聚合后的数字资源将通过这些海外渠道直达 2.5 万家图书馆和 200 多万个人用户。

　　总之，在全球化、数字化时代，中国出版业和国际出版业在数字化发展中的合作关系将更为紧密，合作方式也将更为丰富。进一步加强交流、深化探讨，在实践中不断提升数字时代的国际合作水平、不断促进国际出版文化交流，是我们的共同目标。

数字出版业态的变、不变与应变★
——中国出版集团公司的探索与实践

中国出版集团拥有众多历史悠久、品牌独特的出版发行企业。近年来，通过实施数字化和国际化战略，这些企业取得了很多成果。在此，结合我们的实践，谈谈对数字出版发展的认识。

一、数字出版的"不变"

数字出版从本质上讲仍然是出版，也就是说，数字出版作为出版的新业态，并没有改变传统出版的性质和目的。

首先，从性质上讲，数字出版与传统出版都主要负责内容生产和提供，都区别于物质生产和消费，而属于精神生产和消费范畴。同时，出版相比于精神生产的其他文化产业类别，属于纯内容消费。比如，我们看演出、看电影，要去剧院、电影院，剧院、

★　载于《出版发行研究》2014 年第 10 期。

电影院要具备相应的舞台、座位、声光光电设备等外在的环境条件；但无论是传统阅读还是数字阅读，只要一卷在手、一机在手，便可如培根所说，"足以怡情，足以傅彩，足以长才"。

其次，从目的上讲，出版生产和提供的内容可以分为三个层次：第一层次是信息，为读者提供资讯和数据，帮读者解决一时之需；第二层次是知识，为读者提供生存、生活、生产的方式方法和技能，帮读者提高实践能力，做更有用的人；第三层次是文化，为读者提供认知和思想，帮读者丰富思考、涵养文化、陶冶性情，做更自在更完美的人。数字出版与传统出版，在这些目的上仍然是一致的，即都是为人类发展提供信息，丰富知识，塑造世界观、人生观。

二、数字出版的"变"

数字出版虽然没有改变出版的性质和目的，但它对于出版的技术手段、对于出版生产与传播的方式，还是产生了革命性的影响。这也正是数字出版已经存在、正在快速发展，但仍然被高度关注、深入研究的重要原因。

首先，数字出版带来了技术手段和阅读过程的变革。这种变革，虽然没有改变出版的基本目的，但丰富了实现目的的路径；而路径的丰富，又使得出版的功用大大扩展、更加有效。从提供信息的角度看，数字出版相比于传统出版，是海量信息的汇集和爆炸式增长。据预测，到 2020 年，全球数据总量将超过 40ZB（即 40×1012GB。相当于 40 万亿 GB）。这些数据虽然不全是数字出版数据，但数字出版所带来的数据量的迅速增长显然占有重要比重。从提供知识的角度看，获取知识的途径，正由一本书一本书的阅读、查找、人脑分析与组合，转变为以大数据为基础的快速获取、全面提取和深入分析，这就极大增强了人类获取知识的宽度、深度和有效性。读本时代，即便是很广泛地阅读，从书本获取的知识仍然相对零星、有限、芜杂；数字时代，透过大数据分析，可以有针对性地阅读，获得广泛而又必需的知识；从提供文化的角度看，数字出版在为人们获取信息和知识带来巨大便利的同时，也削弱了传统纸本阅读的细嚼慢咽的过程、深入理解的过程和通过阅读进行思想训练的过程。因此，数字出版物具有宽泛而不够深入、分散而不够系统的特点。

其次，数字出版也改变了生产和传播的方式。传统出版包含五个主要流程：选题→编辑和审稿→印刷和复制→发行和销售→阅读。数字出版以数字技术的便利性渗透到了传统出版的各个流程，并产生了重要的影响。具体来说，在选题方面，传统出版无论是接受来稿还是主动组稿，通常是编辑出版人员占有主动，只有少数知名的作者才具有选择权；数字出版的选题多是无数的创作者自发自主生成的，理论上，可发布的出版资源是海量的，数字平台的筛选方式和读者的选择能力共同决定了数字阅读的品质；甚至有些传统出版意义上的半成品，如数据库，则可以直接销售。在编辑审稿方面，数字出版比传统出版的编审过程简化很多，有时甚至与选题合二为一；但数字出版的海量信息，增加了对产品内容进行专业水准的质量把关的难度。在印刷复制方面，数字出版的影响更为明显。由于载体的变化，数字出版已经有很大部分无需印刷，也就是没有造货，没有运输。对于仍然需要印刷的纸本，少批次、大批量的传统印刷，也逐渐转变为多批次、小批量的按需印刷，甚至于单本的快速印刷。不仅如此，更重要的是，数字化按需印刷的广泛应用，使得印刷由过去的在生产地进行转变为在消费地进行，并与渠道电商相结合，极大地缩减了需求—供应周期，并满足了各地读者的多样化需求。也就是选择造货，短程运输。在发行销售方面，传统的出版发行商与零售商各有分工，是出版产业链的不同环节。而数字出版则总体趋于直接销售，按需印刷则实现即时销售。在实现阅读方面，数字时代，读者中的很大一部分，是通过各种社交媒体进行随机阅读的，而不是先有阅读需求然后进行选择性阅读。

总之，数字出版在生产和传播方式上促进了出版行业内部的垂直整合，在技术和阅读体验上促进了行业内外的广泛融合；数字出版所聚合和整合的大数据，本身成为出版生产的要素之一，成为有用的资产。在此基础上，形成了新的产业链，新的出版业态。

三、国际与中国的数字出版

国际上，20 世纪 90 年代，以施普林格、爱思唯尔为代表的出版商就已经开始数字化转型，开始研发大型数据库。从数字出版的产品来看，期刊的数字化程度最高。1990 年全球只有 5 种数字期刊，时至今日，国际上科技医学类（STM）期刊的数字化程度已达到 96%，社科类期刊的数字化已达到 87%。近年来，电子书的发展速度也在加快。据预测，2014 年全球科技医学类电子书收入将增长 14.5%，而全球科技医学类图书的总收入仅增长 1.1%。

从数字出版的主导力量来看，国际上数字出版的发展最初是由传统出版商发起推动的，现在已基本完成从传统出版商向数字出版乃至信息服务商的转型，实现了数字技术、内容生产和传播渠道的三统一，从根本上改变了出版产业的传统格局。

在中国，数字出版近年来虽然发展很快，但相比于先行一步的国际出版业，仍然相对滞后。据官方统计，2013 年中国数字出版规模达到 2540 亿元。但这个"数字出版"的范畴是广义的，真正与传统出版相对应的互联网期刊、电子书和数字报纸仅为 61.75 亿元，占总量的 2.43%（互联网期刊 12.15 亿元、电子书 38 亿元、数字报纸 11.6 亿元）。规模不大的主要原因是，中国数字出版的最初推动者是技术商而不是出版社，这就造成了数字技术、内容生产和传播渠道相互分割，难以统筹协调。比如，以知网、龙源期刊等为代表的服务商都是由技术起家而染指出版的。

　　因此，中国的出版社并没有像爱思唯尔、施普林格那样，完成由传统出版商向数字内容服务商的转型，实现凤凰涅槃式的嬗变（evolution）。这就客观上造成了在数字出版产业链中，传统出版社通常只负责内容生产和简单的数据加工，少数出版社才进行在线发布、销售，但其平台往往小而分散；同时也造成了中国数字出版资源的存储比较散、格式不统一；同时，由于是技术商主导着数字出版的运营，技术与内容生产融合不够，还造成了商业模式不完整、不完善。

　　就中国出版集团而言，相对于其他的国内出版企业，数字化建设起步较早，目前主要形成了以百科术语数据库、工具书数据库、中华经典古籍库等为代表的数据库产品集群，以及以百科在线、工具书在线、译云在线翻译系统等为代表的数字平台。这些数字产品集群和专用的数字服务平台，有鲜明的专业特色和很强的服务指向性。

四、数字内容集成与平台服务——易阅通

　　中国数字出版面临的主要矛盾，是巨大的数字阅读的增长需求与强大的数字内容提供商的缺失的矛盾。据统计，2013年，中国有44.4％的成年人进行过网络在线阅读，有41.9％的成年人进行过手机阅读；与此同时，中国自己生产销售的，或从国外进口的数字产品远远不能满足这个日益增长的需求。

出现这个矛盾的根源在于，中国缺乏真正的把数字内容集成与平台服务相结合的运营主体。上游出版社与下游用户没有实现很好的互动，缺乏共赢的商业模式，没有形成全新的融数字集成、加工、提供、服务于一体的数字化产业链。

有鉴于此，中国出版集团旗下的中国图书进出口（集团）总公司（以下简称"中图公司"）适应数字出版新业态的要求，从产业链建设的角度，开发建成了"易阅通"（CNPeReading）国际数字资源交易与服务平台以及"易阅客"（eReaker）高端个人客户阅读平台。该平台以上游与下游、技术与内容的共建、共赢、共享为理念，通过与国际技术平台的合作，通过对上游的数字出版资源聚合、安全存储、标准化和国际化加工，实现对下游用户的专业化、个性化服务。

中图公司是中国传统出版物进出口的主渠道，传统出版物进口总量占全国的 2/3，出口总量占全国的 1/3。现在，为适应数字出版的特点和要求，中图公司通过"易阅通""易阅客"平台的开发，对国内外数字出版资源开展聚合、加工与服务。平台开发两年来，在国内外出版业界同仁的支持下，取得了显著的成果，2013 年实现数字产品销售收入 4.1 亿元。具体说，"易阅通"平台有以下几个特点。

第一，国际化。技术上与国际接轨。"易阅通"平台是中图公司与英国出版科技集团合作开发的。英国出版科技集团的 ingentaconnect 全球数字图书馆，是全球著名的数字内容聚合与服务平台,拥有技术优势。中图公司的"易阅通"平台在借鉴基础上,充分融合了国际标准和中国数字出版现状,实现了技术标准的国际化。

第二,全过程。"易阅通"作为数字产品交易服务平台,涵盖资源聚合、安全存储、标准化和国际化加工、在线交易、专业化和个性化解决方案,以及按需印刷等,基本覆盖了数字出版传播的全过程。

第三,全品种。从产品类型上说,"易阅通"聚合的包括电子书、报纸、期刊、音频、视频等全品种出版资源;从产品分布上说,"易阅通"既有国际上的数字资源,也有国内的数字资源。

第四,全市场。中图公司在传统出版物进出口方面拥有中国最大的国际采购营销网络。凭借这一优势,"易阅通"平台的营销推广,覆盖了国内公共图书馆、大学图书馆、科研院所等机构用户和大众读者;同时,还通过与OverDrive、Dawson Books和Ingenta Connect的合作,覆盖了国外4万多家图书馆等机构用户和几百万个人读者。

第五,资源集中度高。国际上,数字资源的集成发展较早,主要有以爱思唯尔、施普林格等出版商为代表的数据库产品,以及以OverDrive、Dawson Books和Ingenta Connect为代表的集成服务商。"易阅通"平台通过与国际集成服务商的资源互换和市场共享,在短期内实现了资源的快速聚合。目前,已与国际上超过100家出版商和集成商达成合作,聚合了电子书近170万种,数字期刊 8000 种，文章 500 万篇，以及 100 多万种开放获取资源。同时，依托中国出版集团的资源优势，"易阅通"已聚合了国内 200 多家出版社的近 20 万种优质电子书、4 个大型数据库和 1 万小时有声书。"易阅客"平台目前也聚合了 6 种语言的 19 种精品报刊。

第六，咨询反馈能力强。"易阅通"掌握着大量的上下游资源，既可以为上游出版商提供销售和咨询报告，也可以为下游图书馆等机构用户提供馆藏的专业化、个性化解决方案，还可以向大众读者提供排行榜。

第七，按需印刷配套。"易阅通"在打通国内外数字资源营销渠道的同时，还构建了按需印刷服务体系。通过在北京自建按需印刷中心，并与全球最大的按需印刷商英格拉姆合作，可以在全球 180 多个国家实现 24 小时直供纸本。

综上所述可以看出，"易阅通"有效解决了中国数字出版产业链中数字技术、内容生产和传播渠道无法统一的问题，打通了上游与下游的连接渠道，实现了内容消费与技术服务的一体化，对于中国数字出版产业链的完善、对于国内数字资源的国际营销和国外数字资源的国内营销，将起到有力的推动作用。

国际数字出版论坛首次登陆中国
是 21 届 BIBF 最大亮点★

国际数字出版论坛（IDPF）是全球数字出版业的风向标。在2014 年的美国书展上，国际数字出版论坛会议的入场票卖到 599美元，仍然有近千人参会。2014 年，国际数字出版论坛会议首次登陆中国并选择与北京国际图书博览会（BIBF）合作，我们感到非常荣幸。

不仅荣幸。我觉得国际数字出版论坛的选择很有眼光。因为，北京国际图书博览会是当今四大国际书展之一，也是中国最重要、最专业的出版盛会，每年吸引来自世界 70 多个国家和地区的出版家、作家和文化学者，中国的出版人、文化人几乎是倾巢出动，各种论坛和专业研讨活动多达上百场，是庞大的出版展示平台、资讯交换平台、版权交易平台，是达成各种文化贸易与合作意向的起点。国际数字出版论坛会议登陆中国，是本届北京国际图书

★ 2014 年 8 月 29 日，在国际数字出版论坛上的主持词（附闭幕词）。

博览会的最大亮点。

近几年来，全球数字出版产业发展迅猛，表现在：互联网作为社会化的传播渠道强劲发展，带动了数字化产品的阅读需求快速增长；数字化产品的内容平台、阅读终端不断创新；传统出版企业的数字化转型不断加快；出版行业内部与外部的合作与整合不断深入；数字出版的产值跃升新高。据统计，2012 年美国出版业整体销售收入 65.33 亿美元，同比增长 7.42%（增长 4.51 亿美元）；而其中的电子书销售额则同比增长了 42%。大的出版集团如爱思唯尔，2013 年的收入构成中，数字产品收入占 66%，印本收入只占 19%；培生 2013 年的收入构成中，数字产品收入占 60%，印本收入占 40%。

中国的出版行业也正在经历数字化转型和高速发展。2013 年，中国数字出版收入达到 2540.35 亿元，同比增长 31.25%，保持了快速增长势头；其中与传统出版相对应的互联网期刊、电子书和数字报纸共占到 61.75 亿元，占总量的 2.43%（互联网期刊 12.15 亿元、电子书 38 亿元、数字报纸 11.6 亿元）。另据统计，2013 年，中国有 44.4% 的成年人进行过网络在线阅读，有 41.9% 的成年人进行过手机阅读。2014 年 8 月 28 日，有一条消息（据彭博亿万富豪指数）说，阿里巴巴集团创始人马云的净资产达到 218 亿美元，已成为中国首富；排名第二的是腾讯的马化腾 163 亿美元，第三的是百度的李彦宏 158 亿美元；第四是万达的王健林 147 亿美元；第五是娃哈哈的宗庆后 115 亿美元；第六是京东的刘强东 9.4 亿美元。这说明，数字化带来了财富的最大化。

我们还是回到出版：数字出版在生产和传播方式上促进了出版行业内部的垂直整合，在技术和阅读体验上促进了行业内外的广泛融合；数字出版所聚合和整合的大数据，本身成为出版生产的要素之一，成为有用的资产。在此基础上，形成了新的产业链，新的出版业态。

在上述背景下，我们相信，今天的论坛，将会为大家提供一个中国数字出版产业与世界潮流相互了解、相互借鉴，共同收获、共同发展的大好机会！

附

国际数字出版论坛闭幕词

我们用一天的时间，聆听了 10 位来自世界各地的、数字出版领域的顶尖专家的演讲。这些演讲，广泛涉及数字出版的各个领域，我们很有收获。

我们之所以热衷于讨论数字出版，是因为我们正面临着日益增长的、庞大的、全球化的数字产品市场。这个市场，在不同地区、不同国家、不同出版机构之间，是如何分布的，销售趋势如何，与纸本相比消长如何——出版业资深咨询顾问鲁迪格·威辛巴特先生，为我们做了广泛而又透彻的咨询。（每年的全球出版 50 强排行榜，就是威辛巴特先生及其团队评估制定的。）

数字出版仍然是内容产业。如何在"P+E"也就是纸本和电子书刊共存的双重世界里，通过 ePub 标准向使用不同终端的消费者，向以学习或者娱乐为主的不同消费者提供开放的标准内容和元数据，提供丰富的、动态的、互动的数字内容产品——IDBF 的执行总监比尔·马克伊先生，向我们提供了丰富的经验和令人信服的展望。

数字化阅读需要强大的技术支撑。W3C Web 技术、互联网网页的最新标准 HTML5，以及其他的网络标准，是如何提供跨浏览器、跨设备的适配能力的，新技术是如何不断改进以不断丰富阅读体验的，中文排版应当如何规范——来自 W3C 即万维网联盟的专家吴晓倩女士，为我们做了生动的介绍。World Wide Web Consortium 创建于 1994 年，是 Web 技术领域最具权威和影响力的国际中立性技术标准机构。到目前为止，W3C 已发布了 200 多项影响深远的 Web 技术标准及实施指南，如广为业界采用的超文本标记语言（标准通用标记语言下的一个应用）、可扩展标记语言（标准通用标记语言下的一个子集）以及帮助残障人士有效获得 Web 内容的信息无障碍指南（WCAG）等，有效促进了 Web 技术的互相兼容，对互联网技术的发展和应用起到了基础性和根本性的支撑作用。

数字化转型中的版权保护，是世界性难题。如何兼顾好数字出版各个相关领域的不同利益，同时发现和有效解决盗版的问题，如何把数字版权问题与元数据标准、产品信息、电子商务标准关联起来解决，以版权法支持技术进步和上层建筑？英国出版商协会主席理查德·莫雷特先生和版权结算中心执行主席迈克尔·西利先生的现场对话，对我们很有参考价值。

很多听众可能都关心传统出版社数字化转型的案例。宝库山出版集团国际项目部的副总监沈畅禧先生，普林斯顿大学出版社资深高管艾尔·博传德先生，培生集团新兴市场、企业与构架解决方案总监雷恩·亨特先生，韦伯集团（Vibal）主席格斯·韦伯先生——这四位先生，分别介绍了辞书及百科全书出版社、学术及大学出版社、教育出版社等不同类型的出版社的特点，以及他们如何迎接和应对数字挑战的转型发展的主要经验。其中涉及纸质和电子资源的合同问题，学术出版在数字时代的发展趋势，教学出版与个性化的学习解决方案的提供和学习能力的提升，推动全球标准的发展等等。这些对于我们研究传统出版企业的转型发展，应对新的阅读、教学和学习需求颇有借鉴意义。

来自 Metrodigi 公司的产品经理约书亚·西先生，向我们展示了他们的云端写作合作平台（Chaucer），为那些借助电子出版标准（ePub）ePub3 制作出来的网站、电子书、APP 提供便利，丰富内容，从而创造出更加吸引人的互动电子书和教材成果。

总之，今天的国际数字出版论坛话题广泛，提供的是有关数字出版各方面的最新的观点，在各位演讲嘉宾的努力下，在听众朋友的共同参与下，体现了很强的专业性、实操性、前瞻性，体现了国际数字出版论坛和北京国际图书博览会平台的国际水准。

本次国际数字出版论坛取得了圆满成功！

融合创新，携手打造数字深阅读★

　　在 2008 年的第十八届书博会上，中国出版集团创办"读者大会"，倡导全民阅读，至 2015 年已经 8 年。"读者大会"也成了书博会的核心内容，深得出版界和作家、读者肯定。今天参加数字阅读大会，深感数字阅读作为一种普遍的阅读方式已然存在。创办数字阅读大会正逢其时。

　　阅读，是传播知识、传承文化、启迪智慧、推动社会文明与进步的重要途径。党和政府历来十分重视出版工作和阅读工作，"全民阅读"已经连续两年写入《政府工作报告》。

　　有什么样的生存方式、生产方式、生活方式，就有什么样的阅读方式。数字阅读，正是数字化时代越来越重要的阅读方式。通过媒体融合，实现出版数字化和数字化出版，推动数字阅读、拓展全民阅读，是阅读方式变革的重要方向，也是创新优秀文化表现形式、促进产业转型升级的重要手段。

★　2015 年 4 月 21 日，在"2015 中国数字阅读大会"上所作的主题演讲。

数字化拓展了阅读的宽度，数字化与传统出版的融合开辟了阅读的深度，数字化深阅读将能整体提升阅读的广泛性、深刻性和有效性，对于我们这样一个阅读还不够普及、还没有成为生活方式的一部分的社会来说，意义重大。

一、传播便捷，数字阅读方兴未艾

随着移动终端的普及和提速，以碎片化阅读为主要特点的数字阅读已经成为全民阅读的重要内容。

当前，公民，已经越来越多地成为网民。手机、平板电脑等移动终端设备不受时间、地点限制地为用户提供着便捷的上网渠道、阅读渠道。单就网络文学用户而言，2014年我国网络文学用户规模为2.94亿，同比增长了7.1%。这里说的网络文学用户，不仅包括阅读互联网文学的，也包括网上阅读传统文学内容的。有消息称，2015年中国数字阅读产业规模将突破100亿元，数字出版阅读市场呈现出蓬勃发展之势。

这说明，数字阅读拉动了全民阅读。传统媒体与新媒体的"互补效应"在增强，数字阅读的普及与推广极大地弥补了传统阅读的不足，两者的动态聚合特征愈益明显，竞合共生关系愈益凸显。

二、内容为王，传统出版积极转型

习近平总书记强调，要坚持先进技术为支撑、内容建设为根本，推动传统媒体和数字媒体在内容、渠道、平台、经营、管理等方面的深度融合。习近平总书记强调的各种融合要素中，内容是第一位的。

在内容生产和提供方面，传统出版业有着天然优势。

首先，从阅读的现状看，前面所讲的专业调查报告显示，在纸质出版物阅读率总体下降的情况下，图书的阅读率仍在增长；数字化阅读使用的是"接触率"这个概念，反映了阅读深度的不足，同时它所消减的主要是报纸和期刊类的浅阅读。

其次，从阅读的资源看，人类有史以来所出版的数以百万计、千万计的图书，至今仍是人们获取知识、文化、思想的主要来源，这巨大存量优质的文化资源，可以也应当成为数字阅读的基础资源。

最后，从阅读的生产看，面对浩如烟海的各种信息、知识、文化、思想，传统出版企业在进行筛选提取、审读把关、编辑加工、优化处理、制作、传播等方面，有着丰富的经验积累和人才储备；在掌握作者资源、引导读者认知、传播主流文化、培育核心价值观、不断扩大文化影响力和企业自身的品牌影响力等方面，更是有着得天独厚的优势。

借助这些优势，传统出版业已经开始了向数字出版的主动转型。

在国际上，传统出版商已经完成向数字出版商乃至信息服务商的转型，实现了数字技术、内容生产和传播渠道的三统一，从根本上改变了出版产业的传统格局。以爱思唯尔为例，2013 年的收入构成中，数字产品收入占 66%，印本收入只占 19%。

在中国，数字出版、数字阅读近年来虽然发展很快，但相比于先行一步的国际出版业，还有很大发展空间。一个重要原因是，新兴媒体与传统出版商融合不够，造成了数字技术、内容生产和传播渠道相互分割，难以统筹协调、共同发展。

在坚持出版导向、发挥内容优势、促进转型发展、推动数字阅读方面，我们中国出版集团作出了积极的探索。

中国出版集团囊括了商务印书馆、中华书局、生活·读书·新知三联书店、人民文学出版社、中国大百科全书出版社、中国图书进出口（集团）总公司、荣宝斋等几十家著名出版机构，在全国图书零售市场占有率、出版物进出口规模、版权贸易规模、文化艺术品经营规模等方面，均占有最大份额，拥有最庞大的作者资源和读者群体，拥有最丰厚的出版文化积累。在 2014 年的"全球出版 50 强"中，中版集团排名第 14 位。

为了发挥好内容优势，中版集团一手抓出版生产，一手抓阅读推广；一手抓传统出版和传统阅读，一手抓数字出版和数字阅读。

与此同时，中国出版集团同样十分重视数字出版和数字阅读工作。比如，2008 年 4 月 22 日，中版集团即组建了数字传媒有限公司。围绕成为集团的"数字资源集聚中心、产品研发中心、数字出版市场拓展与商业化运作中心"的基本定位，中版数媒公司先后成功地推出了数字阅读门户网站"大佳网"；研发了自主品牌的电子书阅读器——大佳移动阅读器，并推出了集团的第一个移动产品——手机文学故事报；完成了中华动漫资源库建设，积累漫画作品近 10 万幅；创办了大佳访谈、史航说书等多种品牌阅读活动。2015 年初，大佳网和台湾出版机构共同推出了"海峡两岸网络原创文学大赛"，反响热烈。中版数媒公司在数字阅读上的这些实践和资源积累，是中版集团进行数字化转型发展的重要探索。

三、媒体融合，共同推进深度阅读

习近平总书记要求，媒体融合要着力打造一批形态多样、手段先进、具有竞争力的新型主流媒体，建成几家拥有强大实力和传播力、公信力、影响力的新型媒体集团，形成立体多样、融合发展的现代传播体系。

作为国字号的出版企业，中版集团深感责任重大。集团在大力推动内容生产、流程管理、传播方式和运营模式数字化的同时，努力推进与新兴媒体、新兴出版的融合发展，加快重点板块、重要内容、重要产品的媒体融合进程；加快培育新兴业态，形成新的经济支柱。通过优质内容资源与新兴数字技术、新兴传播方式、新兴商业模式的深入融合，努力将集团打造成一个具备融合特征、具有新型业态的现代化出版传媒集团。

通过与数字技术类公司的合作，集团打造了一批行业领先的数字化产品。中华书局的"中华经典古籍库"收录了经过注释、点校整理后的 400 多种、约 3 亿字的古籍图书，已在国家图书馆、北京大学、中科院等海内外近 200 家图书馆和学术机构安装试用；中国图书进出口（集团）总公司的"易阅通"平台，聚合了海内外近 200 万种电子书和数字期刊（170 多万种海外电子书、20 多万种国内电子书，以及 8000 种数字期刊）、500 万篇专业论文，上线运营以来能为全球 4 万家机构用户和国内 100 余家重要图书馆提供数字产品服务，在内容、介质、地域、平台、渠道和经营等多方面实现了融合。

在全面推进数字化阅读方面，我们认为，数字阅读与传统阅读的主要区别只是媒介不同，而阅读的"深"与"浅"主要还是取决于阅读的内容。传统阅读有深阅读，也有浅阅读；数字阅读有浅阅读，也有深阅读。正是在这个认识的基础上，2014 年 5 月 27 日，中版集团与中国移动集团签署了战略合作协议。

我们双方合作的目标就是打造数字深阅读。目前，我们已经完成了移动基地阅读业务、动漫业务、图片业务和有声业务的接入，实现了资源的多元化经营；在资源审核、内容上传、重点书对接、新业务沟通等方面，形成了良好有效的沟通机制；在"和阅读"中，建设完成了"中版专区"，集中体现了中版集团的整体品牌；在重点图书推广中，我们将名家、名作从内容传播、营销推广等多角度进行对接，一批重点图书如《老生》《群山之巅》《道士下山》《邓小平时代》以及郦波系列图书新书的首发，均体现了双方在移动数字阅读合作上的成功，取得了良好的市场效果。

未来，在中版集团与中国移动战略合作的框架下，我们将进一步深化合作内容，将中版集团各单位的优质出版内容嫁接到中国移动"和阅读"这个优质渠道上，与咪咕数字传媒公司的"五全战略"（全用户、全渠道、全终端、全产品、全版权）相适应，实现出版内容、技术应用、平台终端、人才队伍的共享、融通、创新，实现我们的共同愿景，就是：为推动数字阅读、促进全民阅读作出更大贡献。

数字时代出版信息服务的新机遇★

数字时代，改变的不仅仅是出版的介质，改变更多的是整个出版行为、方式和环境。我们可以看到，电子书的出现改变了读者的阅读方式；Mp3 的出现改变了人们听歌的方式。对于行业中的生产者或者制造者来说，虽然生产内容的方式改变了，但是内容本身并没有改变。出版信息服务的需求者，仍需要知道行业的新动态、大事件，需要知道最近出版的新书，需要看到深度的行业分析。管理者根据行业动态规划新的发展方向，编辑根据排行榜来了解出版的新趋势、行业热点等等，学生们则是通过这些内容来了解未来他们将要加入的行业。

人们除了从传统的纸质周刊中获取信息，越来越多地通过网络、手机等其他渠道获取信息。我们看到，几乎所有的媒体、出版商都有自己的网站、微博、微信公众号。大部分的纸媒都会在版面的某个位置印上互动二维码；电视屏幕出现互动二维码也成

★ 2016 年 5 月，在《出版人周刊》与中国出版集团及中图公司合作座谈会上的讲话。

为常态；甚至中国官方的《新闻联播》也会在节目末尾提醒用户关注中央电视台微博和微信公众号。微信是中国特有的社交媒体工具，是当前中国人最重要的日常交流工具，覆盖 90% 以上的智能手机。截至 2016 年第一季度末，微信每月活跃用户已达到 5.49 亿。此外，各品牌的微信公众号总数已经超过 800 万个。可以说，公众号是微信的主要服务之一，将近 80% 的用户都会关注微信公众号。中国的一些出版刊物，《百道网》《开卷读书》《中国出版传媒商报》《出版参考》等都开设了官方微博和微信公众号，随时更新、推送行业动态。由此可见，数字时代中，信息服务的方式和渠道更为多样、及时和开放。

方式和渠道的改变为信息内容服务带来了更多的可能性。出版信息服务将在原有的内容基础上向两个方向延伸：大众化和专业定制化。

传播渠道的拓宽，让受众面变得更广，不仅局限于出版圈，还能覆盖到更多的普通用户，所以出版信息服务的内容将趋向大众化。中国出版集团中图公司在这方面就有不错的实践，中图公司开设了中图微书店平台，向用户推荐好书、好的读书活动和书展信息等等，并且通过与第三方电商的合作实现在线销售。

另外，虽然海量信息可以快速获取，但对于专业的出版人或者有特殊信息获取需求的用户来说，信息冗余难以分析鉴别，使得获取有效信息相对困难。所以，针对这部分的用户，定制化的、专业化的出版信息服务是他们所需要的。比如作为中国出版集团的领导层来说，在制定"十三五"发展规划的时候，就要把握行业整体动态，了解相关的行业政策，这样整合后的有效信息才是至关重要的。

数字时代，因为新的技术和工具的出现，使得出版信息服务的方式更为多样化。传统方式与数字方式的融合，可为不同用户提供更为贴心的精准服务。

数字出版的发展，打破了地域、距离的限制。中国出版业想了解世界，世界也想更加深入地了解中国。《出版人周刊》在美国出版界甚至世界出版业来说都是行业顶尖的出版杂志，拥有优质的内容、稳定的读者群、独家的视角。中国出版集团和中图公司拥有丰富的中国出版行业的相关经验，了解中国出版业，并且拥有强大的编辑、作者资源和第一手的行业经验，熟知最新的行业政策信息。希望中美双方能利用彼此的优势强强合作，在将世界的出版资讯带给中国的同时，也向世界讲述中国出版业的故事，共同推动中外出版交流并提升市场服务水准。

希望在未来，《出版人周刊》与中国出版集团以及中图公司能够达成更深入的合作，探讨适合数字时代的出版信息服务方式，共同探索和拓展市场，实现共赢。